寫給父母的未來之書

郝景芳
王立銘
童行學院教研團隊
合著

目錄

第一章 ｜ 激活大腦力

傳統教科書上只説如何用獎懲實現教育，但實際上，兒童的學習遠遠超越課堂範圍和普通的獎懲。與人工智能的學習方法相比，孩子的學習有一系列非常獨特的學習特徵：以偏概全、不專注、厭倦、出錯、依賴情感、叛逆。但這些特點反而是孩子的優勢。

第二章 ｜ 提高學習力

人類基因經過數十萬年進化，語言能力、物理空間能力、運動能力等已經變成了先天的本能，但可能是因為出現時間太短，文字閱讀和數學還沒能成為人類的本能。因此，「幼升小」以後學習困難，不是因為一部分人特別笨，而是因為我們都天然地缺少閱讀和數學基因，必須靠後天努力來建立思維通道。

第三章 | 培養科學力

對於絕大多數將來不會直接從事科學的孩子來說，生活在一個技術爆炸的時代，科學技術持續和強有力地改變了我們已經習慣了幾千年的生活，用科學的邏輯思考，用科學的方法驗證，這樣科學的「方法論」本身就是一種非常有力量的生活方式。

第四章 ｜鍛煉思考力

伊隆‧馬斯克的重型獵鷹火箭載着一輛 Tesla 汽車開往火星的畫面，讓大家又一次熱議起這位奇才的「第一性原理」思維方式，也就是回歸事物本質，實現顛覆式創新。愈來愈多人開始明白，面對未知的未來，我們不光要教給孩子知識和學習方法，還要教給他們頂尖高手具備的思維方式。

第五章 ｜ 塑造軟實力

假如你的孩子在家人面前表現得很活潑，在外卻很內向、羞怯、不自信；情緒化，喜歡以自己為中心；不願接受批評、害怕失敗、害怕被人拒絕；持久性和意志力比較差，做事容易半途而廢，自我管理能力不足——那麼或多或少，他都已經開始有軟實力不足的問題了。

推薦序 1

未來很美，
童心最美

| 楊瀾 | 知名媒體人
陽光媒體集團董事長 |

未來的世界會是怎樣的？

2016 年開始，我和我的團隊，出發去世界各地，為這個問題尋找答案。我們歷時一年，走訪美國、英國、日本、中國等國家的 20 多座城市，採訪了 30 多個全球重量級實驗室和研究機構的 80 多位行業專家，帶回豐富的素材，製作出《探尋人工智能》這部紀錄片，又在我的新書《人工智能真的來了》中，全面記錄了那些改變世界的人和事。

在這段奇妙的探訪之旅中，人人都在談論，人工智能將改變世界。但是誰來改變人工智能呢？

有一個故事，我至今記憶深刻。

當時我們造訪了美國麻省理工學院電腦與人工智能實驗室，實驗室主任丹妮拉 · 魯斯（Daniela Rus）做過一個設想。她說，今天製造機械人是很難的，只有機械人專家才知道如何製造一個機械人，但是我們不妨做這樣一種假設：主人翁叫愛麗絲，愛麗絲想給自己的小貓造一個玩伴，在她不在家的時候陪伴牠。於是，她來到一家 24 小時製造機械人的商店，通過互動性的頁面進入一個設計空間，給自己的貓

設計了一個機械人玩伴。設計完畢，這家商店直接製造出這樣的機械人送達給愛麗絲。

丹妮拉相信這是未來機械人定製化的方向，當設計和製造機械人不再是機械人專家的專利的時候，一個人機共生的世界才能真正來臨。她說，為了這一天的到來，我們需要加強教育和培訓，尤其需要加強對孩子的教育和培訓，讓他們去適應和積極參與到一個機械人無處不在的未來。

機械人無處不在，我們這代人只在科幻小說和電影裏見過的某些場景，未來將真的出現在下一代的生活中嗎？每當想到這種情形，作為一個母親，我總是不禁為我的孩子感到興奮，同時又帶着一絲擔心。

他們真的做好準備去與機械人做朋友了嗎？他們會主宰機械人，還是被機械人主宰？他們與機械人相伴成長的經歷，會不會讓他們與父母的關係出現變化？人類的孩子需要學習哪些新的知識和技能才能在未來的世界立足？要知道，愈來愈多的研究預測，在二三十年以後，機械人會取代現在我們所知道的大部分職業。那麼今天的孩子，等他們長大踏入社會，將會面臨甚麼？家長此刻又能為孩子做哪些準備？

景芳與童行學院的新書《寫給父母的未來之書》，為我們這些為人父母者，提供了從現在起就可以落到實處的應對方案。景芳以她作為科幻作家對未來的前瞻思維，作為經濟學博士對社會的分析和洞見，以及身為人母對孩子的敏銳觀察和細緻關愛，與志同道合的小夥伴，潛心研究真正能幫助家庭和兒童面向未來、獲得適應未來世界所需的核心素養的教育。

　　讓你的孩子看見世界的神奇和生命的可能，是我們這一代人最衷心的祝願。我們的孩子生活在一個最好的時代，用與未來世界連接的新型教育方式正確引導，將讓他們擁有前所未有的廣闊人生。

推薦序2 科學育兒 照亮孩子的未來

魏坤琳｜北京大學心理與認知科學學院教授
愛貝睿公號發起人

　　我發現，我們這一代父母的養育知識，要麼來自道聽途說的育兒經驗，不僅沒有汲取過去幾十年腦科學和心理學的營養，而且很多流行觀點還經常互相矛盾；要麼來自老一輩的經驗，更不適應當下的時代。

　　可是我們的孩子又在一個飛速變化的世界中成長。50年前，我們的祖輩不可能想像可以和遠在南非的孫子視頻對話。30年前，我們的父母無法想像，網絡上一段文字可以在2分鐘內觸動地球另一端的人的心靈。我們小時候，書本裏面有最精彩的世界，需要自己安靜下來去沉澱去想像；而現在的孩子每天都被電子屏幕的新奇信息轟炸，注意力被切割成碎片。當下已大不同，未來也很難想像。

　　那我們應該怎麼陪伴我們的孩子，特別是在他們正式進入學校之前？技能從來都不是兒童教育的目的，而培養人的底層能力，變得尤為重要。甚麼是底層能力？好奇心和求知慾、批判性思維能力、解決問題的能力、與人溝通的能力、創造能力等。具備這樣的能力，無論以後時代怎麼變化，孩子都能適應時代，突破時空限制。可以說，現實對科學育兒提出了更高的要求。但是，我們不需要帶着功利心去育兒，我們需要的是靜下心來，學習如何快樂、高效率地陪伴自己的孩子。

　　為了讓所有孩子從0歲開始就接受面向未來的教育，在教學研

究之餘，我與一群科學家朋友共同發起了基於腦與認知科學循證導向的科學養育計劃——愛貝睿未來腦計劃，為新一代父母普及科學養育知識。

在育兒育己的路上，我遇見了愈來愈多有相同心願的朋友。郝景芳和她的童行計劃學院，致力於用高質量的通識啟蒙教育，幫助孩子建立全景知識體系。這正是在人工智能時代，人類超越機械人的最重要的優勢。這種綜合視野和大局觀，就是未來人才培養的方向。

郝景芳和童行學院的新書《寫給父母的未來之書》，為孩子們構建了適應未來社會最需要的核心能力，並給家長提供從現在起幫助孩子獲得這些能力的方法。這樣的教育方式，不再試圖預測未來甚麼是熱門，而是回到人本身，以個性化的方式，珍惜每個孩子獨一無二的特點。

我們要相信，孩子會比我們更能適應時代的變化。我們能做的是順應孩子的成長規律，借助科學技術的進步，讓孩子的能力發展得到更好的指引，讓孩子獲得更有效的教育。

未來，水到渠成。

未來之路
可以被設計嗎？

陳忻 ｜ 美國心理學博士
美國兒童發展研究協會會員

焦慮，或許是今天大部分父母在育兒上的普遍心態。

前幾年，從我有了微博以後，我在微博上觀察到，中國父母糾結的事情很多。一方面，由於對發展心理學不瞭解，父母們不瞭解每個階段嬰幼兒的發展特點，所以很容易把正常現象當成問題，影響自己的情緒和育兒的信心。比如，很多媽媽抱怨孩子兩歲多就會和父母作對，不聽話。其實這是發展中的正常現象，說明他們正在建立自我感。另一方面，一些理論在傳入中國的時候走了樣，導致養育行為較為混亂；比如，把「延遲滿足能力」當成是「延遲滿足孩子的方法」。

我自己在前幾年寫過一本《養育的選擇》，希望能夠幫助父母瞭解兒童發展的規律，不僅知其然，而且知其所以然，從而減少一些焦慮和困惑。不過，關於養育孩子的問題，永遠討論不盡。尤其最近幾年，社會發展加速，科技迭代愈來愈快，現在的專業，可能到未來就無用武之地，而現在的工作也將被取代。

我常常想，未來是怎樣的？我自己是兩個孩子的媽媽，我也是老師，教着眼下還沒有成為父母的大學本科生，也教着很多已經為人父母的人。因為現在網絡的方便，在微博、微信上，無數父母焦慮着孩

子的發展，精心給孩子計劃着未來。

　　但是，孩子的未來之路可以被父母設計嗎？很多父母目光有限，最遠可能也就想到上甚麼大學、學甚麼專業，所依據的，往往就是自己的人生經歷。我常常説，孩子的發展有無限可能，用我們現在的經歷，可能反而給孩子設限了。

　　那麼，父母應該怎樣幫助孩子長大成人呢？應該着眼於未來，也就是説，要考慮作為一個未來的人，需要具備哪些能力。

　　好友景芳和童行學院的新書《寫給父母的未來之書》，我覺得值得一看。它可以打開父母的視野，讓大家站得更高，看得更遠。同時，這本書也着眼於現在，書裏每一章，在着眼於大方向、着眼於將來需要的能力和前提下，在「知識百寶箱」中，為父母提供了一些具體建議，在與孩子的互動中，幫助他們發展未來世界需要的能力。

　　《寫給父母的未來之書》，既能夠給父母提供大視野，又能從孩子的角度出發，為父母提供具體的操作方法，它提供的視野和框架可以真正幫助那些願意去學習、願意去實踐的父母。

引言：
我們的教育還差甚麼？

今天，我想聊聊我對中國教育的判斷和展望。

我以兩重身份聊這件事。一是中國教育多年的親歷者，我從上小學到博士畢業，在中國公立教育系統接受了 22 年的教育，一直在觀察、追問、思考；一是作為三歲半女孩的媽媽，兩年之後，我要給女兒報名進入國內的教育系統，因此也會權衡。

有人問：中國教育系統是不是很糟糕？你會讓孩子從小就出國讀書嗎？

首先，我並不認為中國的教育系統是糟糕的或者失敗的。我完全不這樣想。

從內容設置上講，中小學的系統性學科設置還是很嚴謹的，打下的基礎也紮實，讓學生有比較好的基礎接收高等教育。重視中、英、數也合情合理，北大哲學系一位教授在「理想國」課上說，閱讀能力

和邏輯思維能力是人一生最重要的能力，高考看重語文數學完全沒毛病。從形式上講，高考制度也算是公平合理，雖然僵化，但有能力的學生可以憑能力脫穎而出，而不需要比拼父母對大學的贊助，即使窮學生的機會在變少，有錢人也不能隨意操作。

其次，我觀察到中國的教育體系一直在革新。有時候革新的方向是好的，有時候卻矯枉過正，帶來新問題，但總體而言，革新一直在進行，沒有停滯不前。減輕學生負擔、調整選課制度、擴大自主招生，教育部門一直在出台新政策，並不是鐵板一塊。

但是，我心裏也非常清楚，中國教育系統仍然有比較嚴重的問題。這問題不像作業多、考試制度僵化等一眼就能識別出來，它更難量化，在我看來，它的影響可能更大一點，甚至影響到學生和整個國家的未來。這個問題也是令我深受觸動、想要投身教育領域的重要理由。

那麼我心中的中國教育系統最為欠缺的，究竟是哪一點呢？

一個視角：來自以色列的對比分析

一年多以前，我和一位來自以色列的年輕創業家聊教育，他談到很多事情，給了我全新的認知和啟發。

首先，他講了猶太民族的家庭教育和幼兒教育。他說，猶太民族重視閱讀經典和提問、辯論，孩子很小就開始練習相互辯論。師長提出一個觀點，同意的孩子要列出理由一二三，反對的孩子也要列出理由一二三，然後同意一方再對反駁一方的理由一一給出回覆。這樣的辯論是對分析問題和邏輯思維的很好訓練。

接下來，他講了對中國和以色列教育系統的觀察。他說，以色列的教育從小就非常自由，每天只上半天課，剩下半天自由活動，而且對孩子的興趣非常支持，壓力也不大。這樣的環境非常適合天生的資優兒童，因為這些孩子的學習是自我驅動的，學習比較輕鬆，總是自己去尋找想學的新東西，充滿新的想法，需要空間去實現。所以在以色列經常湧現出各個領域的傑出人物。以他個人為例，他 9 歲起開始自學編寫程式，父母一點也不懂，完全是他自己從網絡上尋找資源學習，後來二十幾歲就有了成功創業的經驗。

但是，他說以色列的這種教育制度，很大程度上靠個人推動，很多天份不高的孩子就會變得非常平庸，甚至成年後基本教育質素都較低；因此從大眾來看，教育成果並不高。這一點和中國教育系統正好相反，中國的教育系統，很少給出眾的孩子額外的自由度，卻能保證絕大多數學生最終的結果達到一定標準。

因此，在他看來，中國教育的集體性應該和以色列教育的個體性互補。

他的這番話，給我很多觸動，其中也有不少有共鳴的地方。中國公立教育系統並不鼓勵特立獨行，如果你資質過人，要麼跳級、升班，要麼照着大家的步調，跟大家做一樣的事，不會因為你有自己想探索的領域，就可以自己去探索。學會了就想去玩？不聽課？機會都沒有。

造成這一現狀的主要原因是：教育眼界太窄。多數老師到家長都相信，教育就是學好課內知識，考試考好，上一所好大學，找一份好工作。在這種情況下，如果學有餘力，想要擴大學習範圍，唯一能想到的方向就是提前學高年級的課本。也就是說，在缺少廣度的情況下，唯一

的選擇就是在單線上趕進度。父母和老師並不相信，學有餘力的學生完全可以玩出自己的世界，在學校課本之外，去探索更廣闊的天地。

　　整體上看，中國的公立教育，不利於資質較高的孩子，教育系統均值比較高，學生最終的差異不大，即使是最好的學生，一生的成就也只是考試成績好；而以色列的教育，學生最終的差異比較大，依靠自身天賦和興趣自我推動的學生，天空沒有上限。

一個對比：來自美國的小學教育

　　最近和一位在美訪問學者交流，她的女兒 12 歲，在美國小學讀了一年多，目前六年級。對比中國和美國的小學教育，她感慨：美國的小學生在學那麼多看上去沒用，其實真正有用的東西啊！

　　她指的是甚麼呢？我詳細詢問了一下。原來她女兒上的小學有四大主科，比重差不多，分別是數學、語文（英文）、科學和社會科學。後兩門是國內小學很少重視的。其中科學按照主題探究世界，她女兒學習「水」這一主題已經快一年了，僅僅「水」這一個主題，從生活用水到整個世界的水循環，到與食物、工程有關的各種各樣的水，展開了各種研究。社會科學學甚麼呢？用一年的時間「繞世界一圈」，學習世界各大洲、各國文明。前兩個月剛剛學過中國，瞭解中國古代的各個王朝和皇帝，以及風俗和科技。這個月開始要學習非洲了，從氣候、地理到各國文化，還要寫自己對不同文化的看法。

　　為甚麼她認為這些知識是看上去沒用，其實真正有用呢！因為她覺得這些知識和周圍的真實世界相關，而且可以培養孩子思考問題的能力。

這讓我想起我 9 歲時跟隨父母到英國讀書的那一年。讀的只是普通公立小學，既不在富人區，離英國的傳統貴族教育也很遠。但就是這個破破的公立小學，讓我們在大半年的時間裏，探索了埃及文明、古希臘文明、人體百科和鳥類百科。在每一個主題下，我們會閱讀、繪畫、做習作、做設計、寫文章。沒有考試，而是每人做一本厚厚的「成果」，包含自己在此主題下做的所有內容。

所有這些學習和成果，瞭解水的知識、鳥類知識、希臘知識和人類知識，對於參與國際競賽沒甚麼幫助，對我們中國父母在意的高考或者美國標準入學考試也沒甚麼幫助。那麼他們為甚麼花這麼多時間學呢？這些知識到底有用還是沒用呢？

有沒有用，要看在學校裏還是學校外。有很多知識，對於標準化考試不一定有用，對於真實世界的真實生活，卻是用處極大。

我們在學校學習的知識，常常距離真實世界很遠，以至於學生常有「為甚麼學」的困惑。化學課上學了很多物質的化學式，學了給化學方程式配平，學會了看瓶瓶罐罐的小圖，但是這與生活有甚麼關係？不知道。於是不知道為甚麼要學。而另一種學法正相反，先瞭解真實世界，理解真實世界是怎樣的，有甚麼現象、規律和困擾，然後思考解決方法的時候，聯繫到了化學方程式。這個時候，化學方程式是直接用來解決真實世界的問題的，將來走入真實世界，可以直接把學過的知識調出來運用。

小學學科學有甚麼用？不是為了升學，而是為了從小建立未來科學家、工程師、創業企業家的思維方式，從小學會從周圍的世界中發現問題、解決問題。從小學習各國文化有甚麼用？不是為了升學，而

是為了從小建立未來社會學者、政治家、媒體和文化人的思維方式，從小學會理解文明的淵源和傳統，懂得如何與國際社會溝通。通過這些學習建立的視野和思維方法，可以直接帶入長大後的工作與生活。

　　這正是中國教育系統的一項缺失。中國教育過於注重紙面上的標準化題目，缺乏對現實社會的瞭解。我們特別重視知識的記憶和考試的技巧，但周圍的世界怎樣，孩子不知道，父母和老師也不重視。不少人都曾有一種「高考之前，活在真空裏」的感覺，對廣大的世界沒感覺，不知道時代面臨哪些問題，需要我們做甚麼。這讓我們在各種競賽中領先，卻在做職業選擇時茫然無措。

我們的教育強在哪裏？弱在哪裏？

前面提到了以色列的教育。以色列的教育只是猶太人教育的縮影。猶太人至今出過 189 位諾貝爾獎獲得者，其中 180 位科學、文學和經濟學獎獲得者，9 位和平獎獲得者。以色列建國短短幾十年，已有 12 位諾貝爾獎獲得者。

為甚麼猶太人的教育能如此孕育大師？依有些中國人的想法，一切都是財富的結果：猶太人能掙錢，因此猶太人能得大獎。按照這樣的思維模式，所有傑出成就都來自金錢的堆積和幕後交易。如果抱着這樣的偏見不去誠懇學習其他民族的思想精華，我們將錯失提升思想的源泉。

除了學校教育，猶太民族的家庭和教會教育更為重要。猶太人的家庭教育是孕育傑出智慧的源泉，有兩個特徵：其一，極為重視經典閱讀，而閱讀是最重要的智慧來源；沒有任何一種形式能像文字這樣傳遞思想，重視經典閱讀，就是重視思想綿延。其二，重視質疑和思考；家長從小就鼓勵孩子提問、質疑、探討、辯論，鼓勵孩子思考和討論典籍中的問題，包括上帝創造宇宙、人類、猶太民族的故事，其中隱含大量關於世界起源、世界演化、世界規則的問題。經常探討這些大問題，可以讓孩子學會思考對人類有重要意義的科學和哲學。

這對我們的啟示是甚麼呢？

在我看來，中國的教育系統在很多方面已經做得很好了，缺的恰恰是一些具有靈魂性的東西——超越的思想。

我們的教育強的是甚麼呢？是技能訓練。從小學一年級到大學，

我們都強調把基礎打得紮實，先不管為甚麼學習一個知識，先把它學好再說。無論是數學、物理大量做題，還是語文、英語的勤懇背誦，都秉承「頭懸樑錐刺股」的精神，把所有精力放在技能提升上。學習的明確目標是提高成績，提高成績的目標是考試，考試的目標是找到一份穩定的工作、提高收入。經過這一整個循環過程，一個人苦得蛻了一層皮，總算是熬出來，家和萬事興，再把這套吃苦的哲學灌輸給孩子。

那我們的教育弱的是甚麼呢？是理想境界。一個人接受教育，最終的目標是甚麼？學習想要達到的境界是甚麼？為甚麼不辭勞苦地爬山？山頂究竟有甚麼風景？我們接受教育要解決的問題究竟是甚麼呢？

這些問題都沒有回答。

如果我們給教育描摹的目標就是找份好工作掙錢，最理想的結果也就是找到一份收入高的好工作。比這個更大的目標是自己創業，在經濟上獲得更大的成功，但僅此而已。目光再遠大一些，就是振興民族、強大中國。這個宏願很了不起，也很寬闊，但是放在世界範圍仍然只是一國之夢，產生不了引領全人類的傑出人物。

真正的傑出人物也許國籍、民族、家庭背景各異，成長路徑也千差萬別，但都有一個共通的使命——解決人類和世界的問題。

解決世界的問題，在我看來是教育唯一真正的目標。我們為甚麼要學習？不是因為學習能獲得進大公司的能力，而是因為學習能讓我們理解這個世界，解決這個世界的問題，讓人類更美好。

　　牛頓這樣的人物是如何產生的？他的目標可不是在皇家造幣局找一份好工作，而是試圖用數學解釋整個世界運動的原因。達爾文是如何產生的？他的目標可不是拿一份水手的高工資，而是在紛繁複雜的動植物進化中找到共通的特徵。伊隆‧馬斯克（Elon Musk）是如何產生的？他的目標可不是找一個微軟的鐵飯碗，而是想不斷探索新的方式，解決人類陸地交通，甚至太空交通的問題。這些人物，沒有為英國或南非的民族強盛而學習，他們要解決的，是屬全人類的大問題。

　　解決人類大問題，才能成為影響世界的傑出人物。這往往是我們的教育中缺失的一環。人類有甚麼大問題？世界有甚麼大問題？很多人面對這兩個問題是回答不上來的。

　　中國在過去落後挨打的年代，能夠解決自身的生存問題、實現富強已經很了不起，而目前我們已經重新回到世界巨人的舞台，這就需要有世界級人物，不僅僅要懂得讓民族不受人欺負，更要懂得站在世界的舞台上，引領人類向前。

　　偉大的人物，思考的是世界的本質、萬物的終極規律、人類文明的由來、歷史的原因、科學的方向、技術與社會的關係、人類的相處方式、世間苦難的救贖、更理想的社會變革。偉大的企業，願景是為人類開發新的能源方式、創造新的出行方式、建立新的信息溝通方式、尋找更好的計算方式、解決人類的食物與安全問題、催生更具有想像力的事物。

　　解決的問題愈屬於全人類，最終的成就也就愈代表一個民族。

　　在我看來，我們的教育，所缺的就是這樣一種 "Think Big, Think

Deep"（高瞻遠矚，深謀遠慮）的超越思維。技能訓練當然是重要的，若沒有過硬的技能，甚麼境界也達不到。但是只有技能訓練，沒有思想引導，終究只是盲目奔跑。我把這種教育叫作「有腳無頭」的教育，腿腳肌肉鍛煉得格外強壯，就是沒有方向，一直在等着有個人給自己指點方向，「讓我去哪兒就去哪兒，比誰跑得都快」。可是究竟想去哪兒呢？説不上來。與之相對的是另一種極端，「有頭無腳」的教育：一些人讓孩子退出學校，但是並沒有給孩子足夠的指導，不學習，不接觸知識，講究自己在世界中悟道。這種狀態下確實可能想出一些大問題，但容易雲山霧罩，不懂現代知識體系有甚麼深刻之處，最終流於空談，做事的行動力也差了十萬八千里。

理想的教育一定兼具思想與行動。思想是為人生尋找方向，行動是讓自己到達目的地的工具。愛因斯坦的方向是他對光速飛行的思考，他的行動是在學校不斷尋找數學工具，二者缺一不可。我們太側重後者，偏偏缺了前者。

有靈魂的教育目標是思考和創造。而思考和創造獲得的收益，只是這個過程的副產品。

有些父母可能會説，像牛頓或馬斯克這樣的大人物，是另一個世界的天才，我家的孩子可沒這天賦，能夠自己養活自己就不錯了，想大問題有甚麼用，離我們太遠了；我們小時候也沒學過甚麼世界的本質、文明的起源、人類的規則，不是也活得挺好的。

父母的想像力是孩子的上限。若父母的眼光已然局限於此，又怎能指望孩子飛到高空？這就是為甚麼我們一代一代培養全世界最優秀的學生，卻總是難以培養出影響人類的大師級人物。成就的天花板是

想像力，不要讓我們的想像力局限孩子的未來。

Think Big（高瞻遠矚）。Google 內部成立了一個 X 實驗室，Google 對其的唯一要求是，至少解決 10 億人的問題，不管在甚麼領域，前提條件是必須思考全人類的問題，至少惠及 10 億人以上。這種思維是偉大成就的前提。

這種思維不僅可以成就一小撮資質超群的天才人物，事實上，它還可以促進所有人的學業、事業。你只有具有極強烈的問題思維，才能有極強烈的學習動力；你只有具有極廣闊的世界眼光，才能建立知識圖譜。也許最終，你解決不了人類的大問題，但一定能提升自己的學習效率。

Think Deep（深謀遠慮）。你所設想的世界，是你最終能到達的最遠邊界。雄心壯志最大的問題是眼高手低，能力趕不上夢想的大目標，內心失落。然而眼高手低強於眼低手低，若看不到遠方，就不可能走到遠方。思想的廣度和深度是導航儀，為積累能力所做的練習決定着你輪胎的速度，永遠讓思想為速度導航，而不要讓速度茫然亂闖到極限。

我們需要怎樣的教育？

如果要問我對中國教育有甚麼期待，有甚麼革新的願望；我的回答不是推翻現有體系，而是給現有體系注入思想和願景。

我們需要的是對現有紮實的基礎教育進行拓展。我們需要給現有的教育一片更廣闊的天地，讓我們的孩子具備思考大問題的能力，以問題和思考引導未來的技能學習。

我們希望我們的孩子能夠具備以下四種能力。

1. 宏觀思想

讓孩子看得再遠一些，想得再大一點，以思想引領行動。希望他們不僅具備優秀技能，更能着眼於宏觀或大局去選擇方向，讓優秀技能得到智慧的指引。

2. 國際視野

讓孩子理解世界、理解古今，具備思考人類問題的意識，做好準備未來走入國際舞台，讓中國思考照亮整個人類文明。

3. 問題思維

讓孩子瞭解真實世界的圖景，理解當前社會和未來世界的科技、文明與困境，學會思考問題。通過未來反推現在，通過對真實職業的理解，制訂個人成長計劃。

4. 跨界聯繫

讓孩子從生活中的具體事物出發，超越學科界限，多角度理解事物，具有多方位聯結、以小見大的洞察力，能將生活中的具體事物與所學知識聯繫在一起，理論結合實際，活學活用，解決問題。

總而言之，我們希望孩子能夠從廣闊、真實的世界舞台出發，帶着思考走入日常學習。視野與志願會增強和提升孩子的責任感和學習興趣，讓他們真正理解學習的意義，理解學校的學習不只是為了應付考試，而是為了應對人生；讓他們理解人類的問題和自己的問題，主動承擔解決問題的責任與使命，從而使學習和成長獲得內在激情。

我們希望孩子能真正仰望星空、腳踏實地。

怎樣才能達到這些教育的目標？

1. 從學前教育開始

2 歲是孩子大腦突觸發展的高峰期，此後幾年大腦經歷快速變化，是學習的黃金時期。2~7 歲是皮亞傑（Jean Piaget）區分的前運算階段，這個階段的認知發展對孩子形成符號和抽象認知，具有很重要的作用。只有在這個階段讓大腦做好準備，進入小學的學習才會從容不迫。

2. 從通識教育開始

人類對比人工智能的巨大優勢，在於能綜合各學科，建立世界的全景模型，對世界產生綜合的認知。帶孩子站到更高的地方，俯瞰世界，對世界有多角度、跨學科的立體認知，能讓孩子在未來具有遠見卓識和大局觀，更明智地做出人生的決策。

3. 從家庭教育開始

父母是孩子的第一任老師，也是孩子的情感陪伴者。孩子在家庭中獲得人生最早的知識。假如父母掌握了一整套幫助孩子獲得融合式通識教育的方法，又能激發孩子的內在潛能，教育將不再是家庭的痛，而會成為快樂的起點。

作為媽媽，我想給女兒最好的教育，同時，也想給所有孩子帶來最好的教育。我和志同道合的小夥伴們，一起發起了兒童教育項目「童行計劃」，就是要創立適應未來的優質教育，再使它惠及全國的孩子。

很多父母都已經意識到家庭教育的重要性，也很希望能給孩子提供好的啟蒙；但是工作忙、壓力大，又覺得家庭教育太難、沒法開展，因此需要非常簡便易懂的操作指南。

在本書中，我們童行學院為年輕一代家長提供了一整套完備的家庭教育通關密碼，解答智能時代父母的迷思，助其掌握 7 歲前教養關鍵期；打造五大成長基石，適應未來人才標準，激發孩子持續一生的內驅力，讓家庭教育不再困難。

在這裏，你將瞭解：

面對孩子必將面臨的人工智能與職業選擇的挑戰，究竟該培養哪些能力，才能在未來不被機械人取代？

家長普遍最關心的數學、語言和讀寫，怎樣才能在學前打好基礎，輕鬆應對幼小銜接，而又不違背孩子天性、不平添焦慮、不拔苗助長？

假如爸爸媽媽都不是理科生，或者對科學一知半解，給孩子做科學啟蒙，就只能送培訓班，花錢買教育嗎？

除了以上這些教育的剛性需求，我們還能怎樣讓孩子感受到發自內心的幸福和充實，找到自發成長的內在動力呢？

為了解答父母最關心的這些難題，我找來了各個領域的大人物和導師，和我一起分享兒童教育的智慧。

這是一份智能時代的家庭教育指南，我正在這樣培養我的孩子，也邀你和我一起，系統地瞭解學前教育的秘籍，在最容易對孩子產生長期、持久影響的家庭教育氛圍之下，對孩子進行真正適應未來需要的通識教育，讓孩子具備良好的情感溝通能力、綜合看世界的能力，並能展開發自內心的創造，在多變的未來，掌握不變的能力。

讓我與你一起，在不確定的未來，把握孩子的命運。

第一章

激活大腦力

傳統教科書上只說如何用獎懲實現教育，但實際上，兒童的學習遠遠超越課堂範圍和普通的獎懲。與人工智能的學習方法相比，孩子的學習有一系列非常獨特的學習特徵：以偏概全、走神、厭倦、出錯、依賴情感、叛逆。但這些特點反而是孩子的優勢。

01

人類學習能力的精華，
都凝結在孩子身上

事實上，人工智能未來會發展成怎樣，可能很多人不關心，或者說只看看電影就夠了。但人工智能時代的人怎麼辦？這是關係到生活的重要問題。

幾乎可以肯定的是，人工智能技術在不久的未來就會威脅人類的工作。

我曾經採訪了人工智能領域的十多位專家：未來人工智能會替代多少人的工作？各個專家的估計有一定差別，但他們的共識是：在未來 10~20 年，隨着機器學習快速發展，人工智能會在各個領域大面積使用，目前的重複性勞作、簡單的腦力和體力勞動，未來交給人工智能去做的可能性是很大的。

具體有多少工作會被取代還說不清，白宮的報告給出的數字是當前工作的 47%，麥肯錫的報告估計是 49%，Siri 的創始人之一諾曼・威納爾斯基（Norman Winarsky）估計的數字是 70%。即使按最低估計看，也有近一半人的工作受到威脅，不可謂不嚴重。

我之前的小說《北京折疊》假想了機械人取代人類勞動造成的社會影響，但這篇小說是 2013 年寫的，並未完全預測到技術發展的方

向。我當時以為受衝擊最大的是底層勞動力，但實際上，按照目前的技術趨勢看，反而是初級和中級白領的工作最容易被取代。底層勞動力只有工廠工人容易被取代，服務業的底層勞動力反而很難被取代；因為機械人的靈活性不如人，非標準工作環境會讓機械人無所適從。相對而言，很多白領工作因為工作環境簡單、工作內容重複、基本上是與數據和文字檔打交道，很適合人工智能去做。可以說，未來只要是標準化、重複性的工作，多數都可以交給人工智能來做。

當我們的孩子們長大踏入職場，他們將面臨怎樣的生存環境呢？

就我個人而言，我不贊成做太具體的預測。可以肯定的是，未來10~20 年的市場和技術環境，肯定和我們今天非常不同。像我自己，是 20 世紀 80 年代生人，80 年代我們上幼兒園的時候，我們的父母肯定預測不到今天流動網絡（Mobile Internet）企業的發展方式。

我們只能很泛泛地說，未來世界的工作與生活必然比現在的智能程度高。不管人工智能是否能大量取代人類工作，都至少會成為一種基礎的社會環境。如果不能與智能社會同步發展，就像今天還不會上網一樣，肯定是落伍的。

如果真的出現大量工作被取代的情況，可以預測，未來的工作需求將是兩極分化的。在人工智能可以取代的工作領域，工作機會愈來愈少，人員冗贅，職業收入也會愈來愈低。相反，在人工智能無法取代或者全新的就業崗位上，工作機會愈來愈多，人才愈來愈搶手，工資收入也會愈來愈高。人的能力屬性屬新時代還是舊時代，將對收入水平產生重要影響。

那麼我們該怎樣讓自己和孩子做好準備呢？

在這個問題上，我希望父母們不要焦慮。一說到「做準備」，父母們可能就一下子緊張起來，陷入新一輪焦慮。但是這一次，很可能我們焦慮也沒有用。

我們沒有辦法在專業學科和技術能力上提早佈局——事實上，提早佈局有可能適得其反；因為技術的更新換代和轉向是非常迅速的。即使是未雨綢繆，讓小孩從小學編程，最後的結果也可能像我們小時候學 Basic——程序語言那樣，過時的速度是很快的。

我們也沒有辦法使孩子具有危機感或給其施加壓力——危機感和壓力能帶來甚麼呢？埋頭刻苦和兢兢業業嗎？前面說過，只需埋頭刻苦和兢兢業業的職業，將大量被更刻苦的機械人取代。即使我們把孩子完全逼成考試機器，他們也比不過真機器。

那我們能走向另一極端嗎？走向反智的極端？既然工作都要被人工智能取代了，那我們就回到野外生活，不要再學習了，而是去仰賴天地靈氣，可好？

我非常不喜歡這樣的反智主義。我們確實需要心靈的成長，但不能做反智主義的逃離。主張遠離科技社會的人說，科技蒙蔽心靈，需要遠離。這樣的說法其實迴避了問題的核心。問題的核心是：新科

技向我們的心靈提出了更高層次的挑戰。這就好比武功高手遇到的問題，菜鳥並不會遇到。如果退回狩獵採集的原始時代，確實會遠離那些挑戰，但那不是心靈的勝利，而是逃避了問題。那有甚麼好呢，只是沾沾自喜而已。人類的認知發展總是向上的，所有問題也都是靠更高層次的認知來解決的。科學是站在更高緯度看待世界的眼光。不斷攀登山峰，視野總是會逐漸明朗。反智主義不但不能解決心靈的問題，反而會自己給自己蒙上眼罩——從此不可能在更高的山峰俯瞰大千世界。這實際上是一種怯懦的逃避。

　　人工智能時代，我們能做的，就是站到比人工智能更高的山峰。

智能時代需要的能力

那未來我們該如何去做呢？

未來需要的，肯定是三大類能力：與人工智能相處的能力、與人相處的能力、超越人工智能的能力。

1. 與人工智能相處的能力

第一種能力，是圍繞人工智能發展產生的需求。這一能力要求人能理解人工智能，改進或發展人工智能，或者至少能夠與人工智能工具和諧相處，並利用工具做事，正如今天我們可以借助流動網絡發展自己的事業版圖。

我們首先要知道，與智能世界相處，基礎思維能力仍然是重要的。

任何時代都需要學習。我並不反對按部就班的基礎教育，從小打下語文和數學基礎，這是很好的。智能時代，知識技術更新很快，人們需要的是不斷自我學習的能力，讓自身更新的速度與時代匹配。而自我學習能力，最需要的是良好的自主閱讀能力、抽象思維能力和自我反思能力。閱讀能力和數學抽象思維不是人類的本能，必須通過系統化教育打好基礎，但我不贊成僵化灌輸的教學法。對語言、數學的理解需要更重視基礎思維，而並非簡單記住解題技巧。學習語文、數學，不是學習背誦和計算，而是要理解語言表達的內涵、抽象思維的邏輯。人工智能程序的基礎仍然是語言概念表達和數學邏輯思維。

未來圍繞人工智能會有一系列衍生職業甚至行業，即使不懂得人工智能背後的技術原理，只要能充分理解它的應用場景，也仍然可以最大限度地利用人工智能工具，改善生活，促進社會發展。例如利用人工智能完成營銷和客戶服務，借助人工智能進行市場數據分析，將

人工智能用於改善物流或者減少系統功耗，提高效率，更方便快捷地改善社會生活。

2. 與人相處的能力

第二種能力，是人際溝通領域的需求。以我個人的判斷，在未來很長一段時間，人與人的溝通交流仍然是不可被機器取代的。在前面的分析中我們看到，即使人工智能進一步快速發展，它們在理解人類世界和人類心思上仍然有較大差距，因而不可能完全替代人際溝通。尤其在人工智能接管大量基礎單一型工作之後，人與人溝通會是需求更廣的領域，剩下的絕大多數職位和需求可能都集中在需要人與人大量溝通協作的板塊。

想要跟得上智能時代的發展，與人溝通的能力會變得愈來愈重要。

我們可以想像，未來不可能再像過去一樣，一份工作可以一成不變地做一輩子。標準化工作都容易被機器自動化，而非標準化工作，一般都意味着大量不確定性，需要不斷磨合、團隊協作、溝通、修改、隨機應變、相互妥協。例如一個節目攝製組，一些形成慣例的機位攝製將可以自動化運行，一些基礎劇本和服務工作可以交給人工智能，但是每期節目仍然需要在現場大量做臨時調整、與參與節目的嘉賓溝通、與節目的創意人員溝通，需要人與人協作。未來在情感關懷與照護、人的社交娛樂方面，也會有更多基於人與人心靈溝通的需求。

3. 超越人工智能的能力

第三種能力，是我自己更為看重、未來也更需要的關鍵性能力，就是做那些人工智能難以做好的事情，給人工智能指引方向。第一種

能力只是圍繞人工智能工具做現有的事，而第三種能力是去開拓人工智能仍然難以做到的事。

　　在這個領域，我們需要瞭解，甚麼是人工智能仍然做不到的。這些專屬人類心智上的皇冠，一定是未來需求最強烈的能力。

甚麼是人工智能不具備的能力？

人工智能不具備的能力，核心中的核心是：世界觀和創造力。

我自己琢磨了很久，才把這兩個關鍵詞鎖定。在前面的分析中，我們已經看到，有不少能力人工智能目前尚不具備，還需經過長時間的發展和算法的突破，才可能有所進展。這些能力包括綜合掌握各種常識、具備抽象思維、跨學科認知、感知他人心思和情感、具有元認知、對不確定價值目標進行抉擇等。將所有這些具體的能力彙集到日常生活工作中，可以總結為兩點：世界觀和創造力。

1. 世界觀

世界觀是常識的升級，是我們對世界的全景認知。目前，人工智能理解專業性問題已經非常出色，但綜合性問題仍然讓其非常受困擾。圍棋人工智能可以下圍棋，醫療人工智能可以看病，金融人工智能可以投資，銷售人工智能可以推銷，然而沒有人工智能可以用同一系統學會兩個領域的事。它們可以從海量專業數據中總結規律，但是回答不出日常生活中的情境問題——日常生活中的問題總是涉及跨多個知識領域的綜合性常識。而我們人類，對此有天生的本能。我們能夠建構整個世界的模型，把人放在大量背景知識組成的常識舞台上，對其行為加以理解。

常識的升級讓我們具有洞察力和世界觀。各方面的常識愈豐富堅實，相互之間的聯繫愈清晰，你愈能一眼看到各個部分的問題，找到系統性解決方案，理解全域局勢，從而判斷出趨勢。這種系統性趨勢理解和基於過去趨勢經驗的外推不同，它是對多領域知識相互關係的理解，根據各部分關係的走勢變化，對整體趨勢做出判斷。如果只能學習某一框框內的專業知識，就不可能對全域有所把握。這一方面需

要知識，另一方面也需要經驗和視野。而這不僅僅是單純輸入數據能夠做到的。IBM 的人工智能「華生」幾年前就被輸入了維基百科中的多學科知識，也在知識競賽中打敗過人類選手，但是世界觀並不是碎片知識的堆積，世界觀是世界模型。

世界觀讓我們有跨專業的創新能力。我們能夠從物理和生物的結合中做出蛋白質組，能把音樂領域理論帶入建築設計，能將政治、經濟知識與生活場景對應，最終以普普藝術的方式呈現產品。構建知識的全景舞台，讓多學科門類知識搭配組合，創建更有意義的事物，這是目前的人工智能難以跨越的一步。

2. 創造力

創造力是生成有意義的新事物的能力。它是多種能力的綜合，一方面要求理解舊事物，另一方面要能夠想像新事物。對舊有數據的學習和遵循是人工智能可以做的，而對不存在的事物的想像，人工智能遠遠不如人類。

之所以說有意義的新事物，是因為目前人工智能有一種「偽創造力」，也就是隨機製作或統計模仿的能力。只要一個程序，就可以隨機生成一百萬幅畫，或者統計暢銷小說中的語詞和橋段，進行模仿和組合。但這不是有意義的創造，它們不懂自己創造了甚麼。真正的創造力不是這樣。真正的創造力或是對問題的深刻洞察，提出與眾不同的全新解決方案；或是對想像的極大拓展，讓奇思妙想轉化為可實現的全新作品；或是對人性的複雜領悟，把人心不可表達的感觸轉化為可表達的感人藝術。沒有深刻的理解和敏銳的感受，就沒有真正的創造力。創造力仍然是人類獨特的能力，需要太多人類特質做基礎：審美能力、獨特的聯想能力、敏銳的主觀感受、冒險精神、好奇心和自

我決定，以及發散思維和聚合思維的切換，最後，還需要有對事情的強烈熱愛。

　　創造力讓人不斷拓展自身的邊界。在愈來愈大的版圖中，只有將成為慣例的事情交給機器做，人類才能在新大陸找到存在空間。從事創造的人愈多，新版圖就愈大，能夠容納的人就愈多。但進入的前提是，需要具備創造力。

人類學習有甚麼特點？

「那我們如何獲得未來所需的能力呢？」

我知道大家的第一反應肯定是這樣。提到了能力，就要說如何獲得。在談路徑之前，我想先聊一聊，人類是如何學習的。只有瞭解了人類學習的獨特性，才可能知道未來我們如何去做。

人類學習最為獨特的特點，凝結在孩子身上。

人工智能時代，當我們愈來愈熟悉機器學習，也就對孩子的學習愈來愈充滿驚歎。我有時候在家觀察孩子的行動，聽她議論周圍的世界，會對她展現的領悟力感到嘆服。孩子是造物的奇跡，他們用充滿神奇的表現，一次次讓科學家感到不可思議。而如果沒有和人工智能對比，我們可能還察覺不到這種不尋常的能力。

傳統教科書上只說如何用獎懲實現教育，只探討課堂的教學法，實際上，孩子的學習遠遠超越課堂範圍和普通的獎懲。孩子的學習從嬰兒期開始，一直持續到成年，甚至終生。與人工智能的學習方法相比，孩子的學習有一系列非常獨有的特徵。

總體而言，小孩和人工智能相比，有下面幾個明顯的特別優勢：

- 以偏概全
- 不專注
- 厭倦
- 出錯
- 依賴情感
- 叛逆

我先帶大家看一下，為甚麼這些特點是人類小孩的優勢。

1. 小數據學習 vs 大數據學習

孩子的學習是小數據學習。與人工智能對比，小孩子的學習能力高效得驚人。人工智能學習認鴨子，需要看數百萬張鴨子的圖片，小孩子只需要看兩三張，下次就能認出來。而且不僅僅是生活中可能出現的熟悉的事物，小孩子看圖片認袋鼠、樹熊——北半球的小孩子可能從來沒機會見到真的——也是一樣高效。

這種能力，可能就和前文提到過的抽象認知能力相關。人類記住某些事物，是以非常抽象的方式提取關鍵特徵，記憶成「模式」。這是如何做到的，現在還是謎。預言學家雷蒙德‧庫茲維爾（Ray Kurzweil）猜想，人類記憶「模式」儲存在大腦的三億個柱狀結構中。且不管他的猜想是不是正確，我們只要知道人類的這種模式識別能力的強大，就足以發出感歎。

到目前為止，電腦「深度學習」仍然需要海量數據，人工智能對每一件事的學習都要有足夠多的數據支持。因而很多人說「未來最寶貴的資源將是數據」，如果得不到足夠的數據，人工智能就很難發展。對於一些有海量現存數據的領域，這自然是容易習得的事情，例如金融、醫療，但是人類社會生活還有諸多領域缺乏足夠多的數據記錄，人工智能一時就很難習得。它對人情世故的理解也往往受限於數據。

人類擁有從經歷中學習的能力。當一件事發生，作為單一的事件數據，人類就能學習到很多規律。在事件學習方面，人類不僅不需要很大的樣本數據，就可以「經一事，長一智」，甚至可以超額學習，也就是舉一反三。

每個孩子都是「一葉知秋」學習者，小時候，我們就能觀察到他

們胡亂總結生活規律。一兩歲的小孩就可以總結「這樣扔東西嫲嫲會笑」的規律。這雖然是以偏概全，但實際上，我們需要珍惜他們的這種特性。因為這正是他們在用強大的模式提取思考方式進行小數據學習，試圖從生活小數據中提取寶貴的知識。

我們應該鼓勵孩子思考，以偏概全也可以轉化為優點。若想避免以偏概全，可以讓他們看到更多、經歷更多、體驗更多，無論如何，思考和總結的能力是千金不換的。

2. 聯想學習 vs 邏輯學習

孩子的思考總是充滿聯想跳躍。我們通常認為不專注是缺點，其實也是優點。人工智能學習一個領域的知識，會局限在這個領域內，按照這個領域內的數據，尋找相關聯繫，尋找因素之間的相互影響。如果存在邏輯規則，人工智能學習毫無難處。人工智能在一個領域內得到的知識，很難聯想或類比到其他領域，因為它們並不具備多個領域的知識記憶。

人類的語言裏充滿類比和聯想。當說起時代變化時，我們說「風起雲湧」，表明時代的劇烈變化；當說起事態嚴重時，我們說「山雨欲來」，暗示即將有大變化。天氣和我們討論的政治經濟趨勢毫無關係，但是所有的這些比喻之所以成立，是因為人能注意到事物背後相似的部分。這種相似性也很抽象，如風雲的變幻感和趨勢感，人工智能難以想到或理解。

類比不僅僅是文學修辭，也是我們的思維方式，在知識領域同樣有用。我們從前經常批判「廉價的類比」，感覺類比並不是真知，只是人們大腦胡亂的關聯。但實際上，我們的知識發展很大程度上依靠類比和聯想。邏輯演繹能保證我們在一個領域內推導出真知，但是根

據哥德爾不完備定理，一個領域內總有一些基礎公理是不能自我推導的。這就是說，每個領域至少有一些基本假設要「無中生有」，而「無中生有」往往是從原有的領域類比而來。

有價值的類比實際上是發覺深層的結構，外在的信息無關，不意味着深層的機理無關。愛因斯坦的廣義相對論，由自由落地的電梯類比而來，把整個地球類比為電梯，得到了令人瞠目結舌的對宇宙的新認知。電梯和宇宙結構之間的關係，就是用跨領域聯想找到深層原理的結果。愛因斯坦有着非同尋常的視覺敏感度，聯想能力與此密切相關。

我們跟小孩對話的時候，幾乎很難將話題保持在同一脈絡上。小孩子總是說到一半，就想起其他相關事物，然後話題就漫無邊際地拓展下去。在孩子小的時候，我們會發現他們很難集中注意力在同一件事情上，思維常常飛跑，這讓我們在試圖給他們傳授單一知識的時候感覺非常困難。而實際上，孩子的這種天馬行空的自由聯想是極為寶貴的思想資源。發散的思維不受限制，就會注意到事物與事物之間的關聯。3~7歲是大腦突觸連接增加速度最快的時段，到了小學之後，大腦突觸連接數量逐漸減少，聯想和跳躍的思維也減少，可以更有邏輯地思考，集中精力，但是終其一生，在邏輯思考和跳躍思考之間找到平衡，往往是最有成果的。

3. 習慣化學習 vs 重複學習

小孩子做事總是三分鐘熱度，一件事情喜歡上兩天就不喜歡了。要是換成人工智能，我們即使讓它唸唐詩唸上一年它也不厭倦，而小孩子能堅持三五天就很了不起了。

我們都知道這是人工智能的優勢，那我們又為甚麼說「厭倦」是

孩子的優勢呢？

實際上，厭倦來自一種心理現象：習慣化。習慣化是指大腦對於新奇的刺激產生本能的興奮的現象，人的注意力喜歡追隨新奇刺激，一旦大腦對一個新鮮信息變得習慣了，就會感到厭倦，不再加以注意。嬰兒身上就展現出這種特徵：心理學家給三四個月大的嬰兒看屏幕上的畫，如果是他覺得新奇的，他就目不轉睛盯着看；如果是已經看得習慣的畫，他就不怎麼看了。科學家就是用這種方式測定嬰兒的本能知識的。

那這有甚麼好呢？

實際上，習慣化反映了大腦的學習過程。注意力是大腦的稀缺資源，大腦總是把注意力「投資」在最值得的地方。一旦一個知識學會了，融入了自己的知識框架，大腦就要把注意力投入其他地方。習慣化實際上就是學會之後的注意力轉移。這種習慣化也正是形成常識的過程。大腦有常識體系，一旦一個信息是反常識的，大腦就會加以注意，新知識變成常識的一部分之後，注意力就向其他新知識轉移。

大腦注意力永遠向新異信息轉移，這種傾向實際上是創新的本能。

人工智能學同樣的知識、做同樣的練習，永遠都不會厭倦，好處固然是可以永遠可靠地工作，但問題在於，如果注意力永不厭倦地放在已經學會的知識上，還有甚麼動力去學習新知識？有很多人說，人類大腦的「自動化」過程是一種懶惰，實際上它是「自動化」舊過程，以便搜索新信息。大腦就是在學習與搜尋的過程之間永恆切換。這是創新的推動力。

如何才能讓孩子堅持做一件事呢？如果「厭倦」是好的，孩子豈不是永遠缺乏堅持的毅力？最好的教學節奏，是讓孩子在一件事情上，

總能找到新的趣味和挑戰。就好比難易程度合適的遊戲，總不會太難，也不會簡單枯燥，內容有樂趣，而且隨着孩子水平的提升不斷拋出新挑戰。每次習慣化之後，就有下一關的冒險。這種合適的節奏，常常不容易找到。因此，好老師始終是至關重要的（未來以人工智能技術輔助教學也會對此有幫助）。

4. 試錯學習 vs 優化學習

小孩子會犯錯，甚至會故意犯錯。人工智能學習的過程，實際上是在尋找最優解。它也會小步試錯，但最終目標始終是尋找解空間的全域最優。它不斷根據最終的答案調整步驟，直到所有參數都有利於獲得最佳答案。人工智能計算永遠都是可靠的，每次提出同樣的問題都得到同樣的解答，如果不特意安排它出錯，它就不會出錯。

小孩子的思路走不了那麼遠，他更多是從現狀出發，東試一下，西試一下。有些時候，嘗試的過程中他發現了另外的問題；有些時候，他給出了另外的答案，不一定是最優解，卻可能帶來新的洞見；另外一些時候，他故意做錯，只是覺得按照另一種方式做更有意思。例如，你讓他用積木按照圖紙搭一座高塔，在搭的過程中，他發現塔可以斷成兩截，再連接成一座橋，於是就把搭高塔的計劃忘記了，開始搭橋，然後又建房子。

故意犯錯很多時候是在體驗自主的樂趣。有時候犯的錯誤需要糾正，例如 2 + 2 不等於 5，但更多時候，犯錯沒有任何關係，它只是開啟了另外一道門。當孩子把玩具的盒子戴在腦袋上當帽子，誰知道那會不會像科學家多次試錯後的某個無心舉動，將引發科學上的重大發現呢？

人類最獨特的學習方式

在講下面這個特點之前，先插入一個輕鬆的話題：你知道孩子為甚麼都需要偶像嗎？

這涉及人學習時的心理機制。回憶一下，在你成長的過程中，有沒有這樣的經歷：自己想做甚麼的時候，頭腦中不由自主地想到父親或者母親會說甚麼，不由自主地想到父母批評或者反對的聲音，不由自主地在頭腦中跟假想的父母對話。或者，有沒有這樣的經歷：因為特別喜歡一個老師，就很喜歡他教的那門課；因為特別不喜歡一個老師，就不喜歡他教的那門課。

這兩種情況都是特別正常的人類心理特徵，涉及一個心理機制：依戀學習。

最初注意到這一點，是在讀人工智能之父馬文・閔斯基（Marvin Lee Minsky）的作品《情感依戀》時。依戀學習是人類學習過程中最奇妙的一點。它不同尋常，看似不合理，仔細想來卻非常合理。依戀學習最主要的特徵是：學習的過程跟隨情感依戀。

先來說說依戀。

依戀是每個人與生俱來的情感關係，一般早期是母嬰關係，一兩歲之後，小孩也會與家庭其他成員建立依戀關係。建立起心理依戀關係的人，是孩子內心安全感的來源。依戀有點像在小動物身上觀察到的「印刻」，小鴨子生下來最早見到哪個成年鴨子，就會「印刻」對它的依戀，從此一直跟着它走。這就像是在《仲夏夜之夢》裏提到的那種有魔力的藥水，喝了它，會愛上醒來之後見到的第一個人。

安全依戀是對愛的相互確認。嬰兒確認自己愛媽媽，媽媽愛自己，

確認跟着媽媽就不用害怕，這是他以後面對世界時內心安全感的來源，因為他敢於信任另一個人。一歲時的安全依戀測試結果若是健康，成年後的自我成就、婚姻幸福的概率就更大。

我們的一大特點是，心裏依戀的人會變成頭腦中的意象，哪怕他不在身旁，也會時常想起他說的話、他的態度，並以之作為自己的依據；違抗他會讓我們內疚。

從信息與學習的角度看，依戀是在心中標記特殊信息源。

機器「學習」知識分兩大派別：一是程序員輸入現有知識，二是讓機器自己從數據中摸索。深度學習是自己摸索。人類學習知識是這兩種方式的結合，嬰幼兒時，父母給我們灌輸的一般是人類已經形成慣例的知識，例如，這是桌子，這是椅子，飯前洗手，離家鎖門。這樣可確保我們不用從人類鑽木取火的知識開始全靠自己發現。另外，父母還會向我們傳遞他們的價值觀，他們對周圍人和事的判斷也會成為我們初期判斷的起點。例如，「掉在地上的東西不能吃」、「你要謙讓小朋友」等等。除此之外，孩子也會進行大量自我探索，自己總結規律。

對機器而言，大數據輸入的信息源，權重都是等同的。而人生活在一個由許多人組成的複雜世界中，每個人給小孩子輸入的信息都不相同，價值觀更是千差萬別，小孩子如何篩選和處理這麼多輸入的信息源？

答案就是，小孩子給自己的依戀對象賦予極高的權重。媽媽爸爸說的話，可信程度最高，也許在小孩子的世界裏權重超過 90%。學校裏、街邊的人說的話，他們都會存疑，並和媽媽爸爸說的話做對比。即使是媽媽爸爸不在身邊，孩子也隨時裝載着他們的畫面，頭腦中的媽媽爸爸會跳出來說話。在成長的整個過程中，孩子都會把自己依戀

的人的言行放在心裏，隨時參考。

而另一方面，父母對孩子也有天然的依戀。激素和其他神經指標，都讓父母在孩子生命最初的兩年全然投入去愛。這樣的雙向依戀，保證了父母對孩子的輸入是最可靠的。

在信息氾濫的世界中，對特定信息源賦予長期穩定的權重，不容易被隨便哪個路人把自己的知識和信念帶偏。如果隨便是誰都能篡改人工智能的知識和信念，那遇到特殊的用戶，給人工智能輸入搶銀行的數據，讓人工智能學習搶銀行也很容易。

也許有人會說，這有甚麼難度，不就是記住出廠設定，不允許篡改嗎？不是這麼簡單。現在的軟件都是記住出廠設定，不允許用戶篡改，於是所有的改進都需要程序員再出 2.0、3.0 版本。未來如果人工智能出實驗室之後不允許學習新的知識，那和現在的軟件沒甚麼區別，也無法滿足用戶和環境需求。如果允許它在外界信息世界中學習，那就必然根據用戶輸入的信息修改自身的知識和信念。這就意味着它可以被任何人利用做任何事。

如何抉擇，如何平衡？如何讓人工智能擁有新的獨立學習機會，還不至於和程序員的最初設定背道而馳？

人類是如何做的呢？那就是叛逆和依戀的相互平衡。

兒童天生具有叛逆機制。從「可怕的兩歲」開始，孩子就不斷要求獨立，要求自己對自己做主，要求自己的主張被採納。這種對自主和自我肯定的渴求，是人類與生俱來的本能，也是獨立人格發展的開端。

叛逆是人工智能目前做不到的「覺醒」。

從兩歲開始的每個認知發展跨越，都會伴隨孩子對父母的叛逆。叛逆本質上是對獨立的要求，叛逆的強度會因父母給予的獨立空間大小和孩子的個性有所不同。小學時開始獨立社交，中學時開始選擇人生偶像和人生理想，大學時開始選擇生活軌跡，所有這些時間段，都會伴隨着要求獨立的叛逆主張，有時甚至會和父母有尖銳的對抗。

與此同時，兒童的叛逆，絕不同於智能程序遺忘初始信息。目前的智能程序網絡更新了數據、領域和知識之後，會覆蓋原有的知識和能力，不再留戀初始的網絡。兒童不一樣，叛逆的過程之所以會充滿痛苦和焦慮，就是因為孩子的叛逆並非簡單放棄父母的信念，而是伴隨着自我的掙扎猶疑。如果叛逆等於遺忘，那孩子內心應該很平靜，但實際上叛逆代表着選擇。即使很長時間不在父母身邊，父母的形象也在孩子心裏，耳邊縈繞着父母的話。

於是，人就這樣面對初始信念和大數據學習之間的矛盾，既不輕易放棄父母的初始輸入，也不拒絕外界信息的改變。好處是父母給的信息一般是出於愛，最安全可靠，而外界的信息更龐雜，更跟隨變化。任何兩難選擇都伴隨着內心痛苦，叛逆也不例外。

此外，孩子還會在每個階段選擇新的依戀對象，比如偶像、感情深的師長、愛人。這些依戀對象的話語對孩子的影響力遠超周圍其他人，也是具有極高權重的信息源。我們對自己心裏選擇的依戀對象，也會像對父母那樣，生成一個心理意象，遇到了事情，會假想他們怎麼說，然後套用他們的話，會極為在意「我這麼說他會不會生氣」、「他會支持我走這條路嗎」、「這個作品他會喜歡嗎」。

這個過程常常充滿坎坷。我們從依戀對象身上獲得的不僅是信息，也是人際關係的革新。每一次依戀對象的選擇，對於人都既是情感過程，也是人生學習過程。

　　為甚麼要這樣？人類的學習為甚麼要用這種磕磕絆絆的方法？不能像人工智能那樣，只單純客觀地處理數據嗎？

　　說到這裏，要說幾句貝葉斯定理（Bayes' theorem）。

　　一直都沒說貝葉斯定理，是因為在目前的人工智能前沿領域，它不算是最主流的。但我一直都認為，貝葉斯定理是對人類學習刻畫得最好的學習算法。

　　貝葉斯定理的核心，說起來就是一句話：先驗概率，後驗檢驗。簡單來說，就是「心裏先抱着一個信念，再根據發生的事情調整信念」。例如「我相信大海是紅色的」，這是信念，然後去海邊看看，發現大海不是紅色的，就把這個信念拋掉。

　　有些時候，人能明智地調整信念，根據事件放棄之前的信念，但更多時候，我們會用之前的信念解釋事情。舉個例子，如果心裏的信念是世界上有鬼存在，那麼一旦某次有東西莫名其妙地丟了，我們就會把這件事當作對「有鬼」這個信念模型的確認。很多時候，心裏事先抱定的信念模型非常重要，它會決定我們如何看事情。

　　而選擇依戀對象，實際上就是孩子選擇自己心裏的先驗模型。此後的人生，孩子會不斷拿這個信念去套生活，有些信念會被拋棄，但更多的會被保留和加強。選擇偶像並不是錯，如果能夠選擇好的依戀對象，就相當於選擇了一套合適的信念模型。

未來我們該如何教育和學習？

在未來的智能時代，對我們的學習和教育而言，以下四點至為重要：

- 情感聯結
- 基礎抽象思維
- 世界觀的建立
- 創造力的發展

我們簡單看一下這幾點，再大致談一談我覺得必要的教育和學習方式。

1. 情感聯結

情感聯結的意義，我們在有關「依戀學習」的部分已經提過了。人類特有的依戀學習，讓人將依戀對象變為心理意象，這使得他們輸入的信息權重特別大。

情感加持是人類在學習方面特有的本能，缺少情感聯結的學習很難入心。一歲之前是建立安全依戀關係的重要時段，一歲時的安全依戀測試就已經對成年後的行為有一定預測功能。建立安全依戀關係的孩子更容易形成穩定的自我認知，更能積極勇敢地探索世界。安全依戀讓孩子充分信任父母，並且從父母身上獲得最初的信念。孩子對父母的安全依戀關係將使得他們內化父母的形象，從而高效地獲得對世界的穩定認知。

心理學研究表明，影響依戀關係最重要的因素是互動的敏感性。在嬰幼兒階段的早期，飲食起居的照顧固然是重要因素，但比單純吃

穿供應更重要的，是對嬰幼兒發出信息的敏感度。當嬰幼兒向世界發出信息時，成年人及時準確的回應，是嬰幼兒與這個世界建立精神聯繫的主要來源。母親對嬰兒要吃奶的回應是其中一種，對嬰幼兒情緒、行為和語言的回應也是建立情感聯結的重要因素。若長期處在無人回應的狀態，如處在孤兒院，即使食宿得到了照顧，嬰幼兒的認知發展仍然會出現障礙和滯後。

在人工智能時代，理解他人的情感和思想將是重要的能力需求，而理解他人的能力需要親子情感聯結作為基礎。嬰幼兒最早的共情能力，出現在 9 個月左右，表現為眼神跟隨，此時，母嬰互動或者與其他看護人的情感互動，對於孩子發展自我認知和認識他人的能力至關重要。人工智能可以取代人類進行各種數據分析工作，但是它們取代不了懂得體察他人內心情感的人。

情感陪伴對孩子的意義，在未來會格外彰顯出來。孩子理解世界和他人的基本模型，源自孩子和家人互動的基本模型。我們讓他們理解情感，他們才能理解世界的情感。

2. 基礎抽象思維

人工智能可以做到符號與符號的連接，而人類能做到將真實世界與符號相連接。這種能力就是抽象思維。且不說未來我們能不能教人工智能學會理解真實世界，我們如何讓人類的孩子理解真實世界和符號的對應，對於人類智能發展十分關鍵。

人類的知識，建立於各種真實感覺與符號之間的對應。對物理世界的理解，和數學符號對應；對人情世故的理解，和文字符號對應；對情感和美的理解，和藝術符號對應。每一種對真實世界的感觸，都和一種符號表達對應。對人工智能來說，理解符號世界是很容易的，

理解真實世界卻很難。對人來説恰好相反，人有很強的直覺理解真實世界，而對於符號世界的理解卻有困難。而對雙方都難的，是建立真實世界與符號世界的對應關係。

人類的學習，重要的是對符號系統的基礎理解。

對符號系統基礎的理解，是指對文字和數學符號的抽象認知。人類對語言（指口語）和物理世界的感知是出於本能，經過千百萬年的物種進化，人類大腦中都有相應的感知模塊。正如著名心理學家史迪芬 • 平克（Steven Pinker）所説，所有人都有感知語言和物理世界的本能，但是沒有閱讀和數學運算的本能。對文字和數學的認知只是最近幾千年的事情。這是因為在文明進化過程中，大腦的結構進化並沒有跟得上，一直到最近幾十年才通過教育基本消除了文盲。因此所有（正常）人都會説話和運動，但如果不經過學習和訓練，人就不會閱讀和進行數學運算。

在任何時代，學習都是必要的，在智能時代更需要智能的提高。有一種説法是，人工智能時代，機器代替我們去做所有智力計算的事情，人類不再需要學理科，只有彈琴、寫詩、畫畫這類事情才能讓人和機器不同。這其實沒甚麼道理。實際上，機器現在也能彈琴、寫詩、畫畫，人類在這些領域如果只是拼工匠精神，也是拼不過機器的。未來的職業需求，愈是智能的時代就愈需要高智能人才。其中最基礎的能力，就是理解抽象符號，能用符號表達真實的感覺。彈琴、寫詩、畫畫，如果只是機械地重複也是沒前途的，需要以理解藝術語言背後的真實審美為前提。

學習閱讀、數學和藝術語言要費力氣，難就難在抽象。如果突破了這一關，能用文字、數學和藝術符號思考，能將符號與世界進行聯繫和認知，人的智能層次就將突飛猛進。孩子進行系統、正規的學習

仍然是必不可少的，僅僅用身體和直覺感知世界，很難進入人類智能世界的舞台。

在兒童早期階段，我們讓孩子發展文字、數學和藝術能力，重要的不是讓他們直接學習符號，而是將符號和真實世界對應起來。對於文字，相比識字，更重要的是認識事物與文字之間的對應關係。對於數學，相比數數和口算，更重要的是感知數形對應，也就是物體和數字之間的關係。對於繪畫，相比臨摹，更重要的是感知手中的顏料和畫筆可以表達世界、表達內心想法。而引導兒童閱讀，更重要的是讓他們感知文字中蘊含的世界。

3. 世界觀的建立

孩子與人工智能相比，最大的優勢在於孩子構建的常識系統。一個三歲的孩子都知道塑料袋可以在空中飛，小車下坡比上坡跑得更快。同樣，三歲的孩子還知道做了被禁止的事周圍的人會有怎樣的反應。所有這些關於世界和他人的常識的認知，人工智能都會覺得很難。常識系統的建立取決於大腦綜合加工信息的能力。

關於這個世界自然系統的知識、社會構成的知識、國與國關係的知識、人類發展歷程的知識，都會成為一個人常識系統的一部分，而後續的所有學習和判斷，都建立在這樣一個知識的背景舞台上。人的學習有怎樣的高度，除了自身的勤奮程度，在相當大的程度上與這個背景舞台相關。

4. 創造力的發展

在未來，人與人工智能相比，最大的競爭優勢莫過於具有創造力，包括對知識的創造性理解和對知識的創造性應用。

　　對知識體系的創造性理解，是所有學習中最重要的一環。創造性理解的意思是，敢於對知識進行質疑、重組、搭配和延展，敢於挑戰和重建現有知識，敢於靈活運用知識去分析、解決問題。知識是孩子的樂高積木，他們可以充分信賴自己運用知識的能力，用知識搭建出頭腦中最鮮活的花園，而不只是猜測老師想讓自己如何拼裝。如果是具有確定答案的問題，機器幾秒之內就能學到很多，但是它們沒有能力去創造、去設計，因為它們頭腦中沒有藍圖，沒有想像，沒有預期，沒有宏觀審視，沒有反事實思考，沒有審美，沒有跨出經驗數據的冒險精神，也沒有創造的愛和熱情。

　　培養對知識的創造性理解能力，需要有鼓勵進行創造性嘗試的態度和環境。有人擔心知識束縛創造力，寧願讓孩子躲在遠離知識的荒野中，實際上這是多慮了。我們看到，世界上最具有創造力的人，往往從小知識淵博，具有靈活的思維。例如「阿爾法狗（AlphaGo）」的創始人哈薩比斯（Demis Hassabis），從小是國際象棋高手，9歲學編程，長大後學習電腦和神經科學，很年輕就拿到博士學位。如此沉浸在知識學習中的優秀學生，在改進人工智能算法方面，有着異常活躍的創造力。因此，想讓孩子有創造力，完全不必對知識的學習產生恐懼。

　　唯一扼殺創造力的，就是扼殺創造力。這並不是無意義的同義反復。好奇心和想像力是人人都有的創造的基礎。很多時候，父母和老師對創造力抱持着壓制的態度，卻並不知曉。對唯一正確性的過度強調，對循規蹈矩的過度認可，對錯誤探索的過度批評，才是孩子發揮創造力的最大障礙。成年人對事物的按部就班和井井有條有着超乎尋常的執拗，他們常把孩子也作為「井井有條」的一部分。然而，孩子是向着四面八方隨機探索、充滿無數可能性的魔法泡泡，他們在突破可能的邊界。這個時候，父母最好的方式是鼓勵和跟隨。

　　父母和師長的情感支持對孩子發展創造力至關重要。父母和師長可以傾聽孩子的想法，提問、鼓勵回答、順着孩子的思路進一步深入探尋，以問題加深孩子的思考，幫助孩子動手實踐自己的想法，支持他的創意，分析他的設想，教給他方法和手段，但不以此來約束孩子的探索。

　　培養創造性應用知識的能力，就是要提供創造性應用知識的機會。關於創造力的「投資」理論表明，創造力與智商的關係很小，而與認知風格關係緊密。所謂認知風格，就是是否敢於冒險，是否願意把時間投入創造性活動，是否能投入全心熱愛的有興趣的領域。認知風格與從小父母師長的支持性環境相關性很大。我們需要給孩子創造性的任務，讓他們自主選擇方法，自己試錯，把自己的想法付諸實踐，而成年人只是給他們工具和方法，但不束縛他們的方向選擇。這種創造性項目制學習，是家庭與學校都可以應用的教學方法。

　　我們自己和孩子在未來時代的學習和教育，説難也難，説簡單也很簡單。

　　我們要把人類認知發展中最獨特寶貴的優勢發揮到極致，綜合學習各個領域的知識，以創造性思考為學習引導。這是我做童行計劃教育項目的初衷和長久的願景。人類相比人工智能而言，仍然有許多優勢，有許多未解的秘密。我對人類的潛力充滿信心，對孩子充滿信心。

教育百寶箱
- 建立孩子重要的常識系統 -

　　孩子的常識系統，就是他認識和理解世界的全部背景知識。人與人工智能最大的區別之一，就是人工智能很難真正建立起常識系統。那麼，我們又該怎樣幫助孩子更好地建立常識系統呢？可以分為下面幾個階段：

　　首先，1~3 歲，可以儘可能多地讓孩子用所有的感官認識世界。

　　在幼兒階段，孩子主要通過感官感知世界，通過在頭腦中建立表徵認識和理解世界，建構整個世界在自己腦中的形象。在這段時間裏，需要充分地給孩子機會用身體去探索，還要和他大量地進行語言交流，幫助他把這些具體的社會生活，經過大腦的編碼，內化為常識基礎。比如陽光是溫暖的，糖是甜的，棉花是軟軟的。在這樣的常識基礎上，孩子也就開始了真正意義的語言交流。

　　其次，3~7 歲，可以儘可能地擴大孩子的認知和聯想範圍，建立其對世界的綜合認知。

　　人們常說學齡前是大腦發育的黃金期，這個說法有一定的道理。因為在兩歲以後，孩子大腦中的突觸數量大量增加，7 歲達到頂峰，之後大腦會逐步「剪掉」冗餘的神經突觸，最終達到穩定數量，直到青春期再次蓬勃發展。

　　因此，在這一時期，孩子在天生的好奇心的驅使下，從四面八方各個角度快速地吸收新鮮知識，迅速擴張自己頭腦中的知識體系。跨界聯想和觸類旁通是兒童的獨特優勢，這個階段尤其要鼓勵孩子儘可能多地去聯想和發散。

　　最後，再長大一些時，我們可以讓孩子儘可能多地參與社會生活實踐，從旁觀世界進入實際的操作世界，在行走天下的過程中獲得參與性世界常識。所謂人要讀萬卷書，也要行萬里路，就是這個意思。

02

決定孩子學業與成就的，恰恰不是智力

　　我們都希望自己的孩子聰明，很多媽媽從懷孕起就開始吃補品，孩子小的時候更是極精細地計算每一克食物的營養，少睡一分鐘都擔心孩子智力受損。那麼孩子的智力與這些關係大嗎？父母的養育方式對孩子的智力影響大嗎？

　　先給你一個有些讓人驚訝的答案：孩子的智力，受基因的影響要遠遠大於後天的養育方式。基因的影響可能有 80%，所以除了在貧困線以下掙扎的嚴重營養不良的孩子，營養對孩子智力的影響並沒有那麼大。

　　這個結論是怎麼得出來的呢？

　　科學家用了非常巧妙的方式：雙生子研究。他們對比了幾組不同的孩子，包括來自同一家庭的雙胞胎、來自不同家庭的雙胞胎、來自同一家庭的普通兄弟姐妹、來自同一家庭的沒有血緣關係的孩子等，然後比較他們長大以後的智商差異。如果同一家庭養育的沒有血緣的孩子智力相似，那就說明家庭養育方式真的很重要。而如果完全不同的家庭養育的雙胞胎智力更相似，那就說明基因對智力的影響更大。

　　結果怎樣呢？多組科學家做了大量跟蹤和觀察，包括美國明尼蘇達州的雙生子跟蹤，英國、澳洲、荷蘭等地的雙生子調研等，最後得

到了大致相似的結論：不管是不是在同一家庭長大，雙胞胎的智力相關性都達到了 76%~80%；而在同一家庭長大的兄弟姐妹，智力相關性只有 50%，在同一家庭長大的沒有血緣關係的孩子，智力相關性則低至 30% 以下。

因此我們知道，孩子的智力，將近有 80% 是基因決定的，只有20%~30% 源於養育。這個結論說明了甚麼呢？說明一切都是天生的。那麼，父母甚麼都不要做了嗎？

不是的。

我最想告訴你的是：不要進入大腦開發的誤區，不要一提大腦開發，就是增強智力，更不要一提智力就是吃補品、加營養。我們真正要做的是更深刻地理解大腦，真正去瞭解廣泛的大腦功能。智力只是大腦功能的一小部分，對孩子以後的學業、工作成就來說，甚至不是最重要的因素。

大腦的哪些因素影響孩子未來的成功？

那大腦的哪些因素影響孩子未來的成功？我們先來看幾個重要的研究。

1. 自控力、堅持力等非智力因素

芝加哥大學的著名教授海克曼（James J. Heckman）曾經做過多項大規模跟蹤調查，後來發現，智力對於預測學生未來的學業和人生成就並不關鍵，相反，關鍵的是一些非智力能力，也被稱為「非認知能力」、「個人體質或性格」，包括堅持力、自控力、好奇心、自省力、自信心、社交能力等，對孩子的長遠發展更為重要。

2. 兩種心智加工模式

諾貝爾獎獲得者丹尼 · 加利曼（Daniel Kahneman）和著名心理學家史坦諾維奇（Keith E. Stanovich）曾經認真研究過，為甚麼聰明人常會做傻事。他們後來不約而同得出結論：人有兩種心智，一種很快速、很本能，但經常犯錯；另一種較慢速、較費力，卻較為理性審慎。這兩種系統的大腦工作原理不同，理性系統才更能夠讓人長遠地做對的事。

3. 左右腦的均衡發展

加利福尼亞州立大學著名心理學家丹尼爾 · 西格爾（Daniel J. Siegel）提出，如果孩子過於側重某一側大腦發展，在未來會遇到很大的困難。左腦思維更注重邏輯和細節，右腦思維更注重情感和整體，因此左右腦發展不均衡，或者不協調，都會讓人對深刻理解知識和世界產生困難。美國著名教育學著作《未來學習》也提出，未來最重要

的是培養左右腦均衡發展的全人。

4. 學習對大腦產生的影響

最後一項研究來自小白鼠，科學家通過對小白鼠的觀察發現，學習會讓大腦發生某些變化。科學家發現，比起生活在常規的實驗室籠子裏的小白鼠，那些生活在大籠子裏、擁有可以玩耍和探究且不斷變換的物體的小白鼠，大腦皮質的重量和厚度都有明顯的增加，學習機會促進了小白鼠大腦的連接。更有趣的是，對比學習有難度動作的小白鼠和僅僅大量做運動練習的小白鼠，科學家發現反覆練習只能讓大腦的血管密度增加，而真正學習有難度的技能，才能讓大腦的連接增加。

所有這些研究說明了甚麼呢？說明對於學業和人生的成功而言，以下幾個因素更為重要：大腦的自控力和意志力、理性審慎的心智模式、全腦的均衡發展，以及通過學習積累的智慧。

如何強化這些因素？

在這裏，我想先強調一個觀點，就是「聰明不聰明」其實是太簡化的評價，我們對孩子大腦的關注，應該更集中在大腦是不是均衡發展上。

我自己特別喜歡的兩個比喻，一個來自心理學家丹尼爾・西格爾，他把大腦比喻成建築，比喻成一座小樓；另一個來自我最敬佩的人工智能大師馬文・閔斯基，他把大腦比喻成一個社會，裏面住了很多個小人兒，他們各自行動，又相互協調，稱之為「心智社會」。而一個完善的大腦，應該是一棟平衡的建築，或是一個和諧的小社會，多種功能均衡發展，相互之間有很好的協調關係。

1. 如何讓孩子更理智、更有自控力？

在關注完大腦的均衡發展之後，我們再來聊聊如何讓孩子更理智、更有自控力。

首先你需要知道一個名詞，叫作前額葉，它指的是我們腦門後面這部分大腦。如果你比較人類頭骨和黑猩猩頭骨，會發現兩者最大的區別就是人類的額頭比較鼓，這是人類大腦前額葉發展的結果。過去有「前額飽滿的孩子肯定聰明」的說法，從某種程度上講是有一定道理的，只是並不確切。

前額葉負責更高級的認知功能，負責深思熟慮、前瞻、自我控制、意志力、謀劃策略和抽象思維等。可以說，前額葉是大腦的司令部，是控制我們思考的主要腦區。

很多時候，父母發現小孩子很難集中注意力，學一會就學不下去了，或者動不動就急躁、大哭、被衝動控制，這是為甚麼呢？

這是因為，小孩子的前額葉還沒有發展成熟。前額葉的快速發展期在六七歲，也就是說，在六七歲之前，小孩子都是情緒衝動的小傢伙，控制自我的「司令部」還在籌建，所以他們在情緒衝動的時候，內心沒有一個聲音提醒他「冷靜下來」，而我們大人常常會聽到內心的這一聲音。

既然 2~6 歲的孩子前額葉發展還不成熟，那麼我們能做些甚麼，幫助孩子增強自控、更加理智呢？

首先，最重要的是尊重孩子的發展規律。在孩子很小的時候，不能強求他集中注意力的時間太長。大多數時候，三四歲孩子的注意力很難長時間保持，父母千萬不要太過焦慮，要相信這是孩子成長發展過程中的自然階段，需要耐心等待孩子成長。事實上，缺乏前額葉的長時間監控，正好給了思維漫無邊際散發的可能性，孩子天馬行空的想像正是隨着前額葉控制的成熟而逐漸減少的。因此，不集中精神也有其積極意義。

其次，在孩子情緒爆發的時候，不要用更加不理性的情緒來對抗。如果孩子發火，父母就發更大的火，孩子一輩子也學不會怎樣用前額葉控制情緒。父母應先冷靜下來，然後慢慢讓孩子也冷靜下來，再開始理性分析問題。這樣才能讓孩子學會理性。

再次，要多給孩子自我管理的機會。著名的棉花糖實驗創始人、美國心理學家沃爾特．米歇爾（Walter Mischel）發現，如果父母支持孩子的選擇和決定，鼓勵孩子的自主性，孩子後期會展現更強的認知和控制注意力的能力。也就是說，父母愈讓孩子自由，孩子反而愈能自控。

這是為甚麼呢？道理很簡單。過度控制孩子的父母，很有可能無形中破壞了孩子自控力的發展。自控力是要鍛煉的，需要真正由孩子

自己嘗試，才能提高。父母過度控制，就好比從來不允許孩子自己彈鋼琴，只允許孩子聽，最後卻要求孩子彈曲子，結果可想而知。所以，一定要多給孩子自我決策的時間和機會，只有給予大量自由時間去鍛煉，集中注意力和進行自控才能成為自然而然的事。

最後，多和孩子討論事物的因果、前景、策略等等，注重思考的過程。前額葉的思考能力愈發達，集中精力和自我控制的能力也就愈發達。

這就是我們強調的第二點，要促進孩子自控力和意志力的發展，不能不知道大腦前額葉的發展規律。下次再遇到孩子情緒衝動，我們可以冷靜應對，在尊重發展規律的同時，多鼓勵孩子自我思考、自我選擇、自我決定。

2. 如何促進大腦的均衡發展？

那麼，我們如何促進大腦的均衡發展呢？

在生活裏，你會不會考慮這樣的問題：為甚麼有些人擅長文科，有些人擅長理科？男孩女孩在文理科方面到底有沒有差異？為甚麼有些人學習很好、知識很多，可是情商特別低，只認死理，一點都不懂察言觀色呢？為甚麼有些人很善解人意，性格也好，可就是做事沒方法、沒邏輯呢？

上面說到的這些困惑和衝突，都源於左右腦的不均衡發展。要談大腦的均衡發展，就不得不提左右腦。

人類的大腦確實存在着區域差異，主要體現在左右腦半球的功能上。大腦左半球負責分析、細節和語言，掌管邏輯思維和線性思考，它關心秩序，只接受肯定和明確的信息，處理觀念和概念。學校常規

學習要求學生重視細節、概念、秩序、閱讀和推理，這些都與左腦密切相關。

而大腦右半球主要處理視覺任務，它是直覺性的，在理解細節之前先從整體上把握事物的結構。它善於隱喻，具有審美而非邏輯功能。它能接收非語言的信號，貼近內心情緒，能理解他人的情感。它思維跳躍，更接近藝術家和創造性科學家的思維方式。[①]

人們通常認為，左腦主要負責邏輯分析，左腦發達理科應當更好；右腦主要負責整體和感覺，右腦發達文藝方面應當更好。而實際上，真正傑出的大師一定是左右腦共同發達。任何學科的有意義學習，一定都是結合了邏輯思維和情感直覺、概念和經驗、觀念和意義的。

既然大腦確實存在區域差異，那我們該怎樣培養孩子左右腦均衡發展呢？

首先，我們要放下對男孩女孩大腦發展的一些偏見。

傳統上，人們認為，男孩更擅長理科，女孩更擅長文科，男女的大腦發展不同。其實，男孩女孩的大腦先天上確實有一些差異，但不是整體差異，而是精細功能的差異。

在右腦頂葉負責的空間想像部分，女性一般天生即弱於男性，這使得女性在辨識地圖、涉及代數幾何空間想像方面不如男性。而在右腦的情緒感知方面，男性一般天生弱於女性，這使得男性在人際交往的敏感性方面不如女性。但大腦的這些先天差異並不是一成不變的，對孩子的引導完全可以彌補先天的差異。

我們不應該對男孩女孩善於學習的學科抱有偏見。這種偏見會植入孩子心裏，對未來學習造成不利影響。先天的差異其實很容易在後

---

① 《0～8歲兒童的腦、認知發展與教育》，瑪利亞‧魯賓遜，上海：上海教育出版社，2013年。

天鍛煉中彌補，爸爸媽媽完全可以在家中引導孩子，讓男孩女孩都獲得均衡發展。

其次，在生活中通過遊戲，鍛煉孩子的左右腦。

幾何搭建和圖紙理解都可以幫助女孩構建空間想像力，而角色扮演類遊戲和閱讀故事可以幫男孩提升感知他人情緒的能力。我們可以引導女孩進行空間想像，玩一些邏輯推理遊戲，也可以經常問一問男孩：你覺得故事裏的人為甚麼這麼做？他心裏有甚麼感受？這些對話和遊戲引導並不難，卻能改變孩子的思維方式。學習一定要左右腦都參與，才能獲得最好的效果。

再次，尊重孩子的大腦發展規律，給他們自由成長的時光。

事實上，左右腦的主要差異在於年齡。在孩子小的時候，無論男孩女孩，都是右腦佔優勢，右腦發展佔先。孩子都是用身體感知世界的，從整體上認識事物，無法把握細節，對感覺和情緒很敏感，充滿自由的想像力。

而隨着左腦的成熟和對語言、知識的學習，到了學齡階段，大多數孩子會變成左腦優勢。對文法的掌握，對推理的練習，對細節題目的關注，都會加強左腦的功能，並由此一直延續到孩子長大。

這種年齡變化趨勢與孩子左右腦發展的聯繫提醒我們：要尊重孩子大腦發展規律，不要逼迫太小的孩子循規蹈矩練習讀寫和計算，因為此時的他們，還處於右腦主導的情感直覺期；而上學之後，也應該多給孩子一些自由時光，讓他們的右腦得到鍛煉，感知、審美和想像繼續得以發揮。

這是我強調的第一點：促進孩子大腦的均衡發展。男孩女孩有一些先天差異，但只要加以平衡引導，每個孩子都可以均衡發展。大腦

均衡發展是文理兼修、智商情商皆高的前提。

3. 學習如何對大腦產生影響？

接下來，我們來聊聊學習如何影響大腦。這裏要談的一個重點是：腦細胞連接。

前面講過，小白鼠經過學習，大腦的細胞連接大大增加。

這是甚麼意思呢？我們需要從大腦的神經細胞講起。實際上，我們說學齡前是兒童大腦飛速發展的時期，指的不是這一階段大腦的神經細胞大量增加，而是神經細胞上的突觸大量增加，細胞與細胞之間的突觸相互之間搭上線，就是大腦神經細胞在建立連接。

這個連接特別重要，為甚麼呢？因為大腦神經細胞的連接是我們學習和積累經驗的基礎，當我們學會一件事情，大腦中就會建立穩定的神經細胞連接。

但是，大腦神經細胞上的突觸不是無限生長、無限建立連接的，而是遵循先大量生長再修剪的過程，不常用的連接會被剪掉。也就是說，隨着我們生活經驗的豐富，大腦會先快速成長，把大量相關細胞都連起來，然後看看哪些得到重複，重複的連接就留下，不重複的就丟失了。

這下你明白小白鼠實驗的意義了吧？小白鼠只有經過複雜的學習過程，大腦的連接才大量增加。在簡單的環境裏，或者在僅僅進行重複性練習的條件下，大腦都難以發展，或者僅僅增加了供血，卻沒有增加連接，也就是說，智慧沒有增加。

這說明甚麼呢？說明學習的重要。我們或許改變不了孩子先天的大腦反應速度，但我們可以讓孩子在學習過程中多用腦，學得愈多，

大腦的連接和經驗智慧就愈多。

值得一提的是，不同區域腦細胞突觸生長的高峰期不一樣，視覺區域的突觸生長高峰期在一歲多，前額葉突觸生長高峰期在六歲，整個大腦的突觸生長高峰期在兩歲左右。

這對孩子的學習有甚麼意義呢？

最重要的意義就是，在孩子生命的頭幾年，大腦正經歷快速的連接建立和定型，如果我們借助這段時間，讓孩子多思考、多經歷、多學習，可以對他們的大腦產生終生有益的影響。

幼年時期，大腦的所有學習都伴隨着腦結構的改變，學到的知識不是存在於表面的浮雲，它可以伴隨着腦神經結構的變化深刻記入神經網絡。這就好比電腦的系統裝載，不只是存入一些命令（程序），而是能夠改變電腦的運行方式。

負責思考、深度運算和抽象概念理解的前額葉突觸大量生長的年齡是 6 歲之前，這段時間讓孩子多接觸豐富的信息，經歷多種思考，突觸的生長和皮層厚度都會大大增加，而在 6~7 歲之後，就是修剪突觸的穩定過程了。

這是我強調的第三點：重視學習對大腦的影響。因此，父母應該在孩子的童年時期儘量提供豐富的大腦資源，大腦的營養不是來自食物，而是來自信息。每一次新的信息、新的經歷、新的思考、新的探索機會，都會增加大腦細胞突觸的連接，從而讓孩子變得更會思考。

教育百寶箱

- 7 歲前孩子的大腦啟蒙 -

　　0~2 歲是孩子大腦發展最快速的時期，腦重量從成人大腦的 15% 左右增長到 80%，2 歲時孩子的神經細胞突觸數量其實已經超過成年人。3 歲時，孩子的腦神經結構已經和成年人相同。到六七歲的時候，孩子的大腦重量已經相當於成年人的 90%。也就是說，嬰幼兒時期，人的大腦已經完成了絕大部分發育。

　　這意味着甚麼呢？這意味着，我們不能忽視嬰兒早期的啟蒙。實際上，1 歲之前的經歷可以在很大程度上影響孩子大腦的發育。如果我們像傳統觀念裏認為的那樣，認為「孩子還小，懂甚麼，等大了再說」，而在孩子小的時候不去進行有意識的回應與引導，那麼孩子的腦發育就有可能遲緩，甚至留下永久的缺憾。

　　那麼，應該如何對孩子的大腦進行啟蒙開發呢？要明確說明的是：孩子的大腦啟蒙，絕不等於提前學、賽道搶跑，而是要真正瞭解和順應大腦的發展規律。孩子的大腦啟蒙，也絕不等於在父母主導下的知識灌輸，而是要讓孩子主導自己的成長，父母觀察、回應、幫助孩子。給孩子更多的機會去使用他的感官，去感知世界，提出問題，並給予正確的回應，就是在幫助孩子獲得最好的早期教育。

03

最適合孩子大腦發展的學習，發生在生活裏

前面我們講了大腦發展的知識，是不是聽起來有點太學術了？現在我們就來聊一聊幼升小這個更貼地的話題。

身邊的很多朋友都有幼升小的焦慮：聽說很多小學的入學考試已經相當有難度，聽說小學老師會跳過基礎知識，聽說不少孩子剛上一年級就不適應，需要家長花大力氣陪讀。這些信息讓他們感慨，也讓他們困惑：這些是正常現象嗎？我們該如何面對？難道要逼孩子從幼兒園起就上培訓班苦學嗎？

如果我簡單回答「不要焦慮」，毫無疑問是太輕率了；因為時常聽到這樣的心聲：「你不焦慮那是還沒到時候。幼兒園時我們也讓孩子自由成長，充分玩耍，我們也不焦慮，但是一到了小學，發現孩子對考試做題完全不適應，頓時就焦慮了，也不那麼寬容了。」

這種時候，如果我只是告訴你「不要焦慮」，是遠遠不夠的，我必須要説清楚該怎樣做好準備，也就是説，幫助你充分瞭解未來可能遇到的困難，並清楚應對之道，這樣才能真的讓你達到安心的狀態。

為甚麼幼升小會成為一道難以跨越的鴻溝？

為甚麼學校的讀書考試會成為一道鴻溝，讓原本很支持瘋玩與自由的父母，到了小學階段就不得不天天陪讀，並為此感到異常苦惱呢？為甚麼很多孩子過渡到小學階段，會突然覺得不適應？

很多父母都意識到了這個問題，於是早早送孩子去上培訓班，但實際上並沒有真正理解困難之所在。其實孩子都很靈慧，對小學階段的學習不適應，並不是智力問題，而是兩個認知方面的原因：對書面符號系統不熟悉、對問答方式不熟悉。

說得通俗一點，就是孩子要面對兩個挑戰：不熟悉文字、不熟悉題目。

1. 不熟悉文字

幼年階段的孩子，熟悉的是口語和物理世界，而小學階段的主要要求，是書面符號的操作。從三維立體的真實世界，到二維符號的抽象世界，對所有人都是一個挑戰。

心理學家史蒂芬 · 平克（Steven Pinker）曾經提出過一個重要的

論斷：人的口語和感覺，都是經過了千百年進化錘煉的生理本能，只要把孩子放在合適的環境，所有孩子都能獲得正確的視覺、感受力和語言能力。然而習得文字和數學符號不是本能，這些符號系統才出現數千年，人類的大腦生理進化在這樣短的時間來不及做出改變，因此學習這些符號，人就會覺得困難。如果不經過專門的講授，一個人雖然可以學會說話，但是不認識文字，更不懂數字。

上學的最重要障礙，就是從真實世界切換到書面的符號世界，中間沒有過渡的橋樑。很多孩子不是不聰慧，而是對這個突然的書面世界感到陌生，不適應。

2. 不熟悉題目

孩子們上學之後，面臨的另一個挑戰是：不熟悉如何應對「思考型」問題。

當老師或者試卷上提出一個問題時，孩子需要動腦筋思考來尋找答案。這和很多家庭日常的對話方式不一樣。在日常對話中，長輩要麼是單方面「命令」的口吻：「快走！」、「該吃飯了！」、「吃完飯再玩！」要麼是隨意的「聊天」的口吻：「今天在幼兒園吃甚麼飯了？」、「好吃嗎？」、「跟小朋友玩得好嗎？」。

然而到了小學，孩子面臨的問題是「思考型」問題：「五個方塊拿走了三個，還剩幾個？」、「課文裏是誰拿走了床上的衣服？」、「如果小明沒給小麗麵包，小麗有幾個麵包？」。

這些問題首先需要孩子理解，然後在頭腦中構造畫面、思考答案。這個過程未必有多困難，但孩子若不熟悉，就會覺得突兀而感到茫然。

讓孩子上培訓班是正確的應對之道嗎？

這兩大困難如何解決呢？有沒有可能讓孩子提前適應呢？有些父母的做法是，提前讓孩子按照學校的方式上課和做題。可是，這樣的方式好嗎？

我個人不贊成送學齡前的孩子上培訓班。原因如下：

1. 培訓班沒有解決實際問題，而是把困難提前了

我們上面提到的孩子面對的兩大困難，其本質都在於，從具體的生活到抽象題目之間缺少橋樑過渡，孩子不適應符號與題目。送學齡前的孩子上培訓班，讓更小的孩子面對符號和題目，只會讓他們覺得更困難，而這種把困難提前的做法，對於解決問題沒有實質幫助。

2. 孩子的大腦前額葉控制系統尚未發育成熟

前面我們提到了孩子的大腦發展，由於大腦前額葉皮質要到孩子六、七歲時才初步成熟，學齡前的孩子自控能力弱，注意力不容易長時間集中，思維很發散。這個時候如果把孩子送到培訓班去強化，不僅效率較低，而且有可能給孩子留下不佳的課堂印象，對以後的學習產生負面影響。

3. 孩子的學習效果受情感的影響極大

兒童有依戀的情感特徵，讓兒童依戀的成年人對他們的影響極大。如果能夠得到依戀對象的認可或鼓勵，孩子的學習熱情會受到很大的激勵。這種依戀通常寄託在家裏人身上，陌生老師很少能在短期內與孩子建立情感聯結。孩子四、五歲之前所學的東西，並非是在孤立中學習的，而學習環境的溫暖和安全，是幼兒重要的學習動力。

　　綜合以上三點，在孩子幼年時期就送其去正式的課堂按照小學的方式學習，很可能事倍功半，搞不好甚至還會適得其反，讓孩子早早開始厭煩課堂。

學齡前兒童最好的學習在生活中

那怎麼辦呢？難道就任由孩子上學以後在不適應中苦苦掙扎嗎？當然不是。我推薦的更好的方式是：讓孩子在生活中學習。

1. 孩子的學習應該在具體的情境中進行

孩子對事物和成人思想意圖的理解，首先來源於對具體事物的認識，其次才進入心理層面。很多家長都發現，在課堂上用識字卡片教孩子識字，是很困難的事，然而在父母完全沒有督促的情況下，孩子常常能夠背下來巴士站牌上的所有漢字。這就是課堂學習和生活中學習的差別，因此孩子要沉浸於生活中學習。

2. 學齡前的學習應該在大量的遊戲中進行

大家是不是聽說過：歐美幼兒園的孩子甚麼都不學，天天玩。這種局面讓國內一些父母羨慕壞了，覺得孩子在童年就是應該瘋玩；另一方面，卻也讓一些身在海外的父母愁壞了，這樣放羊還了得，甚麼都不學，以後上學了肯定比中國孩子落後啊。

可是我們發現，歐美孩子上學之後並不算落後，而且後勁愈來愈足。這是怎麼回事？是他們的孩子天資聰穎，還是他們全靠中學發力？

其實，在歐美「天天玩」的幼兒園裏，隱藏着許多學習原理。他們有着在生活中學習、在遊戲中學習的考慮，讓孩子不知不覺掌握了能力，學習效果反而有可能更好。

在家裏，我們可以做得更好

通過以上的分析，我們可以得出一個結論，那就是對於學齡前的孩子來說，家庭是更好的學習環境。前面說過上學時孩子面對的挑戰，主要在於從生活到題目缺少過渡的橋樑。那麼，如何在家庭中幫孩子搭建這樣的橋樑呢？

我們可以做的至少有三點：與孩子一起閱讀，同孩子進行對話，幫孩子熟悉概念。

1. 用童書打通生活與書本

雖然歐美的幼兒園不怎麼講課，但是他們都很重視閱讀。心理學上有一項經典調查，通過對美國家庭的對比研究發現，家庭的藏書數量與孩子的學業成績有很高的相關性。

為甚麼閱讀這麼受重視呢？因為它的好處是可見的。

首先，讓孩子養成閱讀的習慣、培養閱讀的興趣，對孩子一生的知識學習都有好處。

其次，讓孩子熟悉多方面的知識，為學校的學習積累背景知識。

最後，也是最重要的，童書閱讀正是從生活到符號的最好過渡。

童書描繪的場景和故事，可以和生活直接對應，孩子從玩耍過渡到故事，幾乎是無縫銜接。另一方面，童書本身是用文字符號和其他邏輯符號組成的，閱讀童書讓孩子自然而然地熟悉書面文字表達，這是後期學習的基礎。

以我個人為例，我幼年時沒有進行任何學前教育，也沒有去過學習班，但我母親從我很小的時候就給我大量讀書，讀故事、讀童話，

也讀報紙。因此我很小就有讀書的習慣，識字也比一般孩子更早。從小學一年級開始，我基本上可以自主閱讀，讀課本毫不費力，更是養成了廣泛讀書的習慣，這種習慣讓我受益終身。

2. 用有意義的對話打通生活經驗與大腦發展

美國曾有兩項經典研究，一項研究發現，在孩子 4 歲之前，美國中產階級家庭的孩子比貧困家庭的孩子多聽到了 3000 萬個單詞；另一項研究發現，最能決定幼兒園效果好不好的只有一個條件：幼兒園老師能否和孩子進行有意義的交流。

這說明了甚麼呢？說明對話對孩子來說非常重要，因為對話涉及大腦快速處理信息、積極創造信息、理解他人信息的功能，也是大腦學習組織思路的重要方式。如果父母能在生活裏和孩子大量對話，自然就能促進孩子的智力發展。

那甚麼是有意義的對話呢？

對話需要一來一往，有來有往，單方面命令不是對話，比如，「乖，快把這個吃了。」、「看到九點就睡覺！聽見了嗎？」有意義的對話是指，父母和孩子要在對等的位置上，相互表達自己的思想。進行這樣的對話需要大腦處理大量的信息，是鍛煉大腦的好方式。

那麼如何和孩子進行有意義的對話呢？

有四個要點需要注意，簡單地說，就是承認、傾聽、提問和回答。

首先是承認。

要承認即使是很小的孩子，也有喜歡和不喜歡、憂慮和歡樂的權利。當孩子表達自己的心意時，父母不要急着禁止，而是儘可能允許表達。

其次是學會傾聽。

父母要給孩子把話說完的時間，哪怕是磕磕巴巴斷斷續續說很久，也要完整聽孩子說完再回答，不要粗暴打斷，這對鼓勵孩子表達十分重要。這裏有一個小技巧，叫作重複，就是在表達自己的觀點之前，先把孩子的話複述一遍，以便孩子確認自己的話被聽見了。這一步驟異常重要，因為被聽見是所有小孩子最基本的需求。

舉個簡單的例子。孩子從幼兒園回來，可能會斷斷續續地說：「我的裙子紅了，摔了瓶子，我不是故意的⋯⋯小紅從後面過來⋯⋯老師說不能坐那兒⋯⋯我沒看見她，我不是故意的。」我們要耐心地全部聽完，然後複述一遍孩子的話：「你是說，小紅從後面過來，坐的位置不對，你沒看見她，因此不小心摔了瓶子，把裙子弄紅了嗎？」然後安慰說「沒關係」。這樣的對話能讓孩子感覺自己被理解，表達被鼓勵，久而久之，他的表達能力也會大大進步。

再次是學會提問。

前面說過，孩子不習慣學校的提問方式，可能是孩子上學後面對的一個重要阻礙。其實，在平時的生活中，我們可以通過提問的方式，讓孩子自己去猜想、去提出觀點、去表達意見。這是幫助孩子建立自信、學習思考、增強創造力的極好方式。父母問孩子的方式，慢慢會成為孩子的思考方式。

舉一個生活中的小例子。我常常問女兒：「你知道某某東西是從哪兒來的嗎？」、「為甚麼某某事情是這樣？」我經常通過這樣的提問引導她思考，她也會問我：「汽車是從哪兒來的啊？」、「為甚麼地球吸引力大，月亮吸引力小？」這表明孩子在慢慢地學着用我們教的方式思考。

最後，我們來說說回答。

孩子到了三四歲都會變成「十萬個為甚麼」，面對孩子問不完的問題，我們既可以給孩子講，也可以大方承認不知道，和孩子一起查書、上網搜索。最不好的回應是批評提問，把孩子學習的火苗生生撲滅。針對「如何回答孩子為甚麼」的問題，浙大教授王立銘會在之後的課程中詳細展開，給大家更多的建議和實用技巧。

3. 幫助孩子熟悉概念，建立從具象到抽象的聯繫

甚麼是具象呢？打個比方，孩子都喜歡毛絨小動物玩具，喜歡圖畫，喜歡在動物園看到真實的動物，喜歡觸摸動物的皮毛，學動物的叫聲，這些都是具象認知。

那甚麼是抽象呢？有了具象認知之後，我們可以引導孩子認識動物的名字，這是語言；可以引導孩子熟悉動物的數量，這是數學；可以引導孩子將動物圖像和具體的字對應，這是文字；還可以通過動物，引導孩子理解看不見的抽象概念，例如種群、生物習性、食物鏈等，甚至探討一些思辨的問題。

以上就是一個從具象到抽象的過程，看起來不複雜，卻是很重要的學前準備。正是在實際生活中，孩子一步一步地建立了抽象的概念。

具體怎麼做呢？

我們可以分四步走：

第一步，讓孩子熟悉事物名稱，例如「樹」、「花」。

第二步，和孩子討論一些簡單的事物特徵，例如「花在春天綻放，樹在冬天落葉」。

第三步，通過圖像和文字、數量的對應，慢慢引導孩子熟悉文字、數量。

第四步，給孩子講一些更深的知識，並和孩子討論有趣的問題。

在這個遞進的過程中，孩子的抽象認知能力會一點點提升，而抽象能力愈強，思維能力愈強。

其實，現在很多好的幼兒園，雖然整體上呈現出自由玩耍的氛圍，但是閱讀、對話和學習概念這三個要點一個都不少。大量地閱讀，老師與孩子展開有意義的對話，還有通過主題周等活動引導孩子熟悉概念，都是在幫助孩子從多角度進行學習。這也是我們可以在家中做到的早期啟蒙，幫助孩子熟悉書面符號、思考問題和進行抽象理解。

教育百寶箱
- 影響早期教育最重要的因素 -

　　學齡前的孩子不適合去上培訓班，是因為他們的自控力發展不成熟，需要從遊戲中學習、從具體的情境中學習。除此以外，還有一個原因，就是孩子的學習受情感的影響極大。

　　在實際生活中展開學習，會涉及大量的知識，怎麼判斷甚麼知識應該優先學，甚麼知識更重要呢？

　　對於這個問題，人和機器就不一樣了。對於機器來說，輸入的每一條信息的權重都是一樣的，它們無差別對待每一條信息；而對於小孩子來說，他們有一個重要的機制，來保證自己接收的某一部分信息更可靠。

　　這個機制是甚麼呢？就是依戀。

　　我們一直強調，父母要同孩子建立安全依戀關係。從信息獲取的角度講，小孩子對爸爸媽媽說的話賦予的權重極大，可能超過 90%。如果別人說的話與爸爸媽媽說的不一樣，那麼他就要存疑，就要小心一點，即使爸爸媽媽不在身邊，他們的話也會在關鍵時刻從腦海中跳出來。

　　信任父母傳遞的信息，對孩子在這個複雜的世界求生存至關重要，這樣他們不需要事事都從零學起，而是有現成且可靠的經驗可以借鑒。

　　單純有孩子對父母的信任還不夠，父母對孩子也有天然的依戀。人類天然的生物機制促使父母在孩子生命最初的兩年，會全然投入地去愛，盡最大的可能給他輸入與生存有關的知識，這也保證了父母對孩子的輸入是最可靠的。

　　在這樣的雙保險下，孩子在家中學習獲取的不僅僅是知識，還有在安全性最高的環境中獲取的未來生存必需的技能。這種學習不僅效率最高，也最符合人的情感需要。

　　基於情感是影響孩子早期學習效率最重要的因素，因此在家進行學前教育，也就變得更為重要和有效。

04

做好學齡前知識啟蒙，
輕鬆化解上學難

前面我們講了大腦均衡發展的重要性，也講了如何在家做好啟蒙。現在我們來講一個更具體的問題：父母該不該提前教孩子知識呢？

有人贊同，認為提前學知識很重要，要幫孩子贏在起跑線上；也有人反對，認為不應該過早學知識，超越孩子心智能力的學習，是拔苗助長。

先說說我們的觀點：孩子從小確實應該多學知識，但多學知識的目的不是提前搶跑，不是在幼兒園階段學小學課本，也不是超越孩子自然發展規律的強行灌輸，我們提倡的學知識，是讓孩子在知識的環境中成長，豐富內心。

學前學知識的重要性：應對以後的學業困難

　　為甚麼讓孩子成長在知識的環境中很重要呢？在討論這個問題之前，我想先介紹一本書，這也是我非常喜歡的一本書，叫《為甚麼學生不喜歡上學？》。這本書是教育心理學的經典，作者是美國維珍尼亞大學的心理學教授威林厄姆（Daniel T. Willingham），它用通俗有趣的語言，綜述了近年來學習科學的發現，廣受教育界人士的好評與推薦。

　　在書裏，作者講到了學生在學校裏會遇到的種種困難，相信大家讀了會很有共鳴，到底是哪些困難呢？

1. 學生的背景知識不足，導致聽課的效果大打折扣

　　甚麼叫背景知識不足呢？當老師講一段話，或學生閱讀一段材料時，一下子有太多陌生的詞匯或概念湧過來，學生的頭腦一定是茫然的。例如，當老師說「這是唐朝詩人的典型風格」或者「火山熔岩轉化為肥沃的土壤」時，有背景知識的學生就很容易理解，而對「唐朝」沒甚麼概念，或者不知道「熔岩」是甚麼東西的學生，就會像聽天書一樣不知道老師在說甚麼。這麼一對比，大家一定都明白，有沒有充

足的背景知識，影響着學生對所聽課程的理解，也影響着實際聽課的效果。

那怎麼才能具有充足的背景知識呢？這當然不是一天兩天就能積累起來的，因此作者建議，孩子們應該儘早開始積累背景知識，從學齡前開始最好。

這也是我們提倡讓孩子成長在知識的環境中的第一個原因，要積累豐富的背景知識。

2. 學生的知識不能遷移

遷移是學習理論中的一個概念，意思是把學到的一個領域知識，運用到另一個領域去。那甚麼叫不能遷移呢？就是學生學會了一個技能之後，只會在一個地方機械地使用，不會舉一反三。為甚麼會這樣呢？作者做了深入剖析，發現初學者組織知識的方式非常表面，只是一個點一個點地圍繞現象積累知識，而專家則能深入地圍繞概念，系統地組織自己的知識體系。

舉個例子，初學者學單車的運動原理，就記住單車的工作原理；學汽車的運動原理，就記住汽車的工作原理；學帆船的運動原理，就記住帆船的工作原理。這三種不同的工作原理都要記住，既複雜又不好記，而再遇到新的交通工具，還是需要重新學。然而專家看到這些信息的時候，會直接想到能量轉換，按照這個概念來思考，一下子就能看透三種交通工具工作的本質，發現它們的相通之處，因此可以很容易記住，看到新的交通工具也能推測出其工作原理。

所謂知識的遷移，就是引導學生建立正確的概念體系，比較不同的現象，看透其中的相似性，將知識納入一個大的體系，一通百通。

　　所以，我們提倡讓孩子成長在知識的環境中的第二個原因，是幫助他們把握核心概念，建立知識體系，將生活中所學的知識很快地遷移到學習環境中。

為甚麼要從學齡前就開始學知識？

有人可能會問：背景知識是需要，但要這麼早開始學嗎？會不會給孩子太大負擔了？所以，我要再強調一遍，孩子的背景知識積累，尤其是學齡前孩子的背景知識積累，絕對不是有硬性指標的培訓學習，而是一種潤物細無聲的浸潤。

我們之所以建議從學齡前開始，主要有以下三個理由。

1. 學齡前學知識，其實也是在順應孩子的發展規律

我們在生活裏會觀察到，孩子從三四歲開始，就非常喜歡問為甚麼，為甚麼東，為甚麼西，為甚麼會刮颱風，為甚麼長頸鹿不吃肉，這些問題構成孩子日常生活的很大一部分。這個年齡的孩子也喜歡翻百科全書，記得住動物百科，記得住汽車型號。這些都説明，孩子在這個年齡，有對世界的天然的求知慾。

實際上，認知心理學家發現，孩子在學齡前會形成他們對整個世界的認知模型，從物理世界的運行規律，到人的行為特徵，都會在心裏形成自己的理解。這就是皮亞傑所説的前運算階段，也就是説，孩子雖然還沒有開始正式的紙面運算，但已經把天怎樣、地怎樣、物質怎樣、人怎樣這些知識都裝進了心裏。

所以，我們讓孩子在學齡前接觸知識，不是強迫，也不是加重負擔，而是按照孩子天然的規律，用他們喜歡的方式，陪他們一起發展興趣。

2. 在很小的時候開始積累常識，能夠減輕孩子們未來學習的負擔

在《為甚麼學生不喜歡上學？》這本書裏，作者説過，任何一個學科的積累都需要十年經驗，才能讓信息在頭腦裏精熟，從而達到高階認知水平。

例如，如果我們跟小孩子説，水會蒸發成水蒸氣。孩子可能不太理解。如果不理解，只能機械記住，就像夾生飯，會使人消化不良。而如果他在接觸這個概念後，有很多很多機會在生活裏反復理解；比如，看到地上的水乾了，看到雲中下雨，瞭解到水從大海到天空再到河流的水循環，那麼在他正式學習時，這個概念就像人餓了要吃飯一樣簡單，成了常識。

任何常識的形成都需要大量時間的積累，從小開始接觸，反而可減輕孩子們未來學習的負擔。這是打開未來學科之門的正確鑰匙。

此外，學齡前是孩子大腦發展速度最快的黃金期，此時多接觸信息，可以增加大腦細胞突觸的連接。連接愈多，未來再遇到相似的情形，愈容易調用現有的連接，從而形成穩定的思維結構。

3. 使孩子在比較小的時候，就擅長融會貫通地學知識

孩子的認知天生就是融合的。當他們觀察冰雪中的小動物，發出由衷的讚歎時，並不會區分自己是在學物理、生物，還是詩歌。大自然的知識是融合的，孩子頭腦中的知識也是融合的。我們的學校教育卻不是融合教育。從小學一年級開始，學科就切割得十分厲害，不僅內容互不打通，思考方式上也缺少交流，很容易導致偏科。我很希望每個孩子的發展都沒有禁區。我們不需要人人成為貝多芬，也不需要人人成為愛因斯坦，但如果從基本的思維方式上打好基礎，每個孩子

都能擁有基本的科學人文藝術素養。

全景認知世界，不僅僅是學習成績的事，還是建立自我世界觀的事。人類的文明歷史，從來不會分成學科，各自演變。世界的歷史、科技、經濟、藝術總是綁在一起發展的。回顧文明發展的歷史，我們可以看到世界發展的規律，也可以看到我們在世界中的位置。

通識教育真正的意義在於打開視野。如果孩子知道這個世界為甚麼會如此、經歷了哪些歷程、未來將向何處去，就可以獲得關於世界的大局觀，可以知道自己置身於怎樣廣闊的時空，知道自己何去何從。

我一直希望尋找的，就是這種打破學科壁壘的思維方式，以從多個角度認知世界。從 2017 年開始，有人給我一個時髦的稱號叫「斜槓青年（Slash 族）」，就是指能做很多事的人。可是從我個人的角度，我並不覺得自己「斜槓」，雖然我好像做着很多不相關的事情，但我覺得物理、經濟、文學中有很多相通的地方，而我一直致力於尋找這些相通之處。

我也希望孩子能對世界建立全景框架。在這樣的框架中，他能見到大千世界，從而知道自己將來想走的路。這樣的格局，需要從小打開，這也是我創辦童行學院、提倡通識教育的原因。

在家學知識，到底該怎麼學？

通過以上分析，我們知道，學前階段學知識非常重要，能夠應對以後可能出現的學業上的困難；而具體的做法是，幫孩子積累豐富的背景知識，建立相互聯繫的知識體系。那麼問題來了，我們在家裏做啟蒙，就能幫孩子做好準備，應對這兩項困難嗎？

答案當然是肯定的，只要你能帶孩子做到三點：多讀書、廣接觸、多體驗。

1. 多讀書

先講一個我自己的故事。

高中物理會學習原子、分子的物理性質，這是從基本物理向現代物理過渡的一大難點，很多學生學起來都很困難，我卻輕車熟路，從來不會搞混任何微觀粒子。原因就是，我很小就知道中子星，知道中子不帶電，而原子核內的質子和核外的電子帶電，電荷相反。

那我甚麼時候知道中子星的呢？小學三年級，我在《十萬個為甚麼》裏無意中看到了有關神奇中子星的描述，中子星驚人的密度讓那時的我目瞪口呆，從此之後就經常留意有關中子的知識，因此到了高中物理開始學習中子時，對我而言簡直就像小時候的故事書有了續集。

再講一個我女兒的故事。

我曾同她讀過一本叫《環遊世界做蘋果派》的書，講一個女孩子去全世界尋找做蘋果派的食材。其中一站，女孩到南美的甘蔗產地抱來了許多甘蔗，我就給女兒講了製糖的相關知識：從她吃的甘蔗的味道，講到甘蔗榨汁和提煉，進而講到蔗糖這種營養物質。不久之後的

一天，我們從飛機場出來，我給她買了一根棒棒糖，她突然說棒棒糖是甘蔗做的，這讓同行的阿姨很吃驚，我也沒想到她真的能把這些知識聯繫到生活中來。

這就是我想傳遞的在家學知識的第一個訣竅：從閱讀中學習。用故事講知識，孩子不僅記憶得更牢固，而且樂在其中。而且，多讀課外書，早讀課外書，對孩子的課內學習也大有裨益。

接下來我來講講「看閒書」的問題。

很多父母覺得，孩子應該多看課本、多做題，擔心「看閒書」影響學習。其實，這樣做很可能會妨礙孩子深刻地理解知識。因為課本中的知識常常是高度抽象的結論，如果沒有大量的背景知識做基礎，是非常難懂的。

相反，如果課下積累大量的知識和經驗，課上在老師的帶領下實現打通和深入理解，學習體驗將會非常愉快，做題更是不在話下。所以說，不要懼怕孩子多看課外書，上學以後的學習成果，跟來到課堂之前的積澱密切相關。

有些父母會說：我們也知道讓孩子看課外書是好的，但是孩子年級愈高，課業負擔愈重，還有升學壓力，哪有時間看課外書啊！現實確實是這樣的。所以，我們應該早一點帶孩子儘可能廣泛地閱讀，讓他們在還沒有太多學業壓力的時候充分享受書籍，在大千世界的奇妙知識和故事中徜徉，這樣做既快樂，又有長遠的效果。

2. 廣接觸

現在，多媒體課程愈來愈多，互聯網上的音頻課、視頻課、動畫課、遊戲課數不勝數，可以讓孩子以多種形式瞭解多種知識。我們要

慧眼識珠，從中選擇製作精良的課程產品，例如童行計劃出品的萬物啟蒙、文明啟蒙、藝術啟蒙等通識教育課，還有其他一些機構出品的遊戲、紀錄片和多媒體課程，像英國廣播公司（BBC）的自然紀錄片、藝術史紀錄片，遊戲公司 Tinybop 出品的知識啟蒙遊戲，都可以讓孩子增長知識，拓寬眼界。

有些父母擔心過多接觸電子產品，會對孩子產生負面影響。實際上，我們已經進入了電子時代，不管你願不願意，孩子都會從各種渠道看到電視、學會上網、瞭解遊戲。如果我們不能幫助孩子篩選好的內容，那麼未來他接觸的所有電子產品內容都來自周圍他人的推薦，效果可能更不好。

如果我們做到精選優質內容，合理控制使用時間，電子產品一定可以成為孩子的好夥伴。

3. 多體驗

增加孩子背景知識的第三個途徑，當然是讓孩子親身接觸大千世界。有條件的家庭，可以多帶孩子出門旅行。很多父母都發現，孩子每次出門旅行，回來都長大了不少。這是因為，當孩子拓寬眼界，發現外面還有一個大大的世界，他的內心就不那麼容易局限於小小一隅，也不容易為日常的細碎之事鑽牛角尖。在旅行過程中，孩子既可以親眼看到森林海洋的自然樣貌，又可以學到各地的文化與風俗，增加全面的背景知識。如果父母一路走，一路和孩子談論自然和歷史知識，那麼孩子的收穫會翻倍。

如果因為時間有限，沒法帶孩子各處旅行，父母依然可以引導孩子在日常生活裏，打開視野觀察萬物。生活中其實有特別多的知識可以讓孩子來學習、來體驗。例如，如果沒有觀察過各種物體在水中浮

浮沉沉，那麼學習浮力時就會格外費力，我們在家裏完全可以在孩子洗澡時，引導他觀察和比較不同的物體在水中的不同表現。對樓下公園裏植物的觀察，可以讓孩子增長很多關於一年四季的知識，而在四季的自然環境裏唸古詩，效果一定比課堂上更好。

教育百寶箱
- 學前就該掌握的三種知識 -

學知識是孩子很小的時候就在做的事，絕對不是上了學才開始的，那麼一個學齡前孩子的知識地圖是怎樣展開的呢？

從範圍上講，有三個層次：關於世界的知識，關於他人的知識，關於自我的知識。

1. 關於世界的知識

這其實就是我們一直在講的背景知識。為了更好地認識世界和理解世界，孩子需要大量的背景知識。這些背景知識可能是具體的知識，比如，這是桌子，這是椅子，這是書；也可能是感知和概念，比如，水是流動的，石頭是硬的，荷花是長在水裏的；還可能是背後的本源，比如，為甚麼魚生活在水裏，為甚麼恐龍會滅絕，對周圍世界充分的探索和感知，再加上適當的引導和擴展，有助於孩子掌握廣博的背景知識。這些關於世界的知識，是未來進入學校學習的基礎。

2. 關於他人的知識

人是社會性的動物。小嬰兒未滿月就會表現出社交方面的偏好，比如，喜歡看人臉，喜歡聽媽媽的聲音；小朋友在與他人的互動中掌握了大量與人相處的知識，比如，交流時通過輪流談話，逐漸讀懂他人的表情和期待，並分場合表現出他人期待的樣子。這些關於他人的知識，有助於孩子在社會的環境下展開學習和生活。

3. 關於自我的知識

小寶寶剛出生時並沒有清晰的自我，比如，他們要到一歲半左右，才能從鏡子中認出誰是自己，誰是另一個來搶玩具的小朋友；兩歲左右，孩子的自我意識開始爆棚，一切都是我我我；而三歲以後，孩子有了社交生活，開始慢慢區分自我與他人的邊界，並在與他人的互動中慢慢知道「我是誰」，這樣的求索會持續到青春期乃至成年，並慢慢地從在意外部評價過渡到關注內部評價。

05

以問題為導向學知識，
還能保護創造力

前面我們講了孩子學齡前就應該學知識，有不少父母可能會問：知識學多了，會讓孩子變成書呆子、思維僵化、丟失創造力嗎？

我們的答案是：不會。

知識和創造力並不是對立的，知識是靜態的事物，創造力是動態的思維方法，它們可以相輔相成。知識是創造力的素材。這就好比做飯的大廚需要有上好的食材，如果腦中沒有足夠的知識、準確的理解、豐富的經驗，創造力就如無米之炊。

那為甚麼我們確實會看到學歷挺高、思維死板的人，有時候會感歎童年的創意全都被磨滅了呢？這不是知識的錯，而是學知識的方法出了問題。

知識本身是客觀存在的，正如金礦的存在，但是學知識的方法，就像開採礦山的方式，是多種多樣的。如果學知識用了刻舟求劍的僵化辦法，就像記住礦山每個坐標的挖掘方式，那肯定沒有甚麼創造力，換一個坐標，換一座山，就完全不知道該做甚麼了。真正的學習方式是：理解金礦是甚麼，金子是甚麼，金子和周圍的物質如何混合，用怎樣的物理和化學手段能找到金子、分離金子。這樣深入透徹的學習，

不僅允許在學習過程中自由嘗試，更蘊含了無限可能性，挖完一座金山，再去挖銀山、寶石山，都是輕車熟路的。

　　以原理為核心、問題為導向的知識學習，不僅不會壓制創造力，還會給創造力源源不斷的靈感源泉。這個結論，是我經過長期的閱讀、思考、實踐得出的。

如何培養孩子的創造力？

事實上，有很長一段時間，我都在思考，該怎樣培養孩子的創造力。或者說，創造力是可以培養的嗎？在瑞士的達沃斯世界經濟論壇年會上，我遇到了一位來自美國的著名創造力研究心理學家，於是把這個問題拋給了他。

果不其然，他的第一句話和我的發現不謀而合：「其實，父母與其說是培養創造力，不如說是保護住孩子的創造力。很多創造力都是天生的，父母只要保護住它們，不要讓它們磨滅或被扼殺。」

接下來，他又告訴我一些非常有趣的研究結果。他說，要培養孩子的創造力，父母可以培養孩子的多樣愛好。從統計上看，取得傑出成就的科學家很多都有文藝愛好。獲得諾貝爾獎的科學家裏，愛好音樂者所佔比例比一般科學家群體高好幾倍，愛好繪畫者所佔比例比一般科學家群體高十幾倍，愛好舞蹈者所佔比例比一般科學家群體高二十幾倍。

這些統計結果說明，多樣化的興趣愛好可能會幫助孩子發展創造性思維。

這個結論，與創造力研究者們的結論如出一轍，那就是，具有創造力的人往往個性豐富。

基於多年的閱讀研究，加上個人的實踐體會，我也總結出幾條對孩子發展創造力十分重要的建議，父母很容易在家實施。接下來，我們就從三個方面，談一談如何培養孩子的創造力。

1. 創造力的源頭從哪裏來？

先來想一想，甚麼時候你會感覺自己最有創造力、新點子源源不斷？可能是在準備一場家宴的過程中，想到好幾個創新菜，又突發奇想，想到一個驚喜環節；可能是在籌劃一次旅行的過程中，興致勃勃地搜索所有酒店、景區，對規劃出的一條完美路線特別自豪；也可能是在最近公司徵集新的營銷方案時，花了好幾晚寫了新方案，特別希望能被領導賞識通過。所有這些時刻，都是你創造力爆發的時刻，你把全部能量都集中到想要有所突破的領域。

為甚麼呢？

首先，這些肯定是你自己感興趣、能勝任的領域。

你一定是從心底喜歡做菜、旅行或者策劃，才會興致勃勃樂此不疲地投入。如果你想到廚房就頭大，看旅行攻略完全看不懂，覺得營銷真是太難了，那麼估計你最多就是去想想，不會真的去做。

其次，你心裏一定期望着某些人的熱情反饋。

你心裏期盼着家宴上聽到家人的笑聲，期盼着遇到志趣相投的同行旅伴，或者期待着老闆對你的賞識和獎勵。總體而言，他人的態度是我們做事時頭腦中會想像的場景。

那麼，從上面的分析中，我們能夠得出對教育孩子有幫助的甚麼結論呢？

首先，我們一定要非常尊重孩子，讓他發展自己的好奇心與興趣。

孩子沒有甚麼功利考慮，願意投入熱情創造的一定是自己最感興趣的領域。父母如果希望孩子創造力爆棚，最好不要強迫，而是讓他追求自己最喜歡的方向。

其次，父母能幫助孩子控制的，是任務的難度。

在孩子感興趣的方向，如果他不小心直接嘗試了「困難」模式，立刻感覺自己不行，被嚇怕了，以後就不會再試了。很多時候，不是孩子能力天賦不行，而是難度節奏沒掌握好。父母要幫助孩子從適宜的難度入門，讓孩子感覺「我能行，我好棒」，比如做蛋糕時讓孩子參與最終的花朵裝飾。

最後，父母一定要積極熱情地鼓勵孩子創新嘗試。

孩子像成年人一樣，對他人的反應充滿期待，尤其是自己最愛的爸爸媽媽。想想我們自己，如果親手做了愛心蛋糕，或者很費力地寫了一份詳細的工作建議，最後對方只是冷淡地看了一眼，或者不在意地扔在一邊，那我們心裏該有多麼失落洩氣，一定會想「我以後再也不要做了」。小孩子更是如此，當他費盡力氣在地上搭出一座小房子，或者在白紙上畫了看起來亂七八糟的一天的故事，他心裏的期待也是一樣高漲的。如果父母看都沒看，或者只是惱怒地說一句「又玩了這麼長時間」或「該吃飯了，快點過來」，就會像一盆冷水，把孩子的創造力澆滅在萌芽中。父母無須每次都誇讚，只要每次去認真瞭解一下孩子做了甚麼、想了甚麼，就是最好的鼓勵。

通過分析創造力的第一個維度——創造力的源頭，我給出的建議是：想要讓孩子擁有創造的動力，就要讓他遵循自己的好奇心與興趣，幫他控制任務的難度，多給他關注與鼓勵。

2. 創造力產生的過程是怎樣的？

一個人創造一樣事物，或是做出一個創造性方案，他的思維過程是怎樣的呢？創造力產生的軌跡是怎樣的呢？

創造力產生的第一個過程是發現問題。

創造力往往是由問題引發的，而且愈是重要的大問題、好問題，愈能引發創造力。例如，愛因斯坦少年時就在思考：如果人能飛得和光一樣快，那會看到甚麼呢？米高安哲羅（Michelangelo）接到充滿困難的任務挑戰：如何在梵蒂岡西斯汀禮拜堂天頂有限的地方，畫出整個《聖經‧舊約》的神話場景？圖靈一直在思考這樣的大問題：如何才能讓機器像人一樣思考？所有這些充滿挑戰的問題，讓他們費盡心思思索了一輩子，於是才有我們看到的相對論、西斯汀天頂壁畫、現代電腦的前身圖靈機。所以說，問題引領智者，智者引領人類。

創造力產生的第二個過程是，儘可能發散思維，想出更多可能性。

發散思維是小孩子擅長的，上了學的孩子卻愈來愈不擅長。為甚麼呢？因為考試總有正確答案，正確答案往往是唯一的，很多學生漸漸養成習慣，不去深入思考問題本身，不去從多角度分析問題，而是首先猜測：唯一的正確答案是甚麼。他們的關注點不在於問題，而在於出題人的心思，只想給出一個能讓老師滿意的答案。

這種迎合性思維是非常束縛創造力的，因為創造性思維需要一個發散的過程，儘可能多地想出點子，從多角度思考嘗試，然後才能找到最好的。這就是為甚麼公司總會組織頭腦風暴會（Brainstorm），讓每個人各抒己見。如果所有員工的思維都是猜測老闆想要甚麼正確答案，那這個公司一定是缺乏創新和活力的。

作為父母，我們在家中如何鼓勵孩子建立發散思維呢？

第一，生活中大大小小的問題，都問問孩子還有甚麼別的解決辦法。

搭一座房子的時候，問問孩子還能用甚麼別的方法搭；講故事的時候，遇到難題，讓孩子想想如果他在故事中該怎麼辦。生活中遇到小衝突的時候，讓孩子去想解決方案，例如孩子想玩的東西和別人想玩的東西存在衝突，可以問問孩子：你覺得有甚麼辦法解決？你還有甚麼好辦法？

久而久之，孩子會把「多想一個辦法」當成習慣。我女兒現在就經常跟我說：「媽媽，我又想了一個好辦法，這是我想的。」

第二，找出一個最可能的成功方案，鼓勵孩子動手試一試，必要的時候提供幫助。

問題是目標，發散思維是為了尋找路徑，那麼接下來關鍵的一步，就是選擇一條路嘗試，也就是聚合思維。聚合思維的過程，也不難理解，就是從天馬行空的方案中找一個最可能成功的方案，一步一步實踐。不管假想了多少花樣翻新的菜，最終還是要做出一頓飯；不管頭腦中上演了多少種不同的劇情，還是要選一種劇情寫劇本。孩子也是這樣，我們讓孩子嘗試多種想法，最終還是要鼓勵孩子動手試一試。

在這方面，孩子往往不用我們說，就會想要自己嘗試，只是有些時候需要大人的幫助。例如，孩子想用彩色鉛筆搭一座橋，彌補積木不足的問題。這個想法非常好，也很有創造力，但是實施的難度是很大的。孩子的手還不夠穩，如果大人不幫幫忙，他很可能一上手就失敗了，反覆失敗之後，就會對創意意興闌珊。在大人的協助下，如果真的讓孩子見到自己的想法成真，他們會備受鼓舞，以後也會常有創意。心理學家發現，對孩子來說，新策略往往不是誕生於失敗中，而是誕生於成功氛圍中。

第三，我們要幫助孩子完成的，是重新思考整個過程。

孩子小的時候，常常在無意識中創新，例如小孩子有各種創新的辦法爬到櫃子上找糖吃。只是這種無意識創新常常不能轉化為長大之後學習、工作中的創新，只是他們意識到，有問題可以想辦法，想辦法可以創新，創新可以嘗試，他們才會將其積極代入以後的領域。所以父母應讚美孩子的新創意，幫助孩子總結過程，讚賞孩子的每一個想法，促使他們也會對自己愈來愈有信心。

分析了創造力產生的過程，我們要怎麼培養孩子的創造力呢？幫助他尋找生活中的問題，鼓勵他發散思維想辦法，幫他動手實踐想法，帶他一起回顧這個過程。久而久之，當這樣的循環成了習慣，孩子一定可以成為有創造力的人。

3. 創造力是如何得到提升的？

為甚麼有些時候我們會顯得沒有創造力？因為我們習慣性地從現存的靈感庫裏選擇，總是不自覺地選一個之前的方案改造一下，導致我們做事往往容易陷入套路，缺乏想像。當頭腦中存貨有限的時候，發散思維的空間也就很有限了。

但這也是正常的，並不是我們和孩子人生的局限。比發揮創意更高級的，是去尋找創意，也就是帶着問題去學習，走入課堂，走入社會，走入世界，去積累必要的知識，理解他人的努力，改善自己的創意。

愛因斯坦想到了光的問題之後，絕不是自己坐在家裏發揮創造力，進而提出相對論的。他帶着這個問題上學很多年，在學校裏常常跟數學系的學生請教，大學畢業之後也一直在思考，不斷尋找新的數學工具，終於在提出問題幾十年後，提出了偉大的相對論。

所以，決定一個人創造力高度的，不是他的腦洞大小，而是他能否把問題轉化為真正的學習。簡單地說，提升創造力的方法，是把真正的創造和學習結合起來。

那我們如何幫助孩子提升創造力呢？

在這裏，我推薦一種新的教學實踐方法：項目制學習。

童行計劃的營地教育活動，都採取了項目制學習的方法，它幫助孩子以問題為目標組織學習，從而獲得更深入的理解和創造力的發揮。項目制學習的精髓在於，設計出難度合適、真實而又富有挑戰性的問題。而帶着問題去學習，永遠是最有激情的學習。

項目制學習的流程並不難，我們在家裏也可以帶孩子一起做項目。相較於前面說過的創造流程——發現問題、發散思維、動手嘗試、思考總結，項目制學習只是多了兩步：問題分解，探索學習。

問題分解的意思是，我們幫孩子深入地分析一個問題，把淺顯的大問題，分解成一系列更深入的小問題。

舉個例子，假如我們和孩子一起討論如何保護瀕危動物，那麼三四歲的孩子可能天馬行空地思考，想給動物建立彩虹之家，想飛到天上給動物送食物和水，這都很不錯。而大一些的孩子就可以把問題進一步分解，例如，具體是哪一種瀕危動物？牠生活在哪裏？目前為甚麼瀕危，主要原因是偷獵、環境惡化還是食物匱乏？如果是偷獵，那麼偷獵者是誰？通過甚麼途徑能有效阻止偷獵者？環境惡化主要在於空氣、水，還是砍伐森林？把大問題分解，再針對一個一個小問題找答案，做出的方案一定會更深刻、更有創意。

而探索學習，緊跟在問題分解後面，是要去真正地在探索中學習。

　　前面分解出來的一個一個小問題，我們不一定都知道答案，這個時候，就要從書裏、從互聯網上、從各種渠道尋找資料，補充自己的知識。當一個人帶着疑問學習，他的效率會特別高，記憶也會特別清楚。對於上了小學的孩子，父母還可以帶着孩子把它們記錄下來，將資料做成圖表，這個過程不僅讓孩子積累知識，也是練習文字記錄和學習繪製數學圖表的絕佳機會。

　　有了問題分解和探索學習，創造性思維的過程就更為深刻完整了，非常接近成人工作中面臨的流程循環。我們的工作日常就是面臨一個又一個任務，帶着問題，分解任務，尋找資料，發揮創意，層層落實，總結經驗。孩子從小習慣了這樣的思維流程，將來也必然樂於深入分析問題，提出設想，創造性地解決工作中的問題，成為團隊的領導者。

教育百寶箱
- 培養創造力的三個層面 -

我們一直在強調培養孩子的創造力，其實，創造力並不意味着無中生有、天馬行空，真正的創造力是一場基於現實的狂歡，建立在堅實的基礎之上。這個堅實的基礎，不僅包括大量的背景知識，還包括發自內心的熱愛和有興趣的探索。

談及創造力，至少包括三個層面的內容：思考、想像和表達。

思考，意味着要將已經獲得的大量背景知識，通過人類特有的思考能力融會貫通，產生新的知識，也就是對知識進行有創造性的運用。

想像，意味着不能只在現實生活中運用知識，每一個事物都未必只有一個功能，每一個問題也未必只有一個正確的答案，想像能夠帶着知識起飛，產生最不可思議的聯結。

表達，意味着不能將創造力僅僅安放於頭腦中，而應該是可以交流、可以實現的。這既包括語言層面上的表達或交流，也包括操作層面上的動手實踐。

那該怎麼培養孩子的創造力呢？

其實，孩子是一個向着四面八方隨機探索的、充滿着各種可能性的魔法泡泡，他們在隨時突破可能的邊界。要培養孩子的創造力，最好的方式就是鼓勵和跟隨。

除了給孩子創設具有支持性的環境，我們還需要給孩子有創造性的任務，讓他們自己選擇方法、自己試錯、把自己的想法付諸實踐，這種不束縛他們方向選擇的項目制學習，是生活中與學校裏都可以應用的教學方法。

第二章

提高學習力

人類基因經過數十萬年進化，語言能力、物理空間能力、運動能力等已經變成了先天的本能，但可能是因為出現時間太短，文字閱讀和數學還沒能成為人類的本能。因此，「幼升小」以後學習困難，不是因為一部分人特別笨，而是因為我們都天然地缺少閱讀和數學基因，必須靠後天努力來建立思維通道。

06

數學啟蒙的核心，
就在於建立數感

前面我們聊了不少幼小銜接的話題，在幼小銜接的各個方面，最受關注的，莫過於數學啟蒙教育。小學中、英、數裏面，似乎最難的就是數學。常聽説有些孩子四、五歲就開始上奧數班，父母要陪讀，還要輔導作業，不然到了小學跟不上。

於是我們開始感到恐慌：為甚麼會這樣呢？未來我的孩子也得從幼兒園就開始上奧數嗎？

當然不需要。其實孩子未來可能遭遇的數學困難，其核心問題是，「小學階段迅速提升的數學難度」和「孩子接受數學的天然困難」之間的矛盾，這是一個所有人都會面臨的問題。

為甚麼這麼説呢？因為數學能力不是我們與生俱來的。根據史蒂芬・平克的觀點，人類的基因經過數十萬年進化，語言能力、物理空間能力、運動能力等已經變成了先天的本能，不用教就有，就能發展，但可能是因為出現的時間太短，文字閱讀和數學運算還沒能成為人類的本能。因此，不經過教育，正常人都會覺得學習閱讀和數學有些困難。

所以，世界上幾乎所有人都能順暢地説話，但仍有很多文盲、數

學盲，而且，即使是受過系統教育的人，也有很多依然覺得閱讀和數學讓人頭痛。這不是因為一部分人特別笨，也不意味着我們得去上補習班，而是因為我們天然地缺少閱讀和數學基因，必須靠後天努力來建立思維通道。

　　閱讀的問題以後會講，現在我們先來說說數學啟蒙。我贊成數學啟蒙從小開始，更贊成數學啟蒙在家進行，不是因為我是怪獸家長，也不是因為要求太高，而是因為，家庭啟蒙可以是一個斜坡，幫助孩子平穩地走上更高的平台，在挑戰來臨的時候更能從容應對。

為甚麼在家進行數學啟蒙比上奧數班好？

相對於送孩子去上奧數班，我更贊同在家做數學啟蒙。前面說過，我們更贊成父母在家給孩子做啟蒙，理由主要有以下三個：

第一，孩子需要家庭的溫暖關愛氛圍。

第二，孩子在小的時候前額葉發育不成熟，不能適應課堂氛圍。

第三，孩子需要在生活中的浸沒式教學。

以上這些理由，同樣適用於數學啟蒙。

一方面，現在幼小銜接的數學補習班價格不菲，還往往佔用孩子的課餘時間，如果我們能利用平時在家的時間啟蒙，額外的時間就可以用來帶孩子旅行、做自然藝術活動。

另一方面，孩子小的時候，注意力集中的自然時間只有十幾、二十分鐘，大腦的抽象理解能力也有限，直接進入課堂坐幾十分鐘，按照課本和題目做抽象學習，並不能加深孩子的理解，很多時候還會成為困難的來源。

此外，最為關鍵的一點是，學習數學的困難點，在於從具象到數字抽象的過渡。對於這一點，最好的方法是讓孩子多感受生活中的數，從中建立抽象數的概念。這種過渡，必須在家庭生活中實現。

綜合種種原因，我個人比較支持父母在家給孩子做數學啟蒙。這個過程不需要像上課一樣正規，而是要跟隨孩子自身的成長規律，不着急、不強求，在四五年的時間裏慢慢完成。每一個階段，孩子可能都需要很長時間消化理解，這個漫長的過程老師等不及，但父母等得及。當我們看到孩子真的把數學思維建立在頭腦中，再讓他開始正規學習和做題，一點都不遲。

接下來，我們講講甚麼是真正的數學能力。

在家做數學啟蒙，到底要啟蒙甚麼能力？

說起數學能力，我們說的到底是甚麼？

是算術能力嗎？當我們看到一個超能力者在《最強大腦》裏計算出十幾位數的乘除法，我們能說他數學很好嗎？當然不能。很多這類選手，連一般人的智力水平都趕不上。

算術能力只是數學中的一小部分，而且隨着計數機的出現，變得愈來愈不重要了。很多時候，父母往往聚焦於孩子的算術，而忽略背後更大的數學圖景。

那甚麼是對生活作用更大的數學呢？在成年人的日常工作中，有很多方面的數學能力比算術能力更重要。

抽象能力

如果一個人討論市場策劃案的時候，不僅能討論執行的細節，而且能畫出其中的閉環營銷（Closed Loop Marketing）或者指數擴大機制，那麼這個人就擁有良好的數學抽象能力和大局觀。

概率能力

如果一個人能夠基本準確地估算出做兩件事各自的風險和收益，可以大致衡量不同的投資行為的回報可能性，那麼在同樣的時間內，這個人的財富肯定就比他人積累得快很多。

優化能力

任何一個人都受到時間、空間限制，多種角色、身份、任務常常令人焦頭爛額，但如果具有良好的優化能力，就可以把幾重工作安排得井井有條，大大提升工作效率。

邏輯能力

邏輯能力對於人際溝通是必不可少的，邏輯能力差的人在爭論中常常處於不利地位。邏輯能力可以讓人輕易識別生活中的種種騙局。反事實推理的能力，更能讓人從成功或失敗中總結經驗教訓，制訂出可行的下一步計劃。邏輯對於學習電腦算法更是必不可少。

結構思維

如果一個人看到公司大大小小多層級部門關係圖沒有頭昏，而是能清楚發現其中的問題；如果一個人能敏銳發現不同市場策略和不同市場用戶之間的對應關係，那麼這個人就具有良好的結構思維。結構思維能讓一個人做事時頭腦更清楚。

幾何與方程能力

幾何與方程能力對於特定領域的工作是必不可少的，與空間相關的設計和建造、工程優化、經濟建模、科技發明、財務規劃，都需要這些數學基礎。

上面說的這些針對成年人的數學能力，主要是為了幫助父母梳理一下：數學到底在生活中有甚麼用，怎樣的數學能力最有用。這樣的梳理有助於我們在指導孩子的時候，心裏裝着一幅更大的圖景，讓我們知道：數學不只是算術，更是從結構和關係角度理解這個世界的方

式。數學不是題目，數學是生活的高效策略。

那麼，這對我們給孩子做啟蒙有甚麼意義呢？最重要的是，我們不能僅僅關注孩子數學計算的結果，更不能僅僅靠大量重複讓孩子加深記憶，而要關注背後的思維，只有真正轉動頭腦的策略思維，才是未來對生活有實質性幫助的數學思維。出錯沒關係，有思考的錯誤，強於不動腦筋的正確。

那麼我們對孩子進行數學啟蒙需要從哪些方面入手呢？

1. 建立數感

首先，對於孩子的數學啟蒙，最重要的是甚麼呢？

最重要的，是培養抽象能力，讓孩子學會用符號表示周圍的世界。

用符號表示世界，是整個數學大廈最基礎的思維。學齡前用數字代表數量，到了高年級用未知數代表未知數量，再到更高年級，用微分、積分、三角函數、概率和邏輯符號，代表整個世界的多種關係。整個思路是一脈相承的，但愈到後來愈不容易理解，如果一開始就具備良好的抽象能力，未來的學習就比較容易承接；如果最初學習數字時沒有建立抽象思維，只是死記硬背，那麼未來學習方程和更複雜的數學就會有障礙。

孩子的抽象思維是從甚麼時候開始建立呢？

事實上，從接觸數的第一天，也就是一兩歲的時候，孩子就開始在頭腦中建立抽象思維了。

著名數學家、哲學家伯特蘭・羅素（Bertrand Arthur William Russell）曾經説過：「當人們意識到兩個蘋果和兩天之間的共同點——

2，數學就誕生了。」這個數字 2，不是一個隨隨便便的符號，而是一個有着真實含義的符號。它最簡單的含義就是，不依賴任何具體物質的、對量的描述，這就是抽象的數。

這個概念，我們成年人理解起來很容易，兩本書、兩個朋友、兩句話，數量都是 2，但是對小孩子來說，理解蘋果與天數之間的共同點，卻並不那麼容易，需要建立在一定程度的抽象能力的基礎之上。而這個難度，跟我們大人理解函數和向量差不多。

對於小孩子來說，數的基礎概念其實有四層含義，他們需要時間建立聯繫，最終融會貫通，形成對數的理解。這四層含義分別是甚麼呢？分別是作為聲音、符號、數量和順序的數。

作為聲音的數

聲音的數是指我們口頭的數數，1、2、3、4、5、6、7、8、9，每個小孩子剛剛開始學説話的時候，大人都會教小孩子口頭數數。有些小孩子，甚至一歲多就能數到 100，但這種數數只是語音上的，小孩子唸 1234567，和他們唸 ABCDEFG、唸兩個黃鸝鳴翠柳一樣，只是記住了語音順序，其實不明白自己唸的是甚麼。

作為符號的數

符號的數是指阿拉伯數字。在小孩子會念數字之後，很多大人就會教小孩子認數字。這個過程要比背數字漫長一點，因為就像認字一樣，小孩子要把一個符號牢固地對應到一個語音上，是需要花時間來鞏固的。

作為數量的數

數量的數是指真正將一個數與實物的數量對應起來。

小孩子在生活裏接觸的很多詞都有實物對應，例如蘋果，他知道這個圓圓的、紅紅的、甜甜的東西就是蘋果；例如吃，他知道用牙齒咔嚓一下咬下去，咀嚼後咽下肚的過程就是吃。這些都是具有實在意義的詞。

然而，當我們用蘋果向他們解釋數字 2 或 7 的時候，他們眼裏看到的也只是蘋果，而對抽象的數量其實是沒概念的。這個過程常常要持續很長時間。有心理學家研究過，小孩子兩三歲時會口頭數數並不難，但是真正在生活中數數，即使到了四五歲，也經常是一塌糊塗。

所以，等到孩子真正地理解了數數這件事，數學意識就算上了一個台階。

作為順序的數

順序的數是指按大小進行排列的一串數字，即孩子理解數字的大小，把數字排成一長串，再進一步說，這種數字順序感可以進化為對數軸的理解，而這個理解對以後長期學數學有特別好的作用。因為對於進位、分數、小數、負數、函數的理解，數軸都是最方便的思維工具，但這不是一蹴而就的事情，孩子需要很長時間才能建立起數的序列感以及空間感。

全面理解作為聲音、符號、數量和順序的數，是孩子理解「數」必經的幾個階段，而當他們真正地把這幾層含義統一起來，才算真正地理解數的抽象概念。孩子需要把數量、順序和聽到、看到的數學符號在心裏對應起來，只有完成了這一步，正規的數學學習才能開始。

讓孩子真正建立數感和抽象思維，可能要花好幾年時間，父母不要着急。這是對孩子未來學習數學最為重要的一步。

接下來，我們再來講講三種同樣重要的能力，它們不像數感那樣直接，卻對孩子數學能力的提升至關重要。同數感一樣，它們都指向孩子的抽象思維能力。

2. 培養良好的空間想像力

甚麼是空間想像力呢？它是人們對客觀事物的空間形式進行觀察、分析、認知的抽象思維能力。例如想像一個立方體，想像把它轉過來，看看背面，扔起、落下、切割、拼裝、壓扁、旋轉，如果能像看一個小動畫片一樣在頭腦中看到這一串畫面，那就是具有比較好的空間想像力。據科學研究，空間想像力和數學能力強相關，空間想像力的主要相關腦區是大腦皮質頂葉部分，愛因斯坦的這一部分大腦就比一般人面積要大。

為甚麼空間想像力和數學能力正相關呢？實際上，數學家早就發現，幾何和代數相通，代數問題可以用幾何來解決，幾何問題也需要代數來解決。小學時學習乘除法和分數運算，到了中學學習函數，大學高等數學學微積分和線性幾何，實際上都需要用幾何的思維來切入代數問題。如果能在頭腦中想像坐標和空間，就可以很快解出問題。

3. 培養嫻熟的數學閱讀能力

據很多父母觀察，小孩子上學遇到的最大困難，不是計算，而是讀不懂題目，列不出算式。閱讀困難的問題只會隨着年級提升而逐漸加大，到了高年級，題目本身會設計得非常拐彎抹角，如果能讀懂題目，把題目中的文字用數字與符號表示，那麼計算通常並不難，然而

對很多孩子來説，難的就是第一步。

父母在指導孩子學數學的過程中，往往重視計算能力，而忽視閱讀，總覺得閱讀是語文課的內容，跟數學沒關係。實際上，愈到高年級，直接給出算式算結果的簡單題就愈少，給出文字描述讓學生列算式的題目才是主流。

數學其實也是一種語言，學數學的第一步，就是學會使用數學語言。舉個最簡單的例子：24 個蘋果分給 4 個小朋友，怎樣才能讓每個小朋友分得的蘋果一樣多？將這句話轉換成數學語言就是，24 個蘋果平均分成 4 份，也就是 $24 \div 4$。這就是我們説的數學閱讀能力。

4. 培養邏輯推理能力

邏輯推理能力是一種以敏鋭的思考分析、快捷的反應、迅速培養掌握問題的核心，在短時間內做出合理正確判斷並解決問題的能力。這些都是數學學習至關重要的部分。邏輯推理能力和數學能力的關係，大家都理解，這裏就不多説了。

總體而言，小學數學要求不算太高，以上這些能力有入門級的水準就可以了，正常的孩子都能擁有這些能力，我們完全不需要着急。而且，着急也沒用，愈着急愈可能事倍功半。孩子在幼年獲取新能力的速度是非常慢的，一年能提升一項能力就很不容易了，如果我們太急於推進，反而有可能讓孩子的數學基礎不穩。

總體而言，對數的直觀感知是數學啟蒙的第一步，而空間想像力、閱讀能力和邏輯思維能力是數學啟蒙的第二步，也是進階所需的能力。

教育百寶箱
- 6歲前要掌握的數學能力 -

一提起教小朋友學數學，絕大多數人的第一反應都是，「來，跟我學，1、2、3、4、5」，或者「看一看這是幾啊」。其實，識數只佔幼兒期小朋友數學能力很小的一方面。

對數的理解才是學前數學很重要的一個方面，所以小朋友學數學，絕對不是學數字，而是學習數學概念。早期數學能力的發展，還包括對大小、數量、分類、圖案、空間概念、速度和排序等的認知。這些概念聽起來有點泛，其實包括在生活中的方方面面，孩子的數學概念也正是在這樣普通和具體的事件中建立起來的。

中國對於 3~6 歲兒童數學能力的要求如下：

1. 初步感知生活中數學的有用和有趣

比如 3 歲可以感知周圍的各種形狀，發現生活中很多地方會用到數；6 歲能發現事物排列的簡單規律，給家人分發食物時能用到簡單的數學知識。

2. 感知和理解數、量和數量關係

這部分看起來是對認識數字有要求，其實具體的引導也是讓小朋友感知和區分大小、多少等概念，簡單分類，一一對應，點數，等等，這些都可以通過做遊戲和直接體驗的方式引導孩子理解。

3. 感知形狀和空間的關係

這個要求雖然看起來很難，但生活中都有對應，比如小朋友疊積木，就是在理解空間位置和幾何形狀的特性；出門的時候走哪條路，從不同的角度看大樓有甚麼不一樣，這些就是空間和視角的關係。

數學不是紙面上或者實驗室裏的抽象概念，而是存在於活生生的生活中。只要我們對兒童的數學能力發展有一定的瞭解，就能在生活中隨時隨地進行數學啟蒙！

07

不擅長數學的父母
也能做的數學啟蒙

我們講了數學啟蒙的關鍵因素。第一步,也是最核心的,是建立數感;第二步,是從具象到抽象的過渡。而培養孩子的抽象思維,還涉及空間想像力、數學閱讀能力和邏輯推理能力。現在我們就詳細講講,我們在家裏做哪些事能幫助孩子建立這些能力。

談到數學,很多人都會苦惱,自己上學時數學就不好,還能培養孩子嗎?會不會培養壞了啊?而且,自己數學不好的人,往往對數學老師心懷敬畏,提到教孩子數學,常常第一反應是滿世界地給孩子尋找數學名師。

自己都不擅長,能培養孩子的抽象思維嗎?在這裏我想説的是,當然可以。學齡前數學能力的培養並沒有多麼高深,其中的關鍵是在日常生活中建立對數的感知。這需要很長時間和很大的耐心,單靠高明的老師肯定無法完成。

有了建立在日常生活中的良好的數學感知,再到學校和課堂裏接受正規訓練,孩子數學能力的發展就能水到渠成。在這個過程中,我們不需要自己是數學大師,只需動用一點點的智慧和多一點耐心,就能完成孩子的數學啟蒙。

　　數學能力對孩子的未來學習非常重要，既然父母可以在家裏對孩子進行數學啟蒙，那麼具體該怎麼做呢？

　　我們還是從數學的幾大關鍵因素入手，首先是核心——對數的理解，其次講一點加減法和有利於數學的高級思維。

1. 對數的理解

數學啟蒙最容易上手的，就是數數。這裏說的不是簡單的口頭念數，而是真正的數數。

很多孩子一歲多開始嘗試數數，兩三歲也許能數 1、2、3、4、5、6、7、8、9、10 了，有些甚至能一直數到 100。但是，這不是真正的數數。

當父母問孩子：「你看這裏有幾隻小松鼠啊？」孩子很可能無法把口頭上背的 1、2、3、4 和眼前的小松鼠建立聯繫，一旦讓他用手點數，說出來的數字就不是背出來的了。

因此，真正的數數，不是念口訣一樣地背誦，而是將口頭數數和物體的數量一一對應，具體該怎麼做呢？

第一步，還是口頭背數。這對後面學會數數起着一定的鋪墊作用，但絕不能沾沾自喜、止步於此。

第二步，手把手地教孩子一一點數。

具體就是教孩子數生活裏的物體，一邊用手指點，一邊念出數字，幫助孩子把 1、2、3、4 和計數的過程聯繫起來。

在最開始，孩子通常做不到手眼協調，口頭節奏和手的節奏做不到一一對應，可能手指挪了兩個位置，口頭的數字已經過了四個。能做到口頭和手指計數一一對應，就是理解的一大飛躍。

第三步，經常練習一一對應地數數，反復體驗。

練習數字和數量一一對應這個過程很漫長，孩子需要經常練習和反復體驗。生活中的各種物體都可以計數。當孩子可以準確地用 1、2、

3、4、5 數對物體之後，可以讓他們加上量詞再數。

有些時候，孩子按 1、2、3、4、5 可以數數了，但是如果讓他數一朵花、兩朵花、三朵花、四朵花、五朵花，就又完全數不對了。這是因為，他沒有真正把口頭上的每個數字理解成獨立的量，無法將量和任何量詞搭配。等到過了這個階段，不管怎麼數都能數對，就意味着他真的把數的概念內化了。這是所有數學學習中最為核心的一步，是孩子早期的思維躍升。

那麼，這個學習計數的過程有多長呢？答案是從幾個月到一兩年不等。尤其在孩子還小的時候，一兩年才學會數物體太正常了，我們完全不需要急。

有心理學家研究過，如果父母不教，孩子自然狀態下要四五歲才會真正數數，甚至可能四五歲計數都是亂的。所以我們千萬不能心急，不要催促，更不要提前學加減法，在連數數都數不清楚的狀態下，背下來多少口算答案都是白費工夫。

第四步，幫孩子理解數字的順序。

在學會數數之後，我們可以再擴展一步，幫助孩子理解數的順序。

比如，可以拿數字排隊，問問孩子某個數字排在另一個數字之前還是之後，哪個數字插在哪裏；可以給數字按前後順序排隊，形成視覺上的認知，還可以讓孩子在頭腦中想像「數軸」。「數軸」概念的建立，對於孩子以後學習運算、分數、小數、函數和解析幾何，都有非常大的幫助。

第五步，在遊戲中練習對數的綜合運用。

理解計數的基本概念之後，我們可以帶孩子做遊戲，讓孩子在遊

戲中感受。例如，比大小遊戲，我們和孩子各自拿一些籌碼或物體，比一比誰的多，誰的多誰贏，練習數字大小的概念；再比如，假設數字都是小朋友，出門玩的時候要排隊，看看能不能排好。

2. 加減法

懂得數數了，學會加減法就是順理成章的事，我們該如何做呢？

首先，帶孩子在生活中用實物來練習。

最初的方法仍然是生活中學習、用實物學習。我們可以先拿來三個小松鼠玩具，再拿來兩個，把它們放在一起，讓孩子數數有幾個，然後告訴他，這就是 3 + 2 = 5，讓他感知兩個數量可以合計。

這個過程可以像遊戲一樣隨時隨地進行，在桌子上算算一共有幾隻杯子，吃水果的時候算算一共有幾個水果，還可以讓孩子數手指頭、數人，等等。

有人覺得孩子都三四歲了，數數、算數還得伸手指頭，實在是太丟人了。其實，這是孩子理解數學的必經過程，不用阻止孩子。實際上，任何真正的理解都需要過程。孩子從數物體不熟到逐漸熟練，再自然過渡到心算、口算，都是數學能力的真實體現。如果孩子連簡單的數量操作都沒經歷過，直接靠背誦記住心算、口算，那是拔苗助長。

事實上，孩子每一次數手指頭，都是在加深對加法的概念理解，數的次數多了，加法的過程也就清楚了。這個過程叫作內化，而且不是簡單的結果的內化，而是理解過程的內化。

其次，從利用實物計算，逐步過渡到在紙面上運用數字運算。

熟悉了用數實物的辦法學習加法之後，可以把實物操作與紙面數字對應。當然在這之前，還需要帶孩子認讀數字，不過這很簡單，通過按電梯層數、認門牌號、認巴士站牌、車牌號碼等簡單易行的方式，孩子很快就能將數字的字形同讀音對應起來。

具體怎麼過渡呢？在讓孩子數過兩隻小松鼠加三隻小松鼠之後，我們可以在紙上寫下 2 + 3 = 5，在實物操作和數字操作之間建立聯繫。這樣的實物與符號反復對應的過程，會慢慢在孩子心裏建立起對符號的直觀感受，這也是未來抽象理解的基礎。

再次，可以給孩子一段時間自己摸索加法的策略。

有研究表示，小孩子最初數手指頭算加法，總是要從 1、2、3 開始數，比如算 5 + 3，要先數 1、2、3、4、5，再數 6、7、8。等到下一階段，他們會發現可以直接從較大的數字 5 開始，再數 3 個數。這種方法不僅可以節省時間，未來再學習更大數字的加法也會變得順利，例如算 75 + 10，可以直接從 75 出發，不用從頭數 75 個數。但這種高級策略不是很快就能被發現，如果讓小孩子自己摸索，可能要一兩年。

所以，在孩子掌握了基本的加減法之後，我們可以慢慢等一等，給孩子自己發現的時間。更高級的策略當然還包括數軸，以及紙面上的豎式計算，但那些都是幾年之後的事情了。

最後，孩子理解了加法之後，可以試試感受減法。

加法會算了之後，我們可以從一堆物體裏拿走一些，讓他感受減法。有了加法基礎，減法就很容易理解。我們可以重複上面的過程，帶孩子深入地理解減法。

這裏我想再談一談家長的心態和耐心。

上面我們說的幾個階段，邏輯上非常簡單，但孩子要掌握起來，可能會持續好幾年的時間。也許你從兩三歲開始教，孩子到了四五歲才能算對加法，不過，這都很正常。

　　小孩子學東西，常常是第一年懵懵懂懂，到了第二年突然就懂了。這中間有漫長的過程需要等他慢慢消化吸收。所以，無論我們給小孩子做甚麼方面的啟蒙，最重要的都是調整自己的心態，永遠不要抱着「我教了，你就應該會」的潛意識，從一開始，就應該告訴自己，「我今年教，他明年會」。要給孩子時間，等待他自己理解消化，即使這個過程很漫長，因為沒有這一步，就沒有後來的通透。

　　這也是我一直建議數學啟蒙在家進行的原因，孩子最初領會數學概念的每一步，可能都要一年半載，只有家庭能給足這段時間。

3. 有利於數學的高級思維

接下來，我們簡單説説關於空間想像力、數學閱讀能力和邏輯推理能力的培養。

這三種能力都是決定數學高級素養的核心能力。空間想像力，能讓幾何和解析幾何更容易，進而幫助到代數；數學閱讀能力，實際上和建模能力類似，就是把實際情況用數學語言表示出來，或者反過來，能讀出數學公式中表達的實際情形，對於解應用題和未來用數學解決實際問題都很重要；邏輯推理能力更不用説，所有數學題目的解答和證明過程都需要推理，對於編程更是十分關鍵。

對於學齡前的孩子，這些能力確實都很抽象，但我們可以在這幾個方向上，帶孩子做一些簡單的練習。

空間想像力

培養孩子的空間想像力，搭疊積木是非常好的練習方式，尤其是讓孩子進行開放式的設計與搭疊，能夠幫助孩子把頭腦中的想像和空間的具體位置結合起來，對空間能力的發展非常有益。

此外，按照圖紙進行的手工和折紙，也對孩子想像平面和立體的關係很有益處，可以帶着孩子常常練習。讓孩子從小開始看地圖，有前後左右的方位感，同樣對提升空間想像力很有好處。

最後，最直接的方法，是讓孩子從小理解數軸的概念。可以經常把數字排成隊伍，把加減法理解為向前向後跳躍。這樣的思維方式，未來對幾何與代數的切換很有幫助。

數學閱讀能力

對於數學閱讀能力，最好的方式莫過於在故事中融入數學，或者分析生活中的事件。

我們說過，對生活最有用的數學思維包括抽象思維、優化思維、概率思維等，那麼這些思維有可能從小培養嗎？當然有可能。如果我們有心，能夠經常把生活裏的一些事情跟孩子探討，編一些小的故事或者數學問題，孩子完全可以學會用數學思維處理生活問題。生活中的故事和案例，也特別能讓孩子有興趣動腦筋。

我曾經給女兒編過鳥媽媽早上出去找蟲子的故事。我說鳥媽媽找到 4 條蟲子，小鳥只吃了 3 條，還剩下幾條啊？女兒想了想，說還剩下 1 條。然後她自己開始編故事，說鳥媽媽第二天找到 5 條蟲子，吃了 3 條。還剩下 2 條。這說明她已經對減法有了原始意識，而且可以從故事中提取出數量關係了。

當我們帶着孩子出去玩的時候，孩子總是想吃好東西、想買好東西，我們可以讓孩子有一點初步的預算意識。例如設定一個總金額，作為今天的預算，然後看看各種好吃的多少錢，玩具多少錢，跟孩子一起計劃一下如何分配，才能讓自己最開心。所有這些在故事中、生活中理解數學的能力，未來都會轉化為理解應用題的能力。

我們在給孩子講故事、讀繪本時，可以經常有意識地問問孩子，這個數量有多少，經過一些變化會變成多少。在生活裏，讓孩子思考一下家裏人的年齡問題、路上開車的速度問題，這都是很好的實際案例，也是提高孩子未來數學閱讀能力的方法。

邏輯推理能力

如何培養孩子的邏輯推理能力呢？對於小孩子來說，最簡單的做法，就是多跟父母討論事物的因果，這對他們邏輯能力的提升有很大好處。

學齡前的孩子要培養怎樣的邏輯能力呢？最基礎的層面是觀察特徵、找不同，然後是尋找排列圖形的規律。這些與數學能力有甚麼關係呢？

其實，數學是區分、排列、分析事物的工具，可以讓世界變得更加清晰，更好理解。因此，在孩子小的時候，對幾何圖形的區分和觀察，就是在培養邏輯思維能力；尋找事物的不同點，這樣的敏銳眼光有助於未來精準地分析問題；尋找排列圖形的規律，可以為未來尋找數列和方程的規律打下基礎。這些在生活中都有對應的場景可以練習。寓教於樂，其實培養孩子的邏輯思維能力也非常簡單。

當然，如果想要更進一步，可以引導孩子把這些遊戲慢慢過渡到思考和書面形式，把遊戲中積累的經驗用到學習中。等到孩子五六歲的時候，可以逐漸增加書面上智力遊戲的比例，讓孩子習慣於用紙筆處理書面數字和圖形問題。

教育百寶箱
- 孩子抽象思維的基礎 -

思維表徵也叫作心理表徵，是發展心理學裏很重要的一個概念，簡單地說，就是在頭腦中產生對具體的事物或者事件的認識。當孩子看不到物體也能在頭腦中呈現它時，思維表徵就形成了，這是以後我們的思維發展的基礎，讓我們可以脫離具體的實物進行思考。

孩子的思維表徵是怎麼發展的呢？

第一個可以觀察到的現象是延遲模仿。

在孩子用語言這種符號表達之前，我們可能觀察到的是延遲模仿。比如你可能會觀察到，孩子天天看你做飯，突然有一天，他自己玩的時候，不用看媽媽做飯也能學着自己「做飯」了。這時候，延遲模仿就發生了，他在頭腦中對做飯這件事形成了思維表徵。

第二個可以觀察到的現象是假裝遊戲。

假裝遊戲你一定很熟悉，常常見到幾個小朋友湊在一起，你當爸爸我當媽媽，玩得不亦樂乎。假裝遊戲對孩子的心理和思維發展都很重要，這是他們在通過遊戲的方式，嘗試着構建自己的心理世界。隨着時間的發展，遊戲對真實生活的模仿愈來愈少，朝着更加多元的方向發展。

第三個可以觀察到的現象要晚一些，叫作雙重表徵。

雙重表徵是指，一個物體同時可以有兩種屬性。比如玩具小狗可以是一個玩具，也可以代表真正的狗。雖然聽起來特別容易，但有人做過實驗，給一群孩子一個玩具屋的模型，然後讓他們到一模一樣的大屋子裏找藏起來的物品，兩歲的孩子還意識不到玩具屋跟大屋子是有關係的，而三歲以上的孩子有些就能以此為線索找到目標物。

以上幾個現象出現的時間有先後，不同的孩子有不同的發展路徑，順序並不絕對，不過，如果給孩子提供各種各樣的象徵物，比如繪本、圖畫、地圖等，會輔助孩子思維表徵的發展。隨着年齡愈來愈大，孩子頭腦中的表徵即使與現實中的物體的相似度不高，他也能更好地理解它。

08

語言贏在起跑線，真人交流最有效

孩子大概是甚麼時候開始説話的呢？絕大多數孩子在一歲左右開始説出第一個詞，一般都是學着稱呼他們的主要照料人；兩歲左右已經能説不少簡短的句子，能表達拒絕和需要，這在語言發展上叫雙詞句階段；三四歲能説的句子愈發複雜，會發生這個時期特有的可愛的錯誤，比如我女兒會説，狗穿的是狗衣，我們穿的是人衣；五六歲能理解複雜的語法形式，還會開始自創書寫。

從甚麼都不會説，到甚麼都會説，好像也就過了短短幾年。但這幾年間的個體差異，卻很大很大。有些孩子三歲了還口齒不清，把「自己」説成「寄己」，而同齡的有些孩子，都開始像模像樣地講故事了。身為父母，我們心裏難免有點着急，都説語言發展很大程度上會影響認知發展，我的孩子會不會有問題呢？

其實，這正是學齡前兒童語言發展中最常見的問題，叫作構音異常，顧名思義，它是指孩子説話的時候發的音同正確的、標準的語音不太一樣。常見的有：丟音，比如把「姥姥」説成「襖襖」；換音，比如把「小魚」説成「小恩」；還有錯音，比如上面舉的「自己」和「知己」的例子。

一般來説，構音異常可能與學齡前幼兒的口腔協調能力較差有

關。他們還不能像成人一樣精確地控制口腔肌肉、靈活地改變共鳴腔的形狀從而準確地發音。絕大多數孩子都會經歷這個階段。隨着他們口腔的控制與協調能力愈來愈強，發音技巧愈來愈熟練，且對語音的知識愈來愈多，口齒不清的狀況會有所改善。

口齒不清只是學齡前孩子可能遇到的語言問題中很小的一個，三歲不能流利地說話是不是問題？四歲答非所問是不是問題？五歲不會自己讀書是不是問題？六歲不會寫字是不是問題？接下來，我們結合語言學和兒童發展方面的知識，談談學齡前幼兒在語言、讀寫方面可能遇到的問題和有效的解決方案，希望你在面對這些問題的時候，多一些淡定，少一些糾結。

會説話，到底意味着甚麼？

會説話這件事，説難呢，也挺容易；説容易呢，又挺難。

1. 會説話的語言層面：交流

語言學領域有一個流派，被稱為「先天派」，領銜的就是目前還健在的著名天才語言學家、語言習得理論的集大成者諾姆・杭士基（Avram Noam Chomsky）。他提出，語言是人類天生的能力，人類所有小孩都內建了一套普遍語法，它能夠幫他們掌握母語。正因為他，語言學界基本分成了「挺杭派」和「倒杭派」，所以談語言習得，離不開杭士基。

語言習得是甚麼意思呢？絕大多數生活在正常的語言環境裏的孩子，借助人類先天的生理機制，比如發達的大腦、可塑性極強的發音器官，再加上群居社會所提供的天然的語言環境，學會説話顯得順理成章，也差不多都在學齡前期自然地掌握了至少一門母語，這是一個自然而然的過程。

但也有例外，生活在極端剝奪的環境中的孩子，比如從小與狼生活在一起的「狼孩」，比如可憐的從 18 個月起就被父親虐待、限制説話和行動的金妮（Genie），他們在重回正常的人類社會之後，都接受了語言學家長期的治療，但語言水平遠遠達不到正常水平。

這樣極端的案例從側面證明了語言發展有關鍵期，不過，他們的語言發展受限也伴隨着大腦功能發展的受限，其實不能簡單地歸結為，説不好話就是因為錯過了這個發展階段。現在學界普遍的看法是，語言發展有比較長的敏感期，大概從嬰幼兒期持續到青春期，孩子都有很強的語言學習能力。

前面說的是語言的自然習得情況，也就是說，所有的正常孩子，若生活在正常的語言環境下，基本上都能順利地掌握一門語言。這種掌握意味着甚麼？意味着孩子可以通過語言進行交流。

我在大學第一次學「語言學教程」這門課時，印象最深的一句話是：語言是一套約定俗成的符號系統。「約定俗成」意味着，在不同文化的語言中，聲音和意義的結合是非常隨意的，同一個意思在不同語言中的表達完全沒有甚麼關係，不過，「約定俗成」也意味着，在同一文化內部，大家都遵循着同一個語言生成的規則（不然就沒法交流了嘛），共同學習和豐富着語言本身。

孩子最開始通過語言習得機制掌握的，正是這一套約定俗成的符號系統，按照語言學上的說法，包括語音、語義和語法三個層面，這套系統能夠幫助我們表達感情和需要，實現語言的基本功能——交流。

2. 會表達的語言層面：更有效的交流

但基本層面的交流是遠遠不夠的，為甚麼呢？因為語言詞匯本身具有高度的抽象和模糊性，很多情況下是不能精確表達的，比如一句簡單的「我餓了」，如果結合上下文，它可能是說明事實，「媽媽，我餓了，給我點吃的吧」；也可能是指責，「我餓了，怎麼還不做飯」；也可能是詢問，「我餓了，你呢」。如果想要在交流中準確理解對方的意思，需要理解豐富的語言之外的信息，也就是我們說的非語言信息。

這就來到了我們要談的語言的第四個層面，語用。它主要是指在不同的社會環境中使用不同的語言，也即語言的運用。我在幼兒園觀察小朋友的互動時發現，兩三歲的孩子就注意到了語言的語用方面的內容。三歲的孩子在跟兩歲的孩子說話時，會運用很多語言策略，來

幫助兩歲的孩子理解自己的意思，他會大聲説，反復説，用手指，拉着小孩子去摸，想盡辦法讓自己的意思得到傳遞。

當然這只是非常簡單的語用，真實生活中的語用需要考慮很多因素，比如談話對象、談話場合、社會環境、文化環境等，這些都指向孩子的社交能力。簡單地説，除了聽得懂語言的意義層面上的基礎表達，還要掌握對話的規則，理解參與談話的人，分得清説話的場合，綜合判斷之後再做出合理的應對，這也是對學齡前的孩子提出的更高一層的要求，除了能準確表達意義，還要説話得體。

所以説，語言是交流的工具，開口説話只是起點，更重要的是學會溝通，能説話與會表達，不是一回事。

通過以上對語言的四個層面的分析可以發現，能説話主要是指語言的前兩個層面，發音正確，詞義準確，能交流，就算能説話了；而會表達，則會關注到語言的所有層面，要求孩子能合理合規地理解別人的看法，表達自己的觀點，並根據説話的場合和對象調整自己的説話內容，這就是語言表達的高級層面了。

以上這些語言功能，孩子能不能通過自然習得學會呢？其實，在語言學習的整個過程中，自然學習和主動學習是同時存在、交替進行的。在「能説話」的層面，自然的母語沉浸式教育已經夠用，而在會表達層面，則需要一些人為的努力。

接下來，我們就來説一説，在孩子自然習得語言之外，以怎樣的方式説話，怎樣與孩子交流，有利於孩子的語言發展。

怎麼說才有利於孩子的語言發展？

在語言學習領域，不能避開的兩個概念是：輸入和輸出。

輸入有點像去菜市場買菜買調料，輸出有點像經過廚房的加工（對於我們學習語言來說，就是語言材料經過大腦的加工），端出來一盤盤色香味俱全，而且還照顧了不同人口味的美味佳餚。想要輕車熟路地說對話，自己的籃子裏必須有足夠的原材料，廚藝也得苦練才行。

可理解性輸入

語音、語義和語法，有點像是語言的基礎材料，而大量地接觸語言材料，就是語言輸入的基礎，在一定量的輸入基礎上，才有可能談輸出。如果你觀察小寶寶學說話就會發現，在真正能開口說話之前，他們已經能聽懂很多了，也就是理解先於表達。

理解的深度決定着表達的上限，所以語言輸入的第一要務，是保證大量的輸入都是可理解性的輸入。

甚麼是可理解性輸入呢？

就是難度上大於孩子的當前水平，但稍微努力一點就能理解，經過消化吸收之後，就進入了新的階段。用學習理論的三個分區來解釋，可理解性輸入剛好處於孩子的學習區，稍微努力一點就能理解，也更利於消化吸收，而太難的內容則是處於挑戰區的知識，怎麼努力也聽不懂，只好全部忽視，當成背景噪聲了。

可理解性輸入是幫助孩子獲取更多的語言信息的基礎，也是父母幫助孩子更好地學會語言表達的關鍵，按照語言教學觀點，大量的有

效輸入才能導致有效輸出。

那如何在日常交流中給孩子可理解性的輸入呢？總的原則是，為了幫助孩子獲取語言信息，需要借助大量的非語言信息。

首先，借助共同注意擴大語言輸入的範圍。

共同注意是一個心理學術語，也叫聯合注意，是指孩子在能使用語言表達之前，就已經開始對身邊的事物感興趣，如果在這個時候，父母順着他的注意力，用語言來描述他看到的東西，將有助於他把實際的物品、自己頭腦中的形象，與抽象的語言符號一一對應起來，這也是從具體到抽象的必經之路。

孩子的關注點，在這裏就是輔助語言學習的重要的非語言信息。在嬰幼兒時期，父母要觀察並跟隨孩子的注意方向，如果他正在玩手裏的玩具，媽媽可以説，這是搖鈴；一起看圖畫書，爸爸可以指着圖片説，這是長頸鹿。孩子再大一些，主動性不斷增強，除了跟隨我們提醒他注意我們關注的內容，他也會主動提問，不僅問事物的名字，還會問背後的規律：為甚麼樹葉落下來了？為甚麼小狗不會説話？為甚麼太陽每天都要回家？從單個的詞，到完整的句子，再到成段的表達，當我們跟隨孩子的注意，幫他擴展所需的詞匯和知識，他的語言表達就會愈來愈豐富。

共同注意，也就意味着在關注孩子興趣的同時，給他更多的語言輸入。

其次，運用實物和身體語言擴展輸入的內容。

第二個非語言信息是實物和身體語言，在孩子還小的時候，我們會大量借助這樣的非語言信息同他交流。比如我在女兒很小的時候給

她講繪本，那時候她能聽懂的詞非常有限，我會借助玩偶、誇張的聲音和表情，必要的時候還會載歌載舞，幫助她理解書本上的內容。這些可理解的輸入，在不久之後，都轉化成了語言輸出。

在學齡前階段，身體語言是很重要的社交線索。尤其是根據成人的身體語言，也叫社交參照，孩子會做出自己的判斷和下一步的決策。而讀懂他人的身體語言，是培養孩子社會能力的重要方面，當然，在借助身體語言實現交流之後，不要忘了把真正的語言傳輸給他。

最後，通過真實交流和及時反饋給孩子更精確的輸入表達。

在 20 世紀七八十年代，美國兒童教育節目曾經遍地開花，人們覺得教育節目的內容更豐富、設計更合理，應該能更好地促進嬰幼兒的語言發展。但相關的研究顯示，看更多的兒童教育節目並不能促進孩子的語言發展，而真正能促進孩子語言發展的，是同真人之間的互動交流。

這些已經不是新鮮的知識，我們簡單地從語言學的角度來講一講，真人的及時反饋對於語義精確性的影響。前面說過語言是一套高度抽象的符號系統，也就是說，同一個詞在不同的語境下可能有很多不同的意思，我們人類是如何在不盲目增加詞匯量的基礎上確認精准的語義呢？通過上下文語境。機器做不到這樣精准的表達，而通過與真實的人真實地交流，我們可以做到。

在這裏說一點題外話，很多人會問，跟孩子聊甚麼呢？他們真不知道甚麼事，聊不出花來。其實，跟孩子聊天是最好的語言輸入，最開始的聊天可能是單向的，我們說，他聽，但是慢慢地，他也會加入對話，再慢慢地，他會主動地說，在這一過程中，孩子的語言能力不斷提高。

怎麼才能推動聊天不斷進行下去，不至於白聊呢？

第一點，孩子說完之後，重複一遍他的話，或者用自己的語言重複一遍，讓他確認自己被聽見和被理解了。

第二點，與孩子聊他已知的事情，也就是談論過去發生過的事情，你們的共同記憶。談論大家都熟悉的內容，有助於孩子理解語言的時效性，以及敘述的完整性。

第三點，與孩子聊天是平等的聊天，是交流感情、交換信息，不是提問回答。比如我常常跟我女兒聊我今天做了甚麼，她會回應她在幼兒園做了甚麼，對彼此的生活進行交流，已經成了我們每天的固定節目。

第四點，也是我一直在說的，借助非語言信息，可以使用玩偶，可以假裝遊戲，還可以一起畫畫。語言只是交流的工具，而交流的過程，才是最重要的。

教育百寶箱
- 嬰兒都有的神奇語言能力 -

科學家對於嬰兒到底具有怎樣的能力非常着迷，設計了一系列有趣的實驗來探索，為我們揭開了很多來自生命之初的神奇。

比如，剛出生的小嬰兒能分辨媽媽的聲音嗎？這個問題有很多近乎傳說的解答，不過，科學家們通過小嬰兒特有的非進食性吮吸的技能，徹底搞清楚了這一問題。

甚麼叫非進食性吮吸呢？就是小嬰兒不吃奶的時候，也喜歡吮吸安撫奶嘴。根據這一特點，科學家設計了一套實驗裝置，不同的吮吸頻率可以激發不同的聲音，從堅持的時間和吮吸的力度上可以看出他們的偏好。

最後的結論是怎樣的呢？出生不到三天的小嬰兒就能分辨出母親的聲音和其他成年女性的聲音，而且更喜歡媽媽的聲音；對於媽媽在他們出生前讀的故事和唱的歌，他們也表現出了偏好，而且，對於兩種錄音版本——通過空氣傳播的自然聲音和模擬嬰兒在子宮聽到的聲音，他們對後者表現出了穩定的偏好。

這說明，嬰兒出生後立刻就有了聽辨人類聲音的能力，而且很可能，他們還在媽媽肚子裏的時候，就開始了胎內學習。

再比如，嬰兒真的學得會世界上所有的語言嗎？

事實上，根據科學家們做的研究，很小的嬰兒就對人類的語音有着特別的敏感性，他們能對語音做出非常細緻的區分。這些研究用的是習慣化的方法，也就是說，嬰兒對新鮮的刺激會表現出特別的注意，吮吸會比較有力，而一旦慢慢習慣了這個刺激，吮吸就慢了下來，直到有新的刺激出現。

根據這樣的設計，科學家們發現，新生兒不能分辨的聲音並不多，這也證明了人類的小嬰兒已經具有了語言習得的能力。

不過，這種天生的對語音分辨的能力，大概在嬰兒 8 個月大時消失，他們漸漸變得更專注於自己的母語。這也是有適應性的，因為排除其他干擾，才能集中精力掌握好自己的母語。

09

兩個遊戲，教孩子更豐富的詞與更好的表達

　　先跟大家講一個我朋友的故事。她算是典型的用心養育的媽媽了，從孩子還沒出生就開始做功課，孩子出生以後更是特別注重早期教育和親子關係，工作之餘的所有時間都用在盡心盡力地陪孩子讀書、玩遊戲上，小朋友的發育也很好，健康，快樂，能說會道。

　　但就像許多上班族媽媽一樣，她平時要借助老人和保姆的協助照顧孩子。在孩子開始學說話的時候她就發現，雖然自己和孩子爸爸都說一口標準的普通話，但孩子卻一嘴濃濃的方言味，聽起來和老人、保姆的口音很像。她想，這一定是受了老人和保姆的影響。她很擔心，孩子這麼小說話就有口音，以後會不會很難改正過來？

　　先說答案，當然是不會了。因為從嚴格意義上講，方言和普通話屬同一種語言的不同表現形式，區別最大的是語音，而語義和語法則沒有本質的區別。同時接觸普通話和方言的孩子，會把不同的發音識別為不同人的語言習慣，不會影響他順利習得母語。

　　孩子在剛開始學語言的時候，主要的模仿對象就是身邊的人，等他長大一些，發現其實大家都聽得懂普通話，或者小朋友們都說普通

話，就會自覺地把自己的語言頻道切換到普通話上，而之前對方言的模仿，就僅作為在語言學習過程中的發音擴展練習，要知道，能夠靈活地運用自己的發音器官發出不同類型的語音，對以後學習外語可是大有幫助。而且，更多的談話對象，可能會帶來更多元的詞彙輸入，對孩子詞彙量的增長也有幫助，這可是語言學習中更重要的問題。

兒童驚人的詞彙學習能力

那麼，為甚麼有些孩子在講話時，詞彙更豐富，描述更細緻，而有些孩子看起來詞彙量少一些呢？

其實，每個孩子都天然有着驚人的詞彙學習能力。他們在 2~6 歲期間，詞彙量會飛速發展。以英語國家兒童的數據為例，兩歲時，孩子平均掌握 200 個左右的單詞，而到了 6 歲，差不多會掌握超過 10000 個單詞，最快的時候每小時都會掌握一個新詞。短短四年時間，孩子的詞彙積累實現了質的飛躍，基本上能應對絕大多數日常交流。

孩子到底是怎麼做到的呢？這裏就不得不講講兒童期的一個天生的詞彙學習能力——快速映射能力，它就是迅速地把詞彙和概念一一對應起來的能力。孩子在學習母語的過程中，可以通過快速映射，迅速地把語言的聲音形式和意義對應起來，即使是從沒有聽過的詞，他們也可以根據上下文，迅速做出一個假設，並快速驗證假設。

比如在第一次聽到「狗」這個詞的時候，可能的場景是，大人指着一條狗對孩子説，你看，這是狗！孩子可能經常聽到「這是甚麼甚麼」的句式，於是他判斷，大人的這句話是在向他介紹新東西。而這個新東西是甚麼呢？可能就是眼前這個小小的、很可愛的、會動的小動物。那這個小動物又是甚麼呢？哦，就是那個聽不懂的新詞——「狗」。下次再聽到這個詞的時候，他們會在頭腦中回想起前一次見到狗的畫面。在不斷重複中，獲得愈來愈精確的語言意義。

這個過程，跟我們大人學習新知識的過程差不多，不同點在於，孩子傾向於認為，聽到的新詞就是他看到的整體。比如我們對孩子説「這是狗」的時候，對於沒聽過的新詞「狗」，他馬上假設它的意思就是他眼前看到的這個動物，而我們成年人聽到「這是狗」的時候，

如果沒聽過「狗」這個詞，我們會根據語法分析，推測這句話的意思可能是「這是白色的」、「這是小的」、「這是會動的」，或者「這是狗」，因為受到已有語言經驗的負面影響，我們更不容易通過猜測獲得意義。但孩子這種簡單粗暴的假設，幫助他快速實現了詞匯的原始積累，所以很多語言學習理論的研究者也在嘗試把快速映射應用於成人的學習。

瞭解了兒童通過快速映射來學習詞匯的驚人能力，我們就能更好地引導孩子學習語言。

簡單地說，有三個方面值得家長注意：

首先，在日常生活中的語言輸入需要控制難度，按照孩子的理解能力，一次只給出一個新概念，給多了孩子記不住，容易混淆。

其次，對於孩子語言表達上的錯誤，不需要過度糾正，只要在遇到類似語境時，多重複幾次，他們就能準確掌握了。糾正太多，會打擊孩子掌握新詞匯的熱情。

最後，2~6 歲是一個詞匯暴漲的時期，有人也把它叫作語言飛躍期。如果在這個時期給孩子提供更多的可理解性語言輸入，就是稍微努力一點就能聽懂的語言，將會大大增加他的詞匯量。

影響孩子詞匯量的因素有哪些？

既然所有孩子都能在 2~6 歲快速掌握很多詞匯，那為甚麼還是有些孩子詞匯量大，有些孩子詞匯量少呢？

所有的孩子在 2~6 歲時，都有「快速映射」迅速提升詞匯量的能力，但我相信，你可能也聽過「3000 萬詞匯的差異」這項研究。現在，我們從孩子的語言發展角度，再多瞭解一些有關這個研究的細節，看看為甚麼同樣是孩子，同樣經歷了快速映射的語言習得早期階段，彼此之間的差異還是那麼大？

首先，甚麼是「3000 萬詞匯的差異」呢？

這是美國的兩位學者貝蒂‧哈特（Betty Hart）和托德‧裏斯利（Todd Risley）在 20 世紀 80 年代所做的一項長期追蹤研究，他們一共招募了 42 個家庭，按照家庭經濟條件，分為高中低三組，從孩子半歲開始一直追蹤到 3 歲，每個家庭至少追蹤兩年半。研究結果發現，孩子每天使用的詞匯，有百分之八九十都與父母使用的重合，高收入家庭，父母每小時對孩子說 382 個不同的單詞，孩子說 297 個；低收入家庭，父母每小時對孩子說 167 個不同的單詞，孩子說 149 個。這麼一比較會發現，低收入家庭的孩子，詞匯量要少得多。

研究者也分析了不同家庭在親子互動時與孩子說話的總量。經過一系列推算，研究者認為，到孩子 4 歲時，高收入家庭的孩子，累計可以聽到 4500 萬個單詞，中等收入家庭的孩子，可以聽到 2600 萬個單詞，而低收入家庭的孩子，只能聽到 1300 萬個單詞。低收入家庭的孩子，居然比高收入家庭的孩子，少聽了 3000 萬個單詞。

當然，需要指出的是，這個數字只是在研究數據基礎之上推算出來的，現實生活中可能影響孩子接收到的詞匯的因素還有很多。但是，

這個巨大的鴻溝仍然存在，對孩子今後的學業成績好壞，也有一定的預測性。

這一系列研究的結果意味着甚麼？它可能意味着，孩子與孩子之間的詞匯量差異，很大程度上受到父母詞匯量的影響，如果孩子沒有機會聽到足夠多的不同詞匯，就更不可能有機會學會它們。

這個差距實在是太大了，於是，估算出「3000 萬詞匯的差異」的這兩個學者，試着在幼兒園做過早期干預，幫助學齡前兒童學習更多的詞匯，但結果卻很讓人失望。我們前面提到，2~6 歲的孩子都有快速學習新詞的能力，所以通過學習策略，讓孩子大量接觸新詞，短時間內提升詞匯量並不難，但這種詞匯量的提升效果卻很難維持，到了小學階段，干預的效果就慢慢消失了。

為甚麼會這樣呢？因為語言是交流的工具，兒童的語言能力，不僅僅指向標準的發音、大量的詞匯，或者熟練運用語法，還包括要理解和掌握大量的背景知識，並且要綜合運用非語言性的知識，比如表情、動作、聲音、圖畫等來進行綜合判斷，這些能力在日復一日、真實地使用語言的過程中才能得到提升，任何短期干預都是徒勞的。

也就是説，僅僅把不愛講話的父母變成多話型父母，並不能提升孩子的語言能力，教他更多的詞也不能。影響孩子語言能力的，不僅僅是他們聽到的詞匯的數量，還有詞匯的質量，也就是從真實的交流中獲得的語言知識。

那孩子的詞匯量能提升嗎？還是可以的，在這裏我們主要介紹三種有效的方法。

第一，要與孩子進行大量的、真實的、互動式的交流。

　　低水平的重複，對孩子的語言發展意義不大，而在不同的語境中反復使用，在不同層面上構建語言的意義，才能真正促進孩子的語言發展。所以，無論多忙，一定要抽時間同孩子多交流。這種交流不是簡單的你問我答，像今天高興嗎、幼兒園好不好玩這類問題，通常孩子們都不愛回答，更別提產生交流了。

　　父母要做的，是對孩子提出開放的問題，比如今天在幼兒園玩甚麼了？然後給出反饋，尤其要表現出交流的興趣，比如，啊，這個玩具我們家沒有，怎麼玩的啊？能教教我嗎？甚至可以向孩子描述自己遇到的有趣的或者令你煩惱的事，請孩子幫忙出出主意，哪怕他們給的建議讓你啼笑皆非，也要像與成年人一樣平等地與孩子展開對話。語言就是在一次又一次對話中真正學會的。

第二，使用鷹架式的語言與孩子進行溝通。

　　鷹架理論是維高斯基提出的，在早期教育領域被廣泛使用，意思是在孩子剛開始學習的時候，為他提供大量的幫助，等他熟練掌握了，再慢慢減少幫助，逐步撤去鷹架。從學習語言的角度講，主要是控制語言的難度，在同孩子交流的時候，根據孩子的實際水平，從提供大量的非語言信息輔助，逐步過渡到簡單語言、正常語言、結構化的語言，逐步幫助他提升。

　　這說起來有點複雜，我拿講繪本舉個例子。在孩子還小的時候，我們會用很多的表情、動作、道具等幫助他理解；等他慢慢能理解了，我們會通過減少使用輔助信息、降低語言難度、把長句子改短等方式，幫助他理解語言表達的信息；再之後，我們就可以單純地通過語言來給孩子講故事了，因為在這種鷹架式的語言溝通下，他的語言能力大大提升，不需要我們提供額外的幫助了。

第三，同孩子一起進行大量的閱讀。

如果只是跟孩子天馬行空地聊，我們每個人都很難超脫自己的語言習慣，也就是說，孩子從我們這裏學到的詞匯還是有限的。但借助圖書就不一樣了，我們可以得到更豐富的詞匯和表達方式，更多元的場景，更深入的討論，這也是學界公認的、最能夠長久提升孩子語言表達和閱讀能力的方法。關於這一點，我們在後面還會詳細展開。

如果你覺得這三種方法還有點抽象，我推薦你試試接下來講到的兩個語言遊戲，以幫助你在生活中隨時隨地提升孩子的語言能力。

兩個遊戲，教孩子更好的詞和更好的表達

雖然我們一直在說詞匯量，但詞匯量的大小本身真的不是語言中最重要的，而隱藏在詞匯量背後的，也就是對詞匯的精確理解和運用，用語言進行交流和思考的能力，才是最重要的。這也是我們從「3000萬詞匯的差異」中得到的啟示。為了促進孩子的語言發展，我們需要更多地練習。

在生活中，我常常和女兒一起玩兩個語言遊戲，走路、坐車、睡前講故事的時候，都能玩。

第一個遊戲：詞匯遊戲

玩法超級簡單，進階的空間也很大。

最簡單的玩法，就是「說不同的詞」，在孩子詞匯量還不大的時候玩最合適。你說一個，我說一個，只要說的不一樣就可以。剛開始，只要求這個詞跟上一個詞不同，慢慢地隨着孩子記憶容量增大，可以要求他說的每個詞都跟之前的不一樣。

這個遊戲，稍微進階一點的玩法是「說相關的詞」，其實是在詞匯意義上練習分類，比如我說「眼睛」，那麼相關的詞可能是「鼻子」，也可能是「看見」，孩子說甚麼都可以，但別忘了跟他討論，為甚麼他覺得這兩個詞是相關的。這種玩法也可以稍微改一改，變成「說同類的詞」。

再難一些，可以玩「說相反的詞」、「說相近的詞」，這也是幫助孩子擴大詞匯量、體會詞匯細微差別的好機會。

這個遊戲可以根據孩子的語言能力發展階段，無限增加規則來擴

展。是不是有點像我們大人記憶外語詞彙時常用的辦法？

第二個遊戲：故事接龍

孩子們都愛看的動畫片《小豬佩奇》中就有這樣一集，小朋友們聚在一起講故事，一人接一句，任意聯想，最後把好好的一個睡前故事，活活說成了一個恐怖故事。

如果說上一個遊戲是詞彙量層面的遊戲，那麼這個遊戲就是語言表達層面的遊戲，可以和孩子輪流說，也可以一家人一起玩，還可以邀請更多的小朋友一起玩。

這個遊戲要求小朋友注意聽別人說的內容，同時關注故事的走向。在最開始的時候，他們可能記不住太多內容，需要我們幫着提醒一下前面人說的話，再問接下來會發生甚麼。我女兒大概經歷了兩次引導，就興致勃勃地投入到故事創作中了。

非常建議大家在遊戲結束後，把故事再完整複述一遍講給小朋友聽，這一方面是對他們創作的尊重，另一方面，也是對今後學校生活中所必備的結構化敘事能力的訓練，非要功利一點說的話，算是口頭作文的雛形吧。當然我們的目的，是製造機會讓孩子創造性地使用語言。

教育百寶箱

- 語言習得的文化差異 -

「媽媽語」（motherese）是一個在討論兒童語言習得時繞不開的概念，它的大概意思是說，主要看護者在跟孩子互動的時候，他們的語言風格會呈現出非常一致的特徵，變得更短、更慢、聲調更高，有更長的停頓、更多的重複，用更簡單的敘述。這樣的語言風格確實會促進兒童的語言發展，但其影響可能並不僅僅是語言輸入那麼簡單，而是成人與兒童的雙向互動和互相適應，才促進了兒童語言的發展。

有一些跨文化的研究證據表明，很多地方的人在嬰兒小時候並不會主動與其互動，比如居住在太平洋中部小島上的薩摩亞人的嬰兒在滿六個月之前，並不會成為談話的對象，在能爬行之後，從成人那裏聽到的語言也是成人式的，並不會得到簡化，而他們的語言能力並不會比西方兒童明顯滯後。這一現象也在其他文化中被觀察到了，並不是個例。

這似乎能夠證明，即使沒有父母特別的幫助，兒童的語言習得也能正常進行，不過，在跨文化的研究案例中，並沒有採用標準測試來跟蹤並評估兒童的語言發展，而只是根據大體的印象，所以父母的幫助到底有沒有普遍的文化適應性，還需要更詳細的研究證據。

不過，也許我們可以嘗試做一個推論，現有的針對兒童語言發展給出的建議，大都是基於身處現代經濟文化發展狀況之下的孩子，有可能是因為在這樣的文化中，我們對於語言表達的要求更高，而處於海島上的文化群體，對於語言的精確表達的需求沒有那麼大。

所以說，即使是科學研究，所得出的結論也不一定適用於所有的文化，不管我們採用怎樣的教育方法、怎樣的互動方式，都不要忘了，眼前的這個孩子也會用他自己的方式，反過來影響我們這些父母對自己的行為做出調整。

10

幼小銜接難，
難在掌握「學業語言」

我們一直在強調，語言是交流的工具，脫離這一目的談語言能力的提升都是空談。那讀寫究竟是甚麼呢？讀寫就是超越時間和空間局限的交流，通過閱讀和書寫，我們可以和幾千年前的智者對談，可以和幾千公里外完全不認識的人交流思想，這就是讀寫賦予我們的意義，它擴展了語言交流的範圍。

但是，與口頭語言不同的是，讀寫能力不能自然獲取，必須通過系統的學習才行。這就又給我們提出了一個問題：甚麼時候開始學最好呢？

前一段，在一個因為買買買聚集起來的媽媽群裏，一個媽媽發過來一張截圖問：「這本書要不要買？」都不用點開圖片，就能看到上面兩句極具煽動性的廣告語，「三歲學千字，五歲能閱讀」，而發這張圖片的媽媽家的孩子，其實才兩歲。這樣總是想讓孩子超前學習的媽媽，肯定不在少數。

再講一個故事，我有朋友準備在中國三線城市開一家幼兒園，場地、設計、裝修、師資陸續就位，當地教委來檢查，要求教室裏不能出現文字，說是為了貫徹教育部關於「幼兒園去小學化」的指導。「幼兒園去小學化」的措施，就是為了防止現在過度提倡讓孩子提前學這學那的風氣，但是，這位教委人員對學前識字的防範無限上綱上線，也是讓她哭笑不得。

　　一邊是政府規定幼兒園不能提前教小學課程，另一邊是焦慮的家長覺得應該提前學，因為坊間總是傳聞，現在的小學老師都默認孩子們已經在家裏提前認過很多漢字，所以一年級一開學，課堂上對基礎知識會跳過不講，於是學前班和幼小銜接班遍地開花。為甚麼關於孩子何時識字會產生這麼多分歧？學前識字的關鍵到底是甚麼？接下來我們就來好好講一講。

識字與學業之間的關係

首先，對於識字的必要性，想必大家都沒有異議，文字可以説是人類最偉大的創造，否則一代一代的人都只能從刀耕火種開始進化，人類發展的速度一定會極其緩慢。

科幻小説作家劉慈欣在小説《山村教師》中，借外星高等文明生物之口，這樣感慨道：這個星球（地球）上的人沒有記憶傳承，關於文明的記憶只能通過教師和書本得以傳遞，沒想到這種效率低得驚人的傳承方式，還能夠創造出這樣發達的文明。

是的，在記憶傳承得以實現之前，我們人還是得通過非常原始的方法來學習，也就是在頭腦中建立具體的事物表徵，然後用符號（比如語言）進行抽象，實現人與人之間的交流，再給抽象的符號賦予形式上的意義，也就是產生字形，實現跨越時間和空間的交流。所以毋庸置疑，要在現代文明社會中順利生活，必須掌握這種符號系統。

那麼，為甚麼必須要掌握的識字技能，有人覺得要早點學，有人卻覺得要晚點學呢？提倡早點學的一方，可能覺得反正早晚都要學，孩子也不抵觸，那就慢慢學吧，就當為以後的學習做準備。提倡晚點學的一方，可能覺得孩子還小，智力的發展還不成熟，在具備基本理解能力之後再開始識字，以後學習起來能夠事半功倍。

你看，不管是早識字還是晚識字，大家的目的都是差不多的，都是希望能夠為孩子未來的學習做好準備。那識字能不能有助於將來的學業呢？我們需要瞭解一下跟孩子未來的學習能力高度相關的學業語言。

其實，幼小銜接的問題並不是中國獨有的，世界各國兒童在從幼兒園的非正式學習過渡到小學的正式學習的過程中，都會遇到不同程

度的困難。學者通過研究，提出了一個概念，叫作「學業語言」，指的是兒童在學習語境中所使用的語言，它比日常用語更抽象、更精確、更客觀，也更複雜，與孩子在家中和幼兒園中使用的語言有着很大的不同。正是因為對這套語言不熟悉，很多孩子在入學之後會遭遇大大小小的挑戰。

這些挑戰都包括甚麼呢？

首先，是要理解老師説的話。課堂上的話，一般是更接近書面語的口頭表達形式，孩子常常不熟悉。

其次，如何清楚而有條理地表達。在學校的語境下，常常需要孩子連貫地表達一長串意思，以便回答問題和闡明觀點。

最後，要瞭解並熟悉一套文字符號系統。這就是我們在討論的識字，以及識字之後嘗試用文字的方式來表達。

想要提前學的一方，看到了文字符號系統對學業語言的重要意義，而贊成不能教的一方，則更看重語言的理解和表達能力，這兩方的觀點，綜合起來看並不是互相矛盾的，而是在跟隨孩子興趣的前提下，可以同時照顧到的。

學前識字需不需要專門教？怎麼教？

關於識字能力

美國最權威的幼兒教育機構——全美幼教協會，對於美國兒童的語言、讀寫和交流能力提出了一系列的要求，這也可以理解為美國版的「幼小銜接要求」，其中關於「文字概念」的部分是這樣要求的：

第一，瞭解文字的功能。也就是知道文字也可以表達意義。

第二，理解口語和書面語的關聯。這也指向了學業語言。

第三，知道單詞的基本知識，比如字母組成單詞；在一句話中，詞與詞之間要空格。（而我們的漢語屬意音文字，不是字母文字，所以關於漢字的基本知識就是，漢字是一個一個的方塊字，在一句話中，詞與詞之間不空格。）

第四，瞭解文字的閱讀規律，比如英語是從上至下、從左往右讀的。

這些要求與我們剛才討論的類似，並不只是指向具體認識多少個字，而是要求孩子在開始正式學習之前，具備一些關於文字的基本知識。事實上，參考全美幼教協會對書寫的要求就知道，他們雖然不要求孩子完全正確地書寫，但會要求孩子嘗試用書面文字的形式進行表達。

美國版的「幼小銜接識字指南」給了我們一點啟示，就是識字這件事不是不能教，但要注意教甚麼。對於學齡前的孩子來說，從宏觀的角度認識文字，瞭解關於文字的知識，比具體地去認識一個一個的詞，優先級要高一些。

關於非正式的識字體驗

我們再來說說生活中一些非正式的識字方式。

雖然讀寫能力不能自然習得，但其實也有一定的習得性，因為孩子不是生活在真空裏，生活中本來就有很多漢字，通過自然的生活、自然的接觸，孩子自然而然地就能完成一些漢字的學習，不用教就已經在學。

事實上，有學者專門做過研究，這種非正式的識字體驗，對孩子以後在學校開始正式的文字學習，有很好的促進作用，可能興趣和成就感都對此起到了正向作用。

生活中教孩子識字的機會很多很多，只要想教，隨時隨地都可以。我們來舉一些例子吧。

有一段時間，我女兒對車牌號碼產生了極大的興趣，每次走在路上，都拉着我從一輛一輛的車前走過去，逐個去認車牌上的數字和字母。我雖然焦急萬分地想回家，但也儘量跟隨她一個車牌、一個車牌地去認讀。那段時間，沒有經過刻意教和訓練，女兒就認識了大量數字和字母。

有個朋友家的孩子，對巴士特別感興趣，不僅借着等巴士的時間，認識了巴士和站牌上的數字，還認識了站牌上的好多漢字。

除此以外，生活中隨處可見的廣告牌、商店的名字、路標、零食的包裝盒，既是孩子熟悉的，內容又豐富有趣，都是很好的識字材料，都可以帶着孩子認讀。

這些很有趣的非正式識字體驗，比單純用字卡學習有意思得多，因為這樣跟隨孩子的興趣，在實際運用中學習，真實的語言材料，更

符合學習的基本法則；而且，因為能常常看見，重複練習的機會也比較多，可以說是最沒有負擔的學習體驗。

我反對的識字方法，是脫離語境的集中識字，尤其是那種可能會損害孩子學習興趣的強制性識字。

現在市面上有各種各樣的漢字學習字卡，還有號稱幾個月認識多少字的學習班，通過重複練習，學習效果可能還不錯，短時間內就能讓孩子記住大量的漢字。不過，前面我們分析過了，真正的識字，應該是認識、理解並運用漢字，在頭腦中完成意義、聲音、形式三位一體的對應，並放到具體的語境中進行有意義的學習。否則，就算記住了，遺忘的速度也非常快。而且，如果孩子初次接觸識字的體驗不美好，很有可能影響將來正式學習文字的興趣。

學業語言的理解和表達該怎麼培養？

下面我們來聊聊學業語言中兩個比較虛的能力——理解和表達。其實，我們也在反復強調這兩種能力，只是具體到學業語言，更需要關注接近書面語的口語，簡單地說就是讀書。

閱讀是一種從書面語言中獲得意義的過程，親子共讀是兒童從口語學習到書面語學習的過渡，它能為父母和孩子提供更豐富的詞匯、更多元的場景，更深入的討論。如果說有甚麼能夠幫助孩子突破父母能力的天花板，那一定非閱讀莫屬。

在這裏跟大家分享三個親子共讀的技巧，希望能夠幫助孩子更好地理解和表達，做好學業上的準備。

1. 多種演繹方式，幫助孩子全面地理解

大部分人理解的親子共讀，可能都是抱着孩子拿着本書，逐字逐句地開始講，語言輸入搭配圖片刺激，就完成了閱讀的過程。正常情況下，這種讀法沒甚麼問題，內容本身的趣味性會吸引孩子的注意，讓他跟隨着讀下來，但也常常有跟不下來的情況，比如還沒講完孩子就去玩別的了。

我在這方面的體驗很明顯。雖然我女兒很喜歡聽大人講故事，但對講故事的人是有偏好的。理科男爸爸只會照本宣科，連聲音起伏都變化不大，女兒聽起來就興味索然。聽完一本，就會立刻想和爸爸玩遊戲，而不是繼續聽另一個故事。嫲嫲講故事的時候，聲情並茂，於是女兒總是跟嫲嫲討價還價，希望多講幾個。當然，女兒最愛的還是媽媽的版本，那可是我在用生命演繹啊，常常半小時講下來，不僅口乾舌燥，而且精疲力竭。

現代腦科學的研究已經證明，人類的大腦偏好多重感官的刺激，刺激愈強烈，記憶愈持久。在親子共讀中，多種演繹方法可以是：

首先，增加視覺刺激和動手操作，和孩子一起把繪本故事畫出來。

其次，運用全身大肌肉運動演繹，手腳並用地把繪本故事演出來。

最後，運用其他玩具，比如用樂高、積木搭建繪本中的場景，全方位、多角度地重現繪本裏的故事。

聽懂一個故事並不難，而理解一個故事，從宏觀角度去認識一個故事，對孩子來說是不容易的，多重演繹的方式能夠幫助他跳出以自我為中心的視角的局限，親自動手也便於他把新學的知識納入已有的知識體系。

2. 在反復閱讀的基礎上，鼓勵孩子創造性地表達

心理學家艾賓浩斯（Hermann Ebbinghaus）100 多年前就在研究人類的記憶和遺忘，他發現人能記住的東西非常有限，很多內容可能在一個月之後就忘得一乾二淨。但從他的研究出發，研究者發現了對抗遺忘的一個重要方法，那就是增加複現，讓同一個事物重複出現。

對於孩子來說，重複閱讀不僅僅是為了記住故事的情節，更是在一遍一遍地加深理解。雖然表面上看起來有點無聊，但實際上，故事在他們的小腦袋裏每次都在發生變化。

第一遍，孩子可能跟着圖片和文字弄懂了大概的意思，當然也可能不懂。

第二遍，孩子可能會發現一些之前沒理解的細節。

第三遍，孩子將發現更多的細節，以及細節之間的聯繫。

第四遍，孩子開始預測媽媽接下來會講的內容，並看看自己猜得對不對。

第五遍，孩子可能開始在已有故事的基礎上，編造自己的故事。

……

這裏說的幾遍幾遍，不一定是實際發生的次數，但在重複閱讀的過程中，孩子頭腦中的變化是實實在在的。每一次的重複都是在實現認知的升級，而不是單純地重複記憶，在理解基礎之上的創造性表達，常常就出現在這樣的時刻。

3. 從圖書延伸到生活，構建孩子的知識體系

我們家有一本特別簡單的低幼繪本，叫作《蹦》，全書只有一個字「蹦」，畫了各種動物蹦跳起來的樣子。單純去翻看的話，一分鐘就講完了，但在理解的基礎上，可以擴展和延伸很多。

比如，可以借此去觀察：蝗蟲蹦起來的時候是怎樣的？翅膀會張開嗎？腿會收起來嗎？可以對比：小雞的蹦跳和蝗蟲的蹦跳有甚麼不一樣？小貓和小狗蹦起來的時候，腿都在甚麼位置？可以歸類：動物的蹦跳和人的蹦跳有甚麼不一樣？有翅膀的、沒翅膀的都是怎麼蹦的？可以擴展：現實生活中的狗是怎麼蹦的？書裏的狗為甚麼會這樣蹦？

書本除了可以閱讀，還為我和孩子提供了非常好的對話材料，我們倆常常會就這些材料展開討論，或是由一個點延伸出去，或是同過去的經歷建立聯繫，或是一起編故事。在已知的基礎上，孩子會很樂意接受新的擴展，也非常樂意交流和表達。

現代腦科學的研究已經證明，記憶的發生、儲存和提取是高度關

聯的事件，這樣，提取的有效性就顯得非常重要了。新的知識更多地同舊有的知識聯繫起來，同生活經驗、場景、情感聯繫起來，就更不容易被遺忘，也更容易被提取，進而同更多的知識建立聯繫，搭建起自己的知識體系。

這樣的背景知識，在孩子以後進入學校正式學習的時候，會非常有幫助。

教育百寶箱
- 影響學寫字的重要因素 -

有一種畫，全世界的兒童都畫過，那就是蝌蚪人，用一個圓圓的圈代表腦袋，細細的線條代表四肢，有點像火柴棒，所以也有人把它叫作火柴人。這種畫大概出現在兒童三四歲的時候，他們能用線條畫出封閉的圖形，但精細動作還不成熟，所以只能畫出這種最精簡的人。

隨着孩子年齡愈來愈大，他們能更多地運用線條來書寫和畫畫；到了五六歲，就能畫出相對複雜的畫。畫人的時候分得清頭和身體，還會精心描畫五官；畫動物和其他物體時也會描畫更多的細節，也就是說，他們畫的畫愈來愈能表現現實。

在對藝術比較重視的文化中，兒童繪畫的發展趨勢總體上是愈來愈精細；而在其他文化中，學者們發現了一個很有意思的現象。

在巴布亞新畿內亞的一個偏遠山區，當地沒有繪畫藝術，孩子們也很少上學，幾乎沒有機會練習用筆劃線的技能。研究者讓一群沒上過學的 10~15 歲兒童畫人像，這是他們第一次畫人像，畫出來的是一些很簡單的輪廓和線條，很像幼兒早期畫的畫，這可能就是人類繪畫的最初形式。

一般認為，兒童畫會朝着愈來愈精細的方向發展，是因為隨着年齡的增長，認知能力的發展幫助他們注意到更多的細節，而精細運動發展的成熟讓他們能夠更準確地描繪出自己頭腦中的形象，但現在看來，似乎不斷的練習起着更大的作用。

這意味着，不管是寫字還是畫畫，想要做得好，身體的成熟和大量的練習都是必需的。

11

從塗鴉到寫字，
書寫能力培養的必經之旅

　　很多孩子從幼兒園過渡到小學都會很不適應，很大程度上是由於正式學習的環境使用的是一套跟日常交流用的口語不大一樣的學業語言，要求孩子能夠快速理解、準確表達，同時還得學習一套新的符號系統——文字，不僅得認識，還得會寫，這可是一大挑戰。

　　社交網絡上很流行一段「陪孩子寫作業」的說話，說陪兒子寫作業到五年級，然後心梗住院了，做了兩個支架，想來想去還是命重要，作業甚麼的就順其自然吧。此言一出，無數爸媽雲集回應，開啟吐槽模式，聽起來陪孩子寫個作業，真的要丟掉半條命。

　　更有人給出了血淚總結，表示目前最傷害家庭關係的事情就是陪孩子寫作業。這項工作不僅傷害親子關係，還傷害夫妻關係，95% 以上的家長在輔導孩子寫作業的時候，感覺孩子的智力水平不如當年的自己，而且 100% 的夫妻都認為這是對方基因導致的。

　　這段話的來源已經不可考證，但在它飛速傳播的背後，折射出一個很值得思考的問題：為甚麼一上了小學，孩子寫作業會成為這麼大的問題？

　　簡單地分析，原因有很多：

比如，孩子的注意力發展還不成熟，比較容易分心，而寫作業又要求專心，這就造成了很大的矛盾。

比如，孩子的精細運動發展還不到位，把新學的漢字橫平豎直地寫到田字格裏難度太大了，非常容易有挫敗感，傷害了學習動機。

比如，老師對於孩子的能力、作業難度的評估不準確，容易高估孩子的能力、低估作業的難度，這也會影響孩子寫作業的熱情。

再比如，孩子的發展本來就是參差不齊的，有些人這方面好一些，有些人那方面好一些，可是家長微信群把大家聚在了同一個舞台上比較，拿別人家孩子的長處比自家孩子的短板，家長就容易着急上火。

……

這些問題需要一個一個去解決，不過總而言之，寫作業這個問題可能真的是小朋友人生中的一道坎兒，要邁過這道坎兒，順利進入主動學習的世界，暢遊知識的海洋，需要很多方面技能的提升。這裏我們主要從語言和書寫的角度，談談如何幫助孩子順利過渡。

書寫能力到底指甚麼？

一説起要培養孩子的書寫能力，絕大多數人的第一反應都是，準備好紙和筆，買好學習桌和護眼燈，把孩子放在桌前開始手把手地教「一、二、三」，時不時糾正孩子的握筆姿勢。是的，在大多數人看來，書寫就意味着寫字，意味着用正確的姿勢寫字。

這樣的考慮當然沒錯，從幼兒園到小學，孩子需要借助一套熟悉的口語符號，去學習一套新的文字符號，這是很大的挑戰。那麼，提前做一些準備，幫助孩子在面對新事物時少一些畏難情緒，也是合情合理的。

但是，書寫僅僅是抄寫漢字嗎？會寫幾個字就意味着孩子掌握了書寫能力嗎？培養孩子的書寫能力就是讓孩子寫字嗎？對於這一系列的問題，我們可以參考一下全美幼教協會的建議，針對學齡前幼兒的書寫能力，它提出了一些比較全面的觀點。

（1）書寫目的

書寫是一種表達方式，孩子可以用書面的形式表達自己的想法，也可以自己口述，請成人幫助記錄下來，然後閱讀和分享他們的記錄。

（2）書寫工具

書寫需要借助工具，但絕不意味着只有使用紙筆才叫書寫，使用蠟筆、記號筆、鉛筆和電腦進行的，都算書寫。

（3）書寫形式

從最開始亂塗亂畫一些雜亂的線條，到之後有意識地塗塗畫畫，從摹寫字母，到自己發明別人看不懂的字，再到歪歪扭扭的辨識度愈來愈高的字，都是孩子的書寫。

我記得以前給一群外國小朋友上課時，看到過他們的書寫作品，很為之驚歎。這群五六歲的小孩，每個人都有一本自己的作品集，老師們稱之為「大書」，意思是孩子做的大大的書。

這些大書每一本都不一樣，充滿了各種有趣的表達，有手繪的圖畫，剪下來的紙片、布片，報紙、雜誌上的字母，還有小朋友自己寫的字母，而且，它們不是作為收藏品隨意地放在書裏的，而是組合起來，創造性地表達了很多意義。

他們的老師非常暖心，會帶着小朋友們一起讀他們的作品，小朋友之間也會相互交流和分享。更棒的是，每個小朋友都會花整整一個學期的時間，不斷地豐富和完善自己的大書。這真的是我見過的最動人的兒童書寫作品。

所以，兒童書寫能力的培養，真的不是教他用正確的方式寫幾個字，而是幫助他瞭解一套新的符號系統，讓他知道自己的想法可以通過這樣的方式，實現同別人的交流。而從塗鴉到繪畫，從不像字的字到真正的字，都是在交流驅動下不斷生成和完善的。當然，開始正式的學習之後，寫更有辨識度的規範漢字，更有利於交流。以前我的高中老師說，考試的時候字寫得工整一點，也能多得兩分感情分，因為這樣讓改卷老師更容易看懂啊！

孩子書寫能力的發展

通過前面的分析，你大概對於甚麼時候開始教孩子學寫字心裏有數了。是的，真正的讀寫技能的開始階段，比我們想像的要早得多，從孩子能夠抓着蠟筆信手塗鴉的時候就開始了。這是一個長期的過程，在一次次的練習中，孩子對線條的控制愈來愈好，對工具的掌握愈來愈熟練，對符號的理解也不斷加深，最終一步一步踏上了通過符號交流的新旅程。

如果你觀察過一兩歲孩子的畫，會發現他們畫出來的是一堆雜亂的短線，畫的時候也看不出他們有甚麼表達的需求，單純地就是在享受用自己的手和筆製造出來的痕跡。但隨着他們手部精細運動的發展，慢慢地，小朋友們開始能畫出長長的線、封閉的圖形，並且慢慢地把它們組合起來，試着解釋意義。我女兒在兩三歲的時候，常常在畫了一堆圖形和線條之後，很高興地說：媽媽看，我畫了一個雙層床！

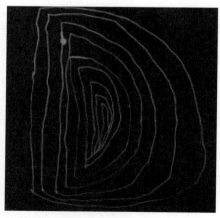

▲ 深邃的 D

四五歲的時候，他們的畫有了更多的細節，也能畫出更多精細的形狀，比如三角形、正方形等。這個時候，很有可能出現的一種書寫模式是自創書寫，一種介於圖畫和文字之間的字，非常有創意。我在一次瑞吉歐（Reggio）教育展上，就看到過小朋友把字母 D 層層嵌套地寫出來，構成一個字母的旋渦，非常有意思。

五六歲的時候是小朋友書寫進步最大的階段，他們可以寫出很有辨識度的字，而且與小時候不同，他們寫字的時候可以只靠手指和手腕，而不是整個手臂都在用力。所以，小朋友要是總寫很大的字的話，可能是他的手指、手腕的精細控制還不夠成熟，動用了手臂的力量在寫字。

孩子握筆姿勢不正確，需不需要糾正呢？

說實話，第一次看到這個提問時，我立刻就想起了小時候被老師糾正握筆姿勢的慘痛經歷，手指離筆頭要有一寸，身體離桌子要有一拳，眼睛離書本要有一尺，寫的時候還得時刻牢記心中，真的是戰戰兢兢啊。

從兒童發展的角度講，如果想要達到像大人一樣的標準姿勢，至少得五六歲，兩三歲的孩子都是滿把抓的，用整個手把筆抓起來就寫，這個年齡的孩子更適合用蠟筆，因為書寫角度比較自由。隨着他們愈長愈大，手指慢慢分化，就能學會用拇指、食指、中指來握筆，到五六歲時，握筆姿勢已經很接近成年人了。

所以，如果是五歲以前的孩子，握筆姿勢不正確可能是個發展問題，以後慢慢會好的，不需要過多提醒。而五六歲的孩子呢？可以通過提醒、示範等方式，幫助他逐漸掌握正確的握筆姿勢。不過，沒有甚麼絕對的正確與不正確，每個人都有自己的書寫習慣，如果孩子可

以把字寫清楚,又不會覺得特別不順,也不需要強求一定用最完美的方式書寫。

　　孩子的書寫能力是一項在發展過程中逐漸成熟的能力,所以我們在焦慮孩子會不會寫字之前,多瞭解一些發展階段的知識,就會淡定很多。

培養孩子書寫能力的技巧

前面說過，書寫的動力其實是表達和交流。孩子自發的繪畫就是一種天然的表達，使用文字符號也是一種表達，但在日常生活中，我們會更多地使用口語，而不是書面語。孩子可能不容易在口語和書面語之間建立聯繫，而要培養孩子的書寫能力，第一步就是要讓他知道，我們平時說的話，同一個個的方塊字是有聯繫的。

具體來說，如何培養孩子的書寫能力呢？有三個實用的技巧，推薦給你和孩子一起使用。

1. 把孩子說的話寫下來，幫助他看見口語變成文字的過程

我的老師分享過一個有趣的故事。幼兒園的小朋友常常妙語如珠，她每天都會把一個小朋友說的話記下來，寫在公共的小黑板上，跟所有人一起分享，小朋友們都期待自己的話被寫下來。

有一天，一個小男孩跑過去對她說：老師老師，我要告訴你一個秘密。

老師問：甚麼秘密啊？小男孩說：給我紙和筆。

拿到紙和筆之後，小男孩在紙上寫了一通，把紙條塞到了老師的手裏。

老師打開一看，全是亂七八糟的線條，看不懂啊！於是她對小男孩說：能給我讀讀你寫的字嗎？

小男孩拿回紙條，裝模作樣地念道：我不喜歡吃橘子。

那個小男孩才四歲，當然還不會書寫，但已經有了寫字的意識。這說明，當小朋友常常有機會看到大人寫字，知道寫字也是一種交流

的方式，就會很樂於試着用這樣的方式進行交流。

2. 給孩子創造書寫的機會，幫助他理解符號也能表情達意

書寫不僅僅包括寫字，也包括寫能表達意義的符號。在家裏，我每個週末都會跟女兒一起寫下周的計劃，這也是一種很有意思的書寫體驗。

剛開始是用貼紙，綠色的葉子代表媽媽上班的日子，紅色的花代表可以陪她的日子，我常常聽到她碎碎唸，綠色的媽媽不陪，變成花媽媽就陪了。後來換畫畫，畫小汽車代表媽媽上班，畫一朵花代表媽媽可以陪，而且我們引入了更豐富的符號，蛋糕代表生日，幾個小人兒代表去看表演。現在我女兒沒事就會去翻翻計劃表，看看接下來我們會去做甚麼。

類似這樣的、能邀請孩子加入進來的書寫練習還有很多，比如製作購物清單，買到的物品就打鈎；比如在冰箱門上貼上食品清單，孩子想吃甚麼就圈出來。等孩子熟悉了這樣的表達形式，可以請他試着創造屬自己的計劃或清單。

3. 合作書寫，幫助他練習用文字符號來表達

合作書寫是指大人和孩子一起，用文字符號書寫和創作。雖然說起來有文字，但並不一定真的用文字，因為合作書寫的原則是，大人孩子都能懂。這樣的方式很適合用來同孩子交流那些可能需要反復說的事情，比如家庭規則。

我非常喜歡用合作書寫的形式來寫親子日記。每天晚上睡前，我和我女兒擠在床頭，講一講當天發生的有意思的事情，有時候我來畫畫，她來指導，有時候她來說話，我把話寫下來。藉着這種方式，我

們有了很多可以回憶和反復談論的材料，也讓她看到了事情發展的時序性。

　　現在，她最愛的就是這項被她稱為「寫作業」的活動，還會煞有介事地對我說：媽媽，不要打擾我寫東西行嗎？別人寫作業不能打擾，你看着就好了。

　　看到自己說的話、關心的事變成文字（符號）落到紙面上，每次一起翻看都能還原當時的情況，孩子會覺得非常神奇，這也是在建立早期的讀寫意識。而這種多寫多畫的過程，本身就是在練習書寫技能，而且是很愉快的書寫體驗。

教育百寶箱
- 幼兒期讀寫技能和發展 -

幼兒讀寫技能的發展與精細動作、讀圖識圖能力，以及用文字符號表達意願的發展都有很大關係。不同的孩子體現出很大的發展差異性，所以沒有一個統一的時間表來供大家判斷自己家的孩子是不是發展落後了。

不過，針對以英語為母語的孩子的讀寫研究發現，他們認識字母、書寫字母呈現出一定的階段性特徵。中國的一些研究也發現，以漢語為母語的兒童的漢字書寫也呈現一定的發展階段性，但是，不是每個孩子都會有同樣的經歷，也不一定經歷了所有的階段。

最開始，兒童的書寫看起來跟塗鴉差不多，他們會隨意塗畫，說不出來自己在寫甚麼。

接下來，他們能寫一些有結構的線條，比如彎彎曲曲的一行線條，代表一行字，這說明他們初步認識到漢字是一行一行呈現的。

之後，開始出現拆分，他們可能會用一些類似漢字的符號來書寫，但並不是寫真正的字，而是假裝自己在寫字。

再之後，孩子會逐漸理解漢字的特點，也就是一個發音對應一個漢字，可能會通過畫一些簡單、具象的符號來代表想要表達的意思，也就是進入了自創書寫階段。在這個階段，孩子可能最先學會寫數字。

然後，孩子能寫出很像漢字的符號，很有可能是他在周圍的環境中看到的，雖然大人不容易辨認，但孩子可以說出他寫了甚麼。

到了最後一個階段，孩子可以寫出接近正確的漢字，但可能有一些小錯誤，比如缺筆劃、筆劃的方向錯誤、整個字寫反等，但基本上已經可以辨認。這個時候，孩子的書寫已經很接近正式書寫了。

再說一句，以上幾個階段雖然是根據母語為漢語的兒童的書寫作品進行綜合比較做出的大致區分，但每個孩子的具體發展進程都不一樣，作為大概的參考即可。

第三章

培養科學力

對於絕大多數將來不會直接從事科學的孩子來說，生活在一個技術爆炸的時代，科學技術持續而強有力地改變了我們已經習慣了幾千年的生活，用科學的邏輯思考，用科學的方法驗證，這樣科學的「方法論」本身就是一種非常有力量的生活方式。

12

就算不當科學家，
也該從小培養科學思維

當今的父母大概都已經不再懷疑，科學是教育孩子的重要內容。

在 80 後父母自己還是孩子的時候，放學了讀《十萬個為甚麼》，聽爸爸媽媽和老師說「學好數理化，走遍天下都不怕」，可以說是被寄託了一種帶點功利色彩的希冀。畢竟在那個時候，學好與科學相關的課程，考試拿一個好成績，讀一個好大學的理工科專業，往往意味着一步捧到鐵飯碗，從此過上衣食無憂的中產生活。

轉眼間，「80 後」做了父母，又開始操心孩子的科學教育了。說起來有意思，儘管如今「學數理化」「當科學家」已經遠沒有當年聽起來那麼高大上，但是我們這代父母反而更加認識到兒童科學教育的重要性。

畢竟，過去二三十年裏，科學技術對我們生活的改變，實在是太大了。

這樣的例子誰都可以舉出幾個來。我們小的時候，和遠方的親朋好友聯繫還要靠寫信，有急事還要惜墨如金地打電報，兩三句話說不清的話，想打個電話還得跑郵局。到今天，我們和全世界的朋友音頻通話、視頻聊天都已經是稀鬆平常的事情。購物從拎着菜籃子逛菜市

場，變成了手機上點點就能送貨到家；看病的時候，一不留神就會做各種你可能連名字都記不住的檢查；看個新聞，你可能都沒意識到背後是強大的人工智能算法在投你所好地給你挑選新聞；打個查詢電話，多半碰到的是有語音識別功能的自動應答系統……

毫不誇張地說，我們這代人的生命、生存和生活方式都嚴重依賴於科學技術的進步。懂點科學，其實已經無關理想、無關功利，它已經成為必需的生存技能了。

但是，怎麼帶着孩子學科學呢？

這個問題回答起來不那麼容易。特別是在中國，科學課程進入小學不過是過去數年間的事，而從 2017 年秋天開始，科學課程才正式進入小學一年級的課堂。而對於這些孩子的父母來說，科學教育或者在自己的童年中壓根兒不存在，或者能記住的只是《十萬個為甚麼》這樣的經典書，抑或在書店裏、互聯網上、家長群裏，被各種眼花繚亂的科學教育概念和材料迷花了眼。

所以，我想先和你聊聊我心目中的科學教育。

當我們說科學教育的時候，到底在說甚麼？

當我們提到「科學教育」的時候，我們實際上在說甚麼？

我覺得，這裏面至少有四個遞進的內涵：技能、知識、方法論和價值觀。

1. 技能

在四個內涵中，技能是最直截了當的。比如，學會用手機淘寶購物、搞清楚買回家的電器怎麼用、給新裝修好的房子測測甲醛、吃藥前看看說明書瞭解下可能有些副作用，這些在某種程度上都可以算是「科學技能」。而且這幾個例子，可能還正是生活在今天的中國城市裏必須會的「科學技能」。

但是在我看來，技能反而是最沒必要專門去學的。或者說，在我們談及孩子的科學教育的時候，不需要重視具體的技能。

打個比方吧，我已經聽到不止一個家長說起，還是需要給孩子從小買個 iPad 來玩玩遊戲、學學怎麼操作；因為長遠來看，平板電腦設備將愈來愈多地出現在我們的生活中。

確實，不少中小學開始將部分教學活動放在平板電腦上進行。但是如果我們仔細想想，就會意識到這種未雨綢繆是沒有必要的。

首先，現代科技產品的發展趨勢是愈來愈簡易。如果說桌上電腦的 Windows 系統確實需要學一學才能上手的話，iPad 上的應用和遊戲已經設計得非常簡單易用，大多數時候，任何人上手試試就會用，根本沒有必要專門去學。

而反過來，這些科技產品的迭代速度是非常驚人的，就算未雨綢

繆給孩子培訓相關技能，可能很快也會成為無用的技能點。比如，20年前到處都是各種打字培訓班，倉頡輸入是一個挺高級、挺複雜的技能，要花幾個月學，而今天還有誰覺得中文輸入需要輔導班？拼音輸入、手寫乃至語音輸入已經把問題解決了！

對於我們這一代人來說，一個特別經典的回憶大概是小學的時候學珠算吧？你是不是也有小時候被父母要求去學珠算的經歷？在我們的爸爸媽媽看來，學會了珠算可就意味着鐵飯碗，無論如何餓不着自己。確實，在那個時代，會計、出納、銀行櫃員等很多職業崗位都離不開珠算。父母們的規劃似乎挺合理。今天回頭再看，儘管帳目記錄的需求仍然旺盛，但是具體的技能點——珠算——卻被電腦和電子會計系統徹底掃進了廢紙堆。那麼同樣，今天我們覺得生活中必須具備的，甚至可以拿來安身立命的科學技能，等孩子們大了以後，是不是也會毫無用處？

也許特別值得一提的，是編程技能。這個技能從某種程度上來說，其實有點像珠算。在今天這個時代，IT 和互聯網行業成了新的風口和鐵飯碗，從小接觸編程知識，也許能夠幫助孩子在職業選擇和發展時多一分競爭力。因此，各種五花八門的編程課、可編程玩具、可編程遊戲層出不窮，廣受家長們歡迎。公平地說，在兒童編程中用到的某些邏輯，比如條件、循環、邏輯判斷等，已經超越了具體技能的層次，成為思維方法的一部分了。但是，單就具體的寫代碼技能而言，參考珠算的例子，我實在是樂觀不起來。

2. 知識

技能之上，我們再說說「知識」的內涵。

必須說，現在大家提到科學教育，或者一個具體的兒童科學教育

產品，想到最多的可能是這個層面的內容。

比如說吧，一本講人體知識的科學繪本，裏面的內容不外乎告訴你：人有皮膚、骨骼、肌肉，分別長怎樣子；身體裏有循環系統，動脈和靜脈循環往復；人吃的飯會進到胃裏，磨碎後會進入小腸，等等。

要是一個講地球的科學電視節目，裏面肯定會說說地球的形狀、大小、有多少海洋多少陸地、地球自轉和公轉、地球由地表到地心分為地殼、地幔、地核等。

相比具體的技能點，科學知識的迭代速度要慢得多。因此學習起來，至少不需要擔心自己掌握的信息很快就過時。比如著名的「魔法校車」系列產品（The Magic School Bus），最早的書誕生於1986年（動畫片誕生於1994年），是有着30歲「高齡」的科普書，而故事中絕大多數內容至今仍然成立（不過，故事中至少關於太陽系「九大行星」的說法已經過時了。2006年，國際天文學聯合會投票開除了冥王星的行星「籍貫」）。

但是，我仍然不滿意停留在知識層面的科學教育。

打個極端一點的比方吧。

給孩子們講我們的身體裏有許多血管，分為動脈和靜脈，可以運輸氧氣和養分，固然是好事。但能不能把知識點換一換，直接替換成一千多年前中國傳統醫學的知識，講人體裏面的經脈呢？它們到底哪裏不一樣？

有些人也許會說，區別就是前者更科學。問題是，我們所謂科學的前者，不過是在今天的科學認知範疇中被認為是科學的而已，隨着更新的研究成果出現，就會被更正和修改。而被一些人認為不那麼科學的後者，在我們的祖先看來也充滿合理性和建設性。至於對孩子們

來說，兩者更是沒有差別，不過是一些必須記住的知識點嘛——老師或者先生等下要考的。對孩子們來說，他們不知道這些知識是如何發現的，也沒有機會來判斷這些知識到底對不對。因此他們能做的事情完全一樣——無論如何，先囫圇吞棗記住再說。

當然了，這麼說有點太負面。作為一個現代人，對自己、對自己所處的世界有一些基本的理解也是理所應當的——這裏自然包括人體的基本知識。我在這裏想說的主要是，用現在這樣的方法帶孩子們學科學知識，真的是最好的、最有效的嗎？

3. 方法論

這裏要說到一個更宏大的問題：為甚麼我們都希望孩子能懂一點科學？

除了因為我們自己的生活方式已經離不開科學之外，是不是還隱含着這樣一個想法：用科學的邏輯思考，用科學的方法驗證，這樣的科學方法論本身就是一種非常有力量的生活方式。

很多爸爸媽媽可能看過那本風靡世界的《人類簡史》。在書裏，作者尤瓦爾·赫拉（Yuval Noah Harari）利用認知革命（出現人類智慧）、農業革命（人類開始定居，形成穩定的社會）和科學革命三個里程碑，來概括人類歷史的發展進程。

科學革命的含義不是某一項特定的科學突破或者技術發明，而是一整套認識世界的方法論：利用觀察形成理論，在觀察和實驗中檢驗和修正理論，再利用理論積極地預測和改變世界。

僅僅獲得一些正確的科學知識，其實對於形成這一套科學方法論來說，效果是很差的。畢竟在獲取具體知識的過程中，孩子們其實並

沒有發自內心地提出問題——更多時候是書本裏的人物在提出問題；也沒有真的特別熱切地希望知道這個問題的答案——血管有兩種還是五種、太陽系有八個還是八十個行星，對他們來說真的有趣嗎？當然，他們也更加不可能有機會去觀察、驗證和總結。

打個比方，哪怕對於今天的一個農民來說，是地球繞着太陽轉還是太陽繞着地球轉，太陽系有幾顆行星，對於他理解季節、規劃勞作、預測晴雨年成實際上都沒有甚麼影響。看看科學歷史，我們甚至也會發現，在很長一段時間內，哥白尼的日心說所推測的行星運動軌跡，遠比不上托勒密以地心說為基礎推演出來的《天文用表手冊》。日心說取代地心說有着更深刻的哲學和科學理由，並不是因為前者比後者更準確。

當然了，現代人如果不理解地球是圍繞太陽旋轉的、不理解萬有引力定律，生活中還是會出現很多困擾的（比如，他大概很難理解，美國人怎麼沒有頭下腳上地掉下去）。但是如果以實用主義為標尺的話，今天世界上積累的絕大多數科學知識，對於一個普通人來說，都是難以理解的、沒有實際功用的。

如果我們從具體的知識點出發，多問一個問題，從「是甚麼」走向「為甚麼」，問問「我們為甚麼說地球繞着太陽轉」，「我們為甚麼說地球是行星」，我們立刻就進入了科學方法論的範疇。

「為甚麼」這個問題非常重要，因為它代表着科學思想是如何來認識這個世界的。

然後我們立刻會看到，具體的知識點「活」過來了。

我們需要知道，我們的祖先是通過日復一日地記錄天空中每顆星星的位置，發現了有些星星的運動和其他所有星星不同，因此找到了

金、木、水、火、土五大行星。

接下來，為了解釋行星的奇怪運動軌跡，假設地球和這五大行星都繞太陽轉，要比假設所有星星都圍繞地球轉要容易得多。

沿着這樣的思路走下去，人類不僅觀測總結出了五大行星的運行軌道（開普勒三大定律），還發現了解釋這一切的萬有引力定律。而萬有引力定律的發現，又幫助科學家在筆下準確地猜測了新的未知行星——海王星。

同樣的邏輯和熱情又讓人們誤打誤撞地發現了冥王星，卻又在數十年後意識到冥王星和其他行星的差別，從而改變了對冥王星的歸類……

正是在這個過程裏，我們的祖先們和朋友們永不停歇地觀察和實驗，無數次推翻錯誤的假設和猜測，一步步逼近客觀世界的真實面貌。也正是這個過程，讓我們和我們的孩子理解，人類科學知識的積累和應用，會產生怎樣的移山填海的驚人效果。因此在我看來，這一整套方法論的教育才是科學教育最核心的要素。

4. 價值觀

而在方法論之上，還有一層科學的價值觀。在我看來，所謂科學價值觀，其核心是如何回答「為甚麼」，也就是，相信我們自己和我們所處的客觀世界，從根本上是可以被認識、被理解、被改變的。

比如，大家可能知道，照相機是在一百多年前被洋人帶到中國的。這個巨大的怪東西着實把中國人嚇得不輕，不管是達官貴人還是平頭百姓，都懷疑這個能夠把人像一絲不苟描繪出來的洋玩意不懷好意，甚至能攝魂。今天的我們當然覺得這個觀點很可笑、很幼稚，而放在那個時空裏，這種想法是非常自然的。

為甚麼呢？

相機這個東西看起來簡單，它背後其實代表着歐洲科學數百年發展的成就，至少包括光學（光的直線傳播、折射定律、小孔成像）、生物學（眼睛看到東西是光射入而不是眼睛自己發光，知道晶狀體是塊凹透鏡），還有化學（鹵化銀見光分解產生銀顆粒、顯影和定影技術等）。

這麼多科學成就堆積在一個方盒子裏，突然呈現在對現代科學一無所知的中國人面前，他們不覺得驚駭才怪！套用神秘主義和陰謀論的解釋，大概反而更順理成章一點。

而到今天，如果你把一個普通中國人帶到 C919 客機的駕駛艙，或者大亞灣核電站的反應堆前，他其實也理解不了，這些龐然大物裏面那麼多讓人眼暈的結構和零件都是幹甚麼的。但是我相信，他不會依賴神佛或者陰謀論來理解眼前看到的一切。

為甚麼？

因為他可能從中學的課本裏學到了牛頓三定律，學到了原子核結構，知道一點點流體力學（比如升力），知道一點點核裂變。儘管普通人瞭解這些知識以後，距離理解 C919 和核反應堆，還有一個一輩子可能都無法逾越的認知障礙，但是沒關係，他會從這些基本知識出發，進行如下合理的推測：

我知道，空氣在一個物體表面流得愈快，壓強就愈小（或者，我知道，一個重的原子核分成兩個較輕的原子核，會損失質量、釋放大量的能量）。我眼前的龐然大物就是根據這樣的道理製造出來的。如果有幾千個聰明人坐在一起，再沿着這個科學道理詳細地研究分析幾百年，製造出這樣的機器也不奇怪嘛。

這種信念，我覺得就是科學的價值觀，而它建立在具體的科學知識和科學方法論上。

對於一部分孩子來說，這種方法論和價值觀是他們未來改變這個世界的基礎。他們會帶着人類千百代祖先的智慧榮光，繼續推進科學和技術的邊界。

對於絕大多數不會直接從事科學技術事業的孩子來說，他們有幸（當然，有些人會說不幸）生活在一個技術爆炸的時代，科學技術在持續和強有力地改變我們已經習慣了幾千年的生活常識。對於他們來說，仍然需要這樣的方法論和價值觀，來理解、認同和欣賞這個最好也是最壞的時代。

教育百寶箱
- 讓孩子對知識感興趣的方法 -

　　一般來説，孩子三歲多會開始進入正規的教育機構學習，無論是在幼兒園還是小學，都會開始學一個一個的知識。這些割裂的知識點，他們很可能不感興趣，這不是孩子的錯，可能是知識本身過於枯燥，或者離孩子的生活比較遠，讓他們不能直觀地理解。

　　家長是一座橋樑，引導孩子在生活中發現知識，讓他們覺得知識是有趣又有用的，他們才會更樂意學。這裏，我們跟大家分享幾個小竅門。

　　首先，要讓知識變得有趣味，與孩子的生活相關。

　　比如，認識書本上的形狀比較枯燥，但找一找生活中不同形狀的物體，通過觀察、觸摸，不僅使知識變得鮮活，還可以培養孩子的動手能力和觀察能力。接着可以進一步引導孩子從不同的視角觀察。又如，從正面觀察一張桌子，會看到三個小長方形；從上方觀察，會看到一個大長方形。這樣的訓練，可以增加孩子對空間的感知力。

　　其次，要通過簡化、動手實踐等方法，幫助孩子理解知識。

　　比如，當孩子學到明與暗的概念時，家長可以帶孩子來到一盞檯燈前，讓他感受用自己的身體擋住光的過程。這是個直觀又有趣的感受明暗的方法。接下來，可以和孩子做一些更有趣的實驗，比如，來回走動，看看影子的長短變化，或者找到一個能讓影子消失的位置，等等。

　　再次，要同孩子一起閱讀，並把深奧的道理用故事的方式講給孩子聽。

　　比如，在孩子被那些複雜的、難以想像的過程消磨了興趣時，可以借助繪本故事，比方說中信出版社出版的科普繪本《小物品大科學：原來東西這樣做！》，讓孩子在沉浸於故事的過程中，不知不覺地學習了麵包是怎麼製作的、T恤是怎麼做出來的。繪本故事還適合對孩子進行社交和情感方面的教育，一舉多得。

13

三個技巧，
教孩子科學地討論問題

前面講了培養科學思維的重要性，以及我眼中的科學教育是怎樣的。這一部分我們主要講講，作為一個科學家爸爸，我是怎麼跟孩子一起面對具體問題的。

常常有爸媽很着急：我們家幾個大人數學物理都不好，化學生物一臉蒙，自己都不太懂科學，到底該怎麼給孩子科學啟蒙啊？

其實，科學思維是一套方法論和價值觀，並不是說只有學了理工科的人才有科學思維。科學思維滲透在生活中的每一個角落，每一個具體的問題都是給孩子進行科學啟蒙的契機。

我希望給大家提供一些操作性強的指導或者經驗，更希望展示給大家一套科學家爸爸風格的方法論，以期幫助大家在面對具體問題的時候有多一種思考的維度。

不過，話說回來，在日常生活中，想要培養孩子的科學思維，我們自己首先要學會怎樣科學地討論問題。換句話說，怎樣才能讓我們的討論不至於陷入無意義的爭論和死循環呢？

如何科學地討論問題？

我們每天都要和不同的人討論問題，跟老闆、同事、下屬、父母、另一半、朋友……以及自己的孩子。

有沒有很多次，我們在討論問題時爭得面紅耳赤傷了和氣，甚至影響之後的關係？有沒有很多次，爭論的焦點像脫韁的野馬一樣一路跑偏，從單純的公事跑到了人格、跑到了八卦、跑到了人身攻擊？有沒有很多次，爭論的目標是達成一致，但結局卻是雙方仍然堅持最初的觀點，反而態度更加極端，更加無法調和？

科學世界裏的爭論似乎不太一樣。當然，也會有諸如牛頓和萊布尼茨爭奪微積分的發明權，鬧成了兩國之間的公案這樣的例子，但是絕大多數時候，科學家之間的爭論都能控制在就事論事的範圍內。或者至少可以這麼說，哪怕科學家個人之間爭論得面紅耳赤，從此老死不相往來，也不會影響他們就觀點的理性爭論達成共識或是爭出勝負。

舉個著名的例子。

關於光的本質，微粒說和波動說反復爭鬥辯駁了數百年。這場爭論開始於 17 世紀，光的衍射現象更容易用波動說解釋，而光的色散以及折射現象更容易用微粒說解釋，因此兩種學說正式浮出水面，爭論不休。而到了 18 世紀，在微粒學派一統江湖數十年之後，托馬斯‧楊和菲涅爾領銜的波動軍團逆襲成功，雙縫干涉實驗和泊松亮斑，將波動學說的成功昭示天下。但是風水輪流轉，到了 20 世紀，愛因斯坦又挾光電效應之威重新復活了微粒學說，而這一次，隨着波粒二象性的提出，這場持續數百年的學術爭論最終以兩種理論合二為一的結局塵埃落定。

在這場爭論中有沒有跑偏的爭論呢？當然有。

微粒說的大師牛頓，專門選在波動說的大師惠更斯和胡克去世後發表自己的光學專著，乾脆讓對手連反駁的機會都沒有。當菲涅爾提出新的波動理論時，微粒派的泊松更是興高采烈地去挑刺，還在科學史上留下了泊松亮斑這個讓人哭笑不得的掌故。但是這些細節不影響兩種科學理論的發展，不影響數百年間科學家陸續確定了光的各種奇妙性質，比如直線傳播、反射和折射、衍射和干涉等，更不影響最終在新的觀測數據和理論模型面前所有科學家重新拉起手來，宣告他們揭開了光的秘密。

他們是怎麼做到的？作為普通的家長，我們能學到些甚麼？

1. 判定問題可以有效討論的關鍵：可證偽性

到底哪些話題是可以用上科學的方法討論的？關鍵詞就是，可證偽性。

毫無疑問，肯定不是所有問題都可以。比如，今天早上太太問你她漂亮不漂亮，或者先生問你他帥不帥，或者孩子問你他是不是你最愛的寶寶，這個問題根本不需要用上任何討論方法。

我覺得不妨做這樣一個界定：只有可證偽的，也就是可以利用實驗和邏輯推翻的問題才是科學的，只有這樣的問題我們才可以展開真正有效的討論。

「可證偽」是奧地利裔英國科學哲學家卡爾・波普爾（Karl Raimund Popper）在 20 世紀中葉提出的重要概念，試圖借此區劃科學和非科學問題的邊界。在他看來，只有可證偽的問題才是科學的。美國科學家卡爾・薩根（Carl Edward Sagan）曾給出過一個著名的例子：車庫裏的噴火龍。如果有一個人告訴你，他家車庫裏有一條會噴火的龍，但是：這條龍是隱形的，人眼看不到；這條龍噴出來的火是冷的，

不會讓溫度升高；這條龍的鱗片不會沾染油漆，所以用染料也無法讓它現身；所有你能想像到的讓這條龍現身的方案，這個人都會告訴你他家的龍可以規避。既然如此，這條龍的存在就是不可證偽的──你不可能想出一個辦法來證明它不存在。因此，討論這條龍存不存在也就成了一個非科學問題。

當然了，在波普爾之後，可證偽性的概念受到不少挑戰和質疑。比如說，從科學史的角度看，實際上很少有科學家是靠證偽這個手段來做研究的（更多時候科學家做的事情是證實）；而從哲學的角度來看，單個的科學命題是沒有辦法被證偽的，因為每個科學實驗都涉及一整套科學理論。

但是在我們的討論中，可證偽性這個概念是絕對夠用了！

比如說，它可以幫助我們輕易地區分出宗教性的問題，例如「上帝是存在的」、「菩薩昨晚托夢給我了」；或者基於主觀觀念的問題，例如「我就是覺得自己很美」、「梵高的畫沒有莫奈的好看」；或者純粹猜測和臆想的問題，例如「我家的狗是誰誰誰轉世投生的」、「隔壁小王肯定和我有仇」。面對這些問題，我們顯然無法展開科學的討論。

實際上，對於這些問題來說，想要展開有意義的討論都是非常困難的。就上面這些問題的討論，很容易進入個人觀點的反復糾纏甚至人身攻擊。因此，一個避免無效爭論的方法也許是，當發現一個問題是不可證偽的時候，我們可以儘量避免參與到爭論之中。

2. 區分事實和觀點，展開有效的討論

如果一個問題是可以展開有效討論的，之後如何展開呢？

我們可以注意到，在波動說和微粒說的爭論中，科學家們爭論的

焦點，是哪種科學理論是對的、能夠用來解釋實驗現象（例如雙縫干涉和光電效應），而不是這些觀察到的現象本身。

相反的案例同樣有。比如說，最近在中國科學界，許多人為一種全新基因編輯技術是否真實、能否被重複爭論不休。在這件事裏，大家爭論的焦點是現象是否正確，而不是現象的解釋到底對不對。

這也許能給我們一點點提示：如果能首先區分觀點和事實，會幫助我們展開有效的討論。

甚麼是事實呢？

可能是這樣的：「莫奈的畫作裏以睡蓮為主題的最多」、「今天的氣溫是這個星期裏最高的一天」、「超市的雪糕五元一杯」。（注意，這些判斷不一定是正確的。）

甚麼叫觀點呢？

在日常的討論中，它們也許是這樣的：「梵高的畫沒有莫奈的好看」、「今天天氣太熱了」、「我特別喜歡去超市買雪糕」。

而當我們討論的焦點是事實或者是觀點時，討論的方式會有很大的差別。

針對事實的討論，關鍵在於確認事實是否準確。

比如，如果一個人說「超市的雪糕五元一杯」，而你恰巧知道其實超市的雪糕統一定價是八元，那你就可以以此來反駁他。更進一步地，你也可以收集證據，比如超市的廣告、店內照片等，來作為論據。

而對於觀點的討論，情況就要複雜很多。

比如，如果一個人對你說「梵高的畫沒有莫奈的好看」，而你恰

好又是梵高的死忠粉絲，你可能會立刻湧起一種去辯論、反駁、為梵高正名的慾望。那麼問題來了，這個人做出的是一個純粹個人化的主觀判斷嗎？如果是，他完全有自由做出這樣的判斷，同時參照可證偽性的原則，就此問題展開有效討論是非常困難的，通常也是毫無必要的。那麼你作為一個梵高粉絲，更好的思路應該是和這位莫奈粉絲求同存異、和平相處。

如果這個莫奈粉絲的判斷實際上有（或者自以為有）事實和邏輯基礎呢？打個比方，在你詢問之下，他告訴你，他之所以喜歡莫奈，是因為覺得莫奈的風景畫更好，而梵高只會畫自畫像或者向日葵。這就有繼續有效討論的空間了，因為梵高是不是只會畫向日葵和自畫像是一個事實判斷！你大可以搜出梵高的風景畫（比如著名的《有垂柳的公園是詩人的花園》），告訴那個人他的判斷是基於錯誤的事實。再打個比方，他說喜歡莫奈不喜歡梵高，理由是法國人比荷蘭人更高貴。這就有失偏頗了，用國籍和出生地來對一個具體的人進行判斷，在邏輯上是站不住腳的。也許你無法說服他，但是至少可以指出這個邏輯謬誤。

大家不要覺得我故意拿一個荒誕的例子來說笑。放眼中文互聯網世界，類似的爭論簡直是層出不窮！喜不喜歡姚明，高比拜仁和米高佐敦誰厲害，劉翔到底是不是假裝有傷，中醫、轉基因到底能不能信……每個這樣的問題都會引發爭吵和互相攻擊。而如果大家在爭論之前可以先花點時間，看看爭論的焦點是事實本身，是理解事實的邏輯，還是純粹的個人觀點，也許就能夠避免大多數無謂的爭論了。

3. 討論針對問題本身，而不是提出問題的人

從科學世界裏我們能學到的另一條經驗，是把爭論的範疇局限在問題本身，而不是延伸到提出問題的人身上。

　　當然必須得承認，這一條也並不是每個科學家都做得很好。牛頓就是一個典型的負面例子：和萊布尼茨爭論的時候，在全歐洲散發匿名信，和胡克爭論的時候，拿對方的身高做文章，等等。但還是那句話，在絕大多數場合裏，科學爭論的對象是科學問題本身，比如説光到底是波還是微粒，而不是菲涅爾有沒有私生子，或者愛因斯坦的祖宗有沒有放高利貸剝削窮人。

　　這一點非常重要。

　　在現實生活中，我們應該都看到過無數的反面教材。

　　「你抓着這個小問題不放是甚麼用心？為甚麼不能看大局？」「你抓着這個問題不放，是不是別人擺掇的？」——這是把問題轉向提問者的動機。

　　「你上過幾天學／幹過幾天活就亂提不同意見？」「我走過的橋比你走過的路還多，還能錯了？」——這是把問題轉向提問者的資格。

　　「你只知道説 XXX 不對，怎麼不説 YYY 也不對？」——這是把問題從討論一件事轉向另一件事，同時還隱含對提問者動機的懷疑。

　　在這些例子裏，有效的討論是非常困難的。

　　恰好，在科學世界裏也有些這樣的例子可供借鑒。

　　例如在蘇聯發生過的遺傳學之爭。本來，生物後天習得的性狀能否遺傳到下一代，是一個可證偽的能夠進行有效討論、觀察、研究的科學問題。但是，在蘇聯的政治環境中，李森科卻把這個科學問題的討論擴大到科學家個人動機，乃至整個科學學説的政治意義上去。在他口中，孟德爾的遺傳學理論乃是西方腐朽沒落的錯誤學説，是整個蘇維埃的敵人；而獲得性遺傳學説才是社會主義的、進步的、無產階

級的。在這種討論模式下，科學家們顯然無法進行任何基於事實和邏輯的有效討論。而最終的結果是，孟德爾遺傳學理論被強行壓制和消滅，一大批堅持孟德爾理論的科學家失去工作，蘇聯的生物學研究也因此停滯不前達數十年之久！

　　以史為鑒，把討論限制在問題本身，是對這個問題進行有效討論的基礎。在我看來，這是爸爸媽媽們值得言傳身教給自己孩子的寶貴財富，也是給孩子科學啟蒙的基礎。

教育百寶箱

- 用「小生命」培養孩子的觀察力 -

小動物能夠給予孩子陪伴，讓孩子切身體會到責任、義務、平等這些抽象的概念。此外，養植物或者小動物還有一個非常重要的好處，就是培養孩子的觀察能力。因為孩子喜歡活的物體，選擇小生命作為觀察對象，可以集中孩子的注意力，展開持久深入的觀察。

不僅如此，因為孩子只經歷了人生很短的階段，所以他們很難通過觀察他人直觀地瞭解生老病死的生命過程。養小動物是幫助孩子瞭解這一過程的最佳途徑。

為了使觀察活動更具有系統性，我們可以開展以下三種活動：

第一，要確定觀察的目的，養成做觀察記錄的好習慣。

觀察的主題可以是植物在一年四季中的變化，狗在進食、睡眠時的行為差異，等等。

第二，要用多種方法記錄觀察結果。

比如，可以畫出植物在春天和秋天的形態，採集植物標本貼在本子上。可以測量植物的高度，記錄下數據。家長也可以拍攝視頻、照片，記錄下孩子和小動物的互動。

第三，要培養孩子學會合理安排觀察順序。

比如，觀察植物缺水時的變化，可以採用先整體、後局部的順序，即先觀察植物形態、顏色在缺水時的改變，再探究葉片、芽和花朵在這種狀態下的變化。

經過有意識的引導，孩子才能學會正確的觀察方法。值得一提的是，長久的、規律性的觀察記錄，是至關重要的。這使孩子能夠在更長的時間中獲得新的思考。

14

沒有定量思維，
就很難客觀地理解世界

　　我們講了假如家裏沒有人有理工科背景，該如何給孩子培養科學思維。我們講了三個重要的方法。這一部分，我要給大家糾正一個常見的思維誤區：愛看科普書，就會有科學思維嗎？

　　很多爸爸媽媽很愛給孩子買科普書，我家也不例外，家裏有幾套兒童百科全書，都是我女兒很愛看的。給孩子看科普書，也代表了大多數人對「科學教育」的理解，這樣做沒有甚麼不對，但兒童科普書裏都是怎麼講「科學」的呢？

　　有一本關於身體的科普書不厭其煩地從男孩女孩的身體構造講起，然後是皮膚頭髮、骨骼肌肉、呼吸心跳，接下來是感覺和運動、吃喝睡覺，還有健康和生病，再搭配圖片，幫助孩子理解。

　　還有些科普書講科學的形式稍微活潑一些，比如老師和孩子們坐上一輛神通廣大、無所不能的小車，然後上天入地地探索一些有趣的事情，在旅程中學習科學知識。

　　這些書我女兒都愛看，而且看完了還喜歡把學到的故事興高采烈地講給我聽。不過，跟着她一起看和聽下來，我對這樣的講述科學的方式不太滿意。

為甚麼呢？

回想一下我們在前面講過的科學教育的內涵，技能、知識、方法論和世界觀，再看看手邊的這些科普書，雖然講知識的方式差別很大（有寫實的，也有虛幻的），但有一點是差不多的，那就是，科學知識是以點狀的形式存在的。

孩子們看到的，是一系列「科學事實」。當然了，煞費苦心的作者們確確實實把這些散落的點成功地串聯了起來，只是不管是通過百科索引的形式，還是虛擬故事的形式，這些知識點本身仍然是散落的。

而這些點狀的知識點，是不包括我們前面所説的科學思維的，它們並不能教會孩子分辨一個話題是不是具有可證偽性，如何區分事實和觀點，怎樣做到對事不對人，當然也教不會孩子建立科學的思維方式。

這裏我們要講講，只看科普書學不來的思維方式，也是在生活中非常實用的、能幫助我們去偽存真的——定量思維。

想要教孩子科學思維，你不能不知道定量思維

甚麼是定量思維？

我們每個人每天都從客觀世界中獲取大量信息，這些信息可以粗略地分成下面幾類：

定類信息：就是給東西分類。比如橙和蘋果都是水果，曉明和曉波都是小學生，等等。

定序信息：就是給同類的東西分分等級。比如蘋果比橙甜（事實未必如此），曉波比曉明說話慢，等等。

定距和定比信息：比定序更進一步，量化不同東西之間的差異。比如，我們可以定義一個甜度的衡量標準，然後發現橙甜度是 3，蘋果是 5；我們也可以測出曉波每分鐘說 50 個字，曉明每分鐘說 150 個字，因此曉明說話比曉波快 2 倍，等等。

定序、定距、定比也被稱為定量。

這幾類信息從上到下，實際上正好代表着我們對世界的理解程度不斷深入。

舉一個科學的例子：幾大古代文明都通過觀察星空，意識到了五大行星的存在，意識到這幾顆星星與眾不同，會持續地移動——這就是定類，也就是把閃爍的星星分成了會動的星星和不會動的星星兩類。在此基礎上，古代天文學家才逐漸確認了幾大行星距離的遠近（定序）。而真正觀測計算它們和太陽的距離到底是多少千米（定距和定比），則是近代物理和天文學發展之後的事情了。

同樣，對於一個具體的人類個體而言，從定類到定量（包括定序、

定距、定比），也是這個個體認知能力發展和進步的體現。

著名兒童認知心理學家皮亞傑曾經在不同年齡段的孩子裏做過幾個經典的實驗，證明了定量分析能力要比分類能力出現得晚。比如他發現，如果給 7 歲以下的孩子看 7 條狗和 3 隻貓，問狗是不是比貓多，孩子們一般會説「是」，這説明他們至少具備分類能力。如果繼續問狗是不是比動物多，他們仍然會回答「是」。這其實説明，和定類不同，定量——哪怕僅僅是定序——也是需要比較複雜的邏輯推演能力的。

孩子 7 歲以後能掌握超過一個的類範疇，超越定類思維，達成定量思維。現代兒童認知發展研究普遍認為皮亞傑低估了孩子的思維能力，也就是説，定量思維可能在學齡前就在發展了。

你的思維滿 7 歲了嗎？

不過，大人都掌握了定量思維嗎？還真不好説。

摘幾個中文世界裏常見的場景。

討論空氣污染：中國有霧霾不錯，可霧都倫敦曾經一天毒死上萬人；洛杉磯有光化學污染，新德里的空氣髒得連紅綠燈都看不見了。大家大哥不説二哥，誰也不比誰好多少！

討論教育問題：中國教育有問題，多少孩子成了應試教育的奴隸！中國教育沒問題，培養出了屠呦呦、楊振寧！外國教育有問題，數學差得令人髮指！外國教育沒問題，人家那是全面發展、快樂成長！

要是篇幅允許，我們可以把中文世界裏容易讓友誼翻船的話題一直列下去：姚明還是高比，日本車還是德國車，蘋果還是華為，甜豆腐花還是鹹豆腐花，轉基因能不能吃，N 無男能不能嫁，特朗普是不是好總統……

　　仔細想想，這些場景之所以能夠出現，友誼的小船之所以會頻繁觸礁，本質上還真是只有定類能力，沒有定量思維。

　　遇到一個問題，我們會下意識地用涇渭分明的「正確」「錯誤」給答案貼標籤和分類：中醫好或者不好，美國車值得買或者不值得買，豆腐花甜的好吃還是鹹的好吃……在很多人的潛意識裏，實際上是沒有意願和能力探索正確和錯誤之間的可能空間，探討一個問題是否有正確和錯誤之外的答案。

　　這種思維方式體現在生活中的方方面面。即使是僅僅從實用主義的角度出發，缺乏定量思維也會有幾個很直接的後果。

　　從每個人自身出發，我們往往會忽視甚至打擊任何微小的進步。工作中你又細心了一點點，上課的時候你的孩子又更主動地提了一個問題，今年的空氣污染指數又下降了幾個百分點——對不起，這沒有意義，你還是會偶爾偷懶的混日子僱員，你的孩子還是考試沒有滿分的「唔上進」，你身處的還是各種髒亂差的發展中國家。很多時候，這種態度會自然而然地將人引向破罐子破摔的態度。

　　如果從整個社會群體的角度出發，僅僅具備定類能力會讓社會充滿矛盾和衝突。特別值得擔憂的是，這一點似乎在互聯網時代得到了充分的放大——也許是因為定量真的不是一個特別簡單的技能吧。舉個例子，2016 年的美國大選被很多政治觀察家認為是美國歷史上最割裂的一次大選，在共和黨人特朗普當選之後，悲哀和抗議席捲美國大城市和高等教育機構——這些地方正是民主黨擁躉的聚集地。

　　原本我們的世界並非黑白兩色，羅素的名言說「須知參差多態，乃是幸福的本源」。原本觀點不同的我們應該在廣闊的中間地帶形成妥協和共識，但是非黑即白、非此即彼的定類思維，卻把我們局限在廣闊世界中兩個相隔萬里的角落。不滿 7 歲的我們困在自己思維模式

形成的牢籠裏，在身邊尋找共鳴，然後把敵意的目光投向萬里之外。

為甚麼科學思維一定是定量思維呢？

可以說，整個人類科學的發展史正是從無知走向定類，從定類走向定序、定距、定比的歷程。

這句話有兩層含義，首先，就像我們講過的五大行星的認識歷程，我們對客觀世界的認知本身就是從定類走向定量的。科學探索的目標是更準確地解釋我們觀察到的客觀世界，那麼很顯然，停留在定類層次是不夠的——只知道五大行星會動，肯定不足以用來預測它們會怎麼動、會動到哪裏去。

其次，拋開具體的科學發現，科學演進的歷程本身也不是黑白分明的。在科學的歷史上出現最多的，並不是一個新發現推翻一個舊理論，而往往是一個新發現修正、補充、拓展一個舊理論。

科學演進的這套邏輯，可能對我們有着特別的意義。

我來講一個真實的故事，主角是我的偶像之一，科幻、科普雙料大神以撒・艾西莫夫（Isaac Asimov）。

話說艾西莫夫大神有一天收到了一封讀者來信，希望教育一下艾西莫夫不要對科學盲目崇拜，因為每一個時代的科學家都自以為掌握了宇宙的正確知識，但是下一個時代的科學進步總是會發現他們的錯誤。對待世界的正確態度應該是像蘇格拉底曾經說過的那樣，「如果我果真有智慧的話，那是因為我知道自己一無所知」。

哭笑不得的艾西莫夫寫了一篇長長的文章來回應這個觀點，其中的一句話可能要長久地被人們銘記和傳頌：

「當人們認為地球是平的，他們錯了；當人們認為地球是球形的，他們錯了。但是如果你覺得認為地球是球形和認為地球是平面是同等的錯誤，那麼你的錯誤比兩個錯誤的總和更加離譜。」

這句話是甚麼意思呢？

按照今天人們對地球形狀的計算和觀測，我們知道地球其實是一個稍微有點扁的梨形球體，赤道直徑（12755 千米）比南北極直徑（12711 千米）略長一點點，而且南半球比北半球還要更「矮胖」一點。因此從這個意義上說，古人說天圓地方固然是錯的，而我們的孩子在小學自然課上學的地球是球體也是錯的（定類一下——兩個都屬錯誤）。

但是用定序、定距、定比的眼光衡量，兩個錯誤可謂天壤之別。古希臘時代，亞里士多德通過觀察月食和帆船的桅杆猜測地面不是平的，埃拉托斯特尼更是通過觀察井底的陰影推測了地球的周長。伽利略用望遠鏡觀察了木星和土星的形狀並非完美球體，牛頓更是用離心力解釋了為甚麼地球會有點扁。而對地球形狀的直接測量，則是直到 20 世紀 50 年代才通過衛星直接觀測實現。

看到了嗎？即使都是錯誤，兩個錯誤之間的距離，卻代表着人類對物理學、對天文學、對自身所處世界的認識的飛躍。

也就是說，所謂科學思維，必然包含着從定類走向定量的思想。因為科學研究者每天的工作，其實就是在大體正確的系統裏找出具體哪裏有錯誤、有不足，然後在一定程度上改正和完善它的過程。嚴肅的科學研究者會避免在正確和錯誤之間畫線。

從某種程度上說，科學研究者的這種努力有點反人性——說 A 理論在 X 場景下可能是對的，而 B 理論在 Y 場景下可能是對的，然後再

加上幾個更複雜的限定條件，顯然比斬釘截鐵地宣稱「A 理論已經死了」要麻煩得多。

　　但是，為了解釋客觀世界，我們不得不這麼做；因為這樣才能幫助我們真正地認識世界、理解世界。

如何在生活裏應用定量思維？

雖然我用科學舉了不少例子，但絕不是說我們每個人都必須成為科學家，也不是說只有科學研究者才有能力實踐定量思維。我們每個人，其實都可以試着在生活裏用定量思維解決很多爭吵和困惑。

首先必須說明，定量思維需要對數字有概念，但是僅數學學得好卻不見得一定能運用定量思維。就像五十步笑百步的例子，孟子明明已經知道兩個人逃跑的具體步數，可他照樣覺得兩者沒甚麼區別。

我在生活中經常會做下面兩個練習，可以分享給大家。

1. 假設推理

這個練習有點類似很多公司面試會用到的腦筋急轉彎題目，特別是那些結合日常場景的題目。舉幾個例子：一架波音 747 飛機大概有多重，北京二環裏有幾個加油站，中國一年要消耗掉多少張 A4 紙，等等。

這些題目可以從每天的生活中隨意假設，反正也沒有所謂的正確答案。想要回答這些題目，我們不需要任何真實數據，需要的是能夠大致理解這些問題可能受到哪些因素的影響，每個因素大致有多大的影響。

比如說，要估計波音 747 飛機的重量，我們得大概估計飛機的重量來自哪些部分之和——至少有金屬蒙皮，有機械系統，有燃料，有內部所有座椅，有所有乘客和機組人員吧？每一部分大致又受到甚麼因素影響（比如說，乘客部分，波音 747 飛機大概能搭乘 300~500 人，平均每人 60 公斤，攜帶大約 10 公斤的行李和衣服）。

你能看到，這個過程本質上就是在消解單純的定類思維。我們沒有辦法用「重」、「不重」，或者「外殼比乘客重得多得多」來估算飛機的重量。要回答類似的問題，其實是在強迫我們必須用定序，甚至定距、定比的思維來分析生活中每天遇到的事物。

2. 因素分析

第二個練習要更抽象一些，我叫它「因素分析」。也就是遇到問題的時候，就算沒辦法立刻給出一個答案，我們能不能至少想想它會受到甚麼因素的影響，影響的方向是甚麼。

舉一個很經典的例子，在科幻領域經常會出現一個名詞：德雷克公式（Drake equation），它看起來非常複雜和嚇人。

這個公式長這個樣子：

$$N = N_s \times F_p \times F_l \times F_i \times F_c / L_s$$

N
代表銀河系裏文明的數量

N_s
代表銀河系中恒星的數量

F_p
代表恒星帶着宜居行星的比例

F_l
代表有生命進化、宜居行星的比例

F_i
代表演化出高質生物的概率

L_c
代表一個文明通常存續的時間

L_s
代表一顆恒星的壽命（如類太陽恒星為 100 億年）

　　不過不要被嚇到，這個看起來複雜的東西沒有任何實際用途，但是它可以很好地體現我們怎麼做因素分析。

　　這個公式計算的是銀河系裏文明的數量（N）。這個 N 我們當然是不知道的，按照目前的人類科學水平也根本無法估計。但是 N 受甚麼東西影響我們是知道的！比如 N_s，代表銀河系中恒星的數量，F_p 代表恒星帶着宜居行星的比例。這很容易理解，恒星愈多，恒星周圍宜居行星所佔比例愈大，那麼宜居行星數量就愈多，出現文明的概率就愈大。

　　以此類推，從這個公式我們至少能想清楚，恒星愈多，宜居行星所佔比例愈大，宜居行星上出現生命的可能愈大……銀河系裏的文明數量就愈多。毫無疑問，面對這個問題，說「銀河系一定有其他文明」或「人類是唯一的」是沒有任何意義的，我們再一次在強迫自己用更量化的方式思考問題。

　　如果這個例子太高冷，那我們來一個接地氣的：

　　要給孩子選幼兒園了，有三家幼兒園可選，但離家近的地方小，有操場的師生比低，師生比高的離家遠；而且，三家幼兒園在飲食、教室佈置、口碑方面，差別也不小。到底哪些因素是你看重的？最重要的三個因素是甚麼？在這三個因素裏，三家幼兒園應分別怎麼排序？

　　你有沒有開始覺得，其實每個人都可以學會用量化思維來思考問題？

　　雖然在孩子還小的時候，他還沒辦法考慮到影響問題的所有因素，但這並不意味着他不能理解同一個問題有很多影響因素。學齡前的孩子看問題大都是非黑即白的定類思維，比如做了壞事的一定是壞

人，但在幼兒期，另一項能力也在發展，那就是觀點採擇能力。他們慢慢地能跳出自我中心的框框，開始理解每個人都有自己的看法，影響事情的因素可能不是單一的，這就是在培養孩子科學思維的雛形。

小孩子對於數量其實沒有概念，他們常常會說一些很誇張的話，用來表示很多，尤其是學到了很大的數字之後，比如，我要玩 1000 個遊戲，我比你大 10000 歲。這個時候我們就可以用定量思維，幫他們理解，在多和少之間，還存在「多少」差別。

比如有一次，我女兒吃到一個特別喜歡的包子，於是宣稱，「我還要吃 100 個包子」！我就跟她講，這麼大一個包子，一個盤子裏可以放 5 個，100 個包子需要 20 個盤子，我們家的餐桌上都放不下。我們家有 4 口人，每頓飯吃 4 盤菜，就吃得飽飽的了，你確定 100 個包子你吃得完？她思考了一會兒表示，確實吃不完。

小孩子的這種表現，恰恰說明他們對於數量級沒有概念（當然這個例子談不到數量級），10 個和 100 個，甚至 1000 個、10000 個，對他們來說是一樣多。而通過定量思維，將數字拆解成他們能理解的量，能幫助他們分辨多和少之間到底有多少空間。

所謂的科學思維，不是知識點的積累，而是在對世界保持好奇的基礎之上，從全面的、宏觀的角度來認識世界、理解世界，定量思維就是這樣一個理解世界的工具。

教育百寶箱
- 帶孩子做小實驗的正確方式 -

孩子們有無限的好奇心，又喜歡擺弄身邊的事物。我們不妨利用這兩種天性，引導孩子通過動手做實驗，來找出問題的答案。目前市面上有很多通過實驗觀察指導孩子探索科學的書籍。那麼怎樣才能正確、有效地完成書上的科學小實驗呢？

其實，實驗的目的並不是完成實驗步驟，而是培養科學思維，學着像科學家一樣思考。

實驗中一個非常重要的環節，就是設計實驗組和對照組。

我們以研究「肥料對植物的影響」實驗為例。

首先要提出問題：書上說，肥料能促進植物生長。這個說法正確嗎？如果正確，施的肥料是不是愈多愈好？帶着這幾個問題來進行實驗。

然後，要設置實驗組和對照組，就是把用來實驗的植物分成兩大組。其中，對實驗組植物，還要分成若干小組，對每組植物施以不同數量的肥料。同時，對照組的植物和實驗組的植物唯一的差別是，對照組的植物不施肥。其餘的條件，比如光照、水分等，所有組都一樣。除了施肥多少以外，儘可能控制其他影響植物生長的因素。

接着，觀察現象並記錄數據。一段時間後，測量植物的高度，葉片的數量、大小等，並把這些數據記錄到本子上。

最後，分析並得出結論。比較實驗組和對照組的情況，分析肥料是否真的能促進植物生長，以及肥料的最佳用量。

這樣簡單但標準的實驗設計，能幫助孩子理解：到底是甚麼因素在真的起作用。這樣的方法，可以幫助孩子逐步建立起科學思維。

15

善用科學思維，
破解育兒焦慮

我們破解了培養孩子時的第一個誤區——僅僅讀科普書，就是科學教育嗎？現在來拆解另一個誤區。

日本作家伊阪幸太郎曾經借筆下人物之口講過這麼一句話：「一想到為人父母居然不需要經過考試，就覺得真是太可怕了。」我們都沒有接受過專業的育兒訓練，就這麼無證上崗，養育孩子時難免戰戰兢兢，如履薄冰。

兩種典型的焦慮

一部分家長求助於以往的經驗，也就是成長的過程中父母對待自己的方式，嚴厲管教，苛責，「我都是為你好」……網站知乎上有個問題：「中國家長有哪些不可理喻的神邏輯？」這個問題有 5000 多個回答，被瀏覽了 1300 多萬次。裏面的一些情形，你一定很熟悉：

「都是一個老師教的，你怎麼就不如人家 ××× 學得好？」

「人家為甚麼只找你麻煩，不找其他人？」

「有一種冷，叫媽媽覺得你冷。」

「上大學前拼命阻止我們談戀愛，上了大學天天着急找不到對象、生孩子太晚。」

「我一切都是為了你好！」

⋯⋯

拼命提要求，毫無界限，把孩子的事當作自己的事，在強硬的外表之下，是深深的焦慮，因為為人父母可能是世界上最難做的工作之一。從開始做父母那天起，24×7、年中無休的工作節奏可以持續幾年十幾年。除了做大廚、清潔工、保育員，父母還得學着做個合格的領導、老師、玩具、陪練、朋友和自動取款機。更要命的是，父母這份工作做得好不好，可能得等個幾十年才能真的知道答案。沒有及時的反饋，沒有重來的機會，註定這份工作得做得戰戰兢兢、小心翼翼，並求助於曾經的「成功經驗」。

另一部分家長，包括我自己在內，是抱着另一種焦慮和忐忑開始這份工作的：養孩子的責任那麼大，我是不是有甚麼地方做得不好？下面這些會讓人瞬間緊張焦慮的育兒文章標題，你可能也覺得似曾相識吧？

《你的這些做法，可能會毀了孩子一生》

《小孩子的壞毛病，都是被父母訓斥 / 冷落 / 冤枉 / 縱容出來的》（還可以填進去各式各樣的動詞）

《養女兒 / 兒子，有件事一定不要做 / 一定要做》

《做對這一件 / 三件 / 五件事，你的孩子會自信獨立》

《這位聰明的媽媽 / 爸爸這樣做，讓孩子學會交朋友》

......

在我看來，兩種看起來截然不同的場景——前一種是專橫、自我的爸媽，後一種是小心、關愛的父母——其實指向的是同樣的情緒：焦慮。

焦慮的解藥，是科學

突然成了別人的爸媽，要承擔起養育另一個生命的責任，我們難免都會焦慮。

也許是自發的焦慮：因為親身經歷過父母對孩子的錯誤言行，因此做了父母以後如履薄冰，生怕哪句話說錯、哪件事做錯。

也許是被動的焦慮：因為看到、聽到「別人家孩子」好或者不好的表現，特別希望自己的孩子學習或者避免。

也許是焦慮和被焦慮都有：因為無考核便做了別人的父母，就像考試的時候沒有參考書、沒有複習資料、沒有老師畫重點，答題的時候小心翼翼到名字都不敢寫，看到鄰桌的好學生運筆如飛，更是五味雜陳。

......

當然了，對於做別人父母這件事，適當的焦慮應該是有好處的。心理學上有個古老的發現叫耶基斯－多德森定律（Yerkes-Dodson Law），認為人的表現——特別是在困難任務中的表現——和焦慮感之間呈倒 U 形的關係。

適當的緊張感能夠提升表現，過度緊張則會顯著降低表現。確實有些現代神經生物學研究認為，出現這種現象是因為適度焦慮能

夠激活人腦的某個特殊區域（學名叫前扣帶皮層，anterior cingulate cortex）。

　　雖然適度焦慮是有好處的，但在這個信息爆炸和過剩的時代，新手爸媽們把自己的焦慮感維持在適度狀態是個異常困難的任務。

　　每天，我們都在目睹「別人家父母」、「別人家孩子」或好或壞的表現；每天，我們都在社交媒體上刷到各種各樣的育兒經驗或者教訓；每天，我們都在被諸如「不這樣做就如何如何」、「只要這樣做就如何如何」之類的標題黨育兒文章考驗着脆弱的小心臟。哪些信息我們應該相信？哪些指導我們應該趕緊執行？哪些意見確實關係到孩子一生的幸福？萬一我們搞錯了呢？萬一我們忽略了呢？萬一我們……

　　面對這些問題，我沒辦法給你一個確定的解答，也沒有能力一條一條意見給你解惑。實際上，養孩子的影響因素千千萬，大概也沒有哪個育兒專家真的能針對你的每一個疑惑給出確定的答案，如果能，那他八成是騙人的。

　　不過，作為一個科學家爸爸，我希望用一點點簡單的科學思維方式，幫助你看清很多育兒經驗背後的「真相」。

為甚麼大部分育兒科普是不可信的？

流行的育兒文章裏宣稱的，「每天做 XXX，孩子會更堅強」，「當媽媽的千萬不能説 YYY，否則孩子會沒有自我管理能力」，「ZZZ 家庭的孩子更容易幸福」，絕大部分的結論，其原因和結果之間都不具有確定的因果聯繫，是不足以採信的。為甚麼呢？

1. 設置對照組的難度突破天際

要驗證一個因素導致了另一個因素，一定要設置對照組，在控制好其他變量的基礎上，才能確定確實只有這一個變量在起作用，也就是找到了因果關係。

但是，想要在育兒的場景裏設置對照實驗是一件難度突破天際的事情。如果拿人類做這樣的事：抓兩群孩子分組，強迫他們同時睡覺、吃一樣的飯、做一樣的功課、穿一樣的衣服，然後一組開展某個育兒活動，另一組不開展。先不説家長和孩子會不會願意，這樣的想法幾乎已經站在反人類罪行的門檻上了。

人類歷史上還真的進行過類似這樣突破道德底線的科學研究！1939 年，美國愛荷華大學心理學家溫德爾・約翰遜（Wendell Johnson），試圖搞清楚口吃到底是天生的還是後天導致的。他在長期研究中形成了一個理論，口吃並非天生，而是在後天的養育環境中被強化出來的。

順便説一句，這個研究興趣可能和約翰遜教授本人的經歷有關：他自己從小就是一個嚴重的口吃患者，從小到大，從父母、老師、夥伴那裏受到了許多排擠和歧視。

約翰遜的做法，居然是召集了一批孤兒（有些已經口吃，有些則

完全正常），然後給他們隨機分組。接受正面引導的一組，總是受到表揚，讚美他們說話很流利，如果繼續練習就會愈來愈好；而接受負面引導的一組，則總是會被嚴厲地批評說話時口吃太嚴重。

這個設計完全遵從了隨機、對照的實驗邏輯，控制因素和變量都很清晰，可以告訴我們口吃是否會受到後天養育環境的影響。按照預測，如果口吃真的是在養育環境中強化出來的，那麼有些組可能會在正面引導下改善，有些組則會在負面引導下變成口吃。

實驗的結果殘忍得正如研究者所料，原本語言功能正常，但總是受到嚴厲批評的那一組孩子，終身都無法擺脫口吃和各種情緒疾病的困擾。

也許是自己也意識到這樣的研究違反人性和基本的道德，約翰遜教授終其一生都沒有公開發表這項研究結果。直到六十多年後被媒體曝光，這一被批評者充滿厭惡地叫作怪獸研究的學術醜聞才大白於天下。讓我們期待這樣的研究再也不要出現在我們的世界裏。

2. 真實的對照研究，結論並不完美

話歸正題，在人類中做這樣的研究，當然很可恥，必須被譴責和堅決制止。但是約翰遜教授提出的問題並不會消失：我們總還是需要搞清楚，在兒童成長和教育的過程中，哪些因素重要，哪些因素不重要，哪些實踐是有益的，哪些是需要避免的。這些信息對於我們持續地完善兒童教育非常重要。那在實際生活中，在有些溫和的、正面的場景裏，一定程度的對照實驗是怎麼做的呢？

舉個例子，有沒有辦法幫助中學生完成和繼續學業？美國有幾項研究，研究過提醒短信對申請大學的幫助。

　　2013 年，來自維珍尼亞大學和匹茲堡大學的研究者們，嘗試給中學生們隨機分組，然後給一組學生的手機定期發短信，提醒他們某某大學申請的截止時間快到了、申請某某大學需要甚麼材料、能夠享受甚麼獎學金等。一段時間下來，研究者們果然發現，這一組學生大學入學的比例提高了不少（從 63% 提高到了 70%，如果在全美範圍考慮，那就是每年多 20 萬大學生入學）。類似的對照實驗也證明，提醒短信對於提高家長對孩子學業的關注、提高學生完成作業的比例、提高學習成績等，確實有顯著幫助。

　　大家可以看到，在這些研究裏，給孩子們發短信這件事總體比較溫和，不管是進入了接收還是不接收短信的一組，孩子和家長都相對容易接受，因此對照實驗還是可以開展的。

　　即使如此，我們馬上可以想到，通過類似研究得出的結論也不是完美無瑕的。以下是幾種可能性。

　　第一，結論的適用範圍。

　　這個結論能不能推廣到其他國家、其他文化、其他年齡段？舉個極端例子，也許美國孩子很早就會有自己的手機，也更習慣於利用短信交流；如果放到中國，中國孩子在中學有手機的比例可能要低很多，收短信的可能性相應要小，即使是那些有手機的孩子，也可能更傾向於用手機 QQ 或者微信交流，而不是傳統的短信。如果確實如此，那麼短信提醒對於中國孩子來說也許就不是很有效的手段。

　　第二，其他的負面影響。

　　這個結論有沒有考慮在學業發展之外的影響？比如，也許這些定期接收短信提醒的孩子，確實作業做得更好、大學入學率更高，與此同時，他們會不會因為老是接收短信影響了視力，影響了專注力，減

少了和同齡人面對面社交的時間？會不會因為總是操心短信涉及的事而產生了焦慮情緒乃至情感障礙？

第三，效果持續的時間。

這個結論的長期後果是甚麼？受到研究的資源限制，研究者們一般不會成年累月地觀察孩子們的後續發展情況。在研究結束之後，會不會出現反彈和逆轉？比如，那些接收短信的孩子也許確實上大學的比例高，但是入學之後退學的比例也高，最後算下來大學畢業的比例跟對照組的孩子沒甚麼差別，甚至比對照組的孩子更差？

大家可以看到，人是一種太過複雜的生物，人類社會密如蛛網的關係更放大了這種複雜。人的思想、情緒、人與人之間的互動、人類社會的組織形式，提供了太多難以完全控制的變量，使得想要設置完美的控制實驗，搞清楚某種操作對兒童成長的影響，變得非常困難。

3. 可能的影響因素會有很多很多

很多爸爸媽媽可能都看過類似的育兒文章，比如，建議多和寶寶說話，因為親子間的對話有助於孩子的心智發育。文章裏往往會說，那些和爸爸媽媽經常說話的孩子，長大以後，不管是語言能力、理解能力還是學習成績，都更好一些。

這項建議本身當然是充滿溫情的。不管有沒有科學依據，放下手中的工作，多陪伴自己的孩子，和他們說說自己的眼睛鼻子在哪裏、爸爸媽媽的頭髮是甚麼顏色的、小熊的鼻子軟不軟，都是一個小家庭最溫暖的時光。

但如果我們追問一句，這個結論到底是怎麼來的呢？

顯然，我們沒有辦法真的設置對照實驗。研究者不可能隨機挑一

群家長，強迫他們對着自己的孩子喋喋不休，更不可能強迫另一群家長忍着不和寶寶説話。因此，能做到的最好的研究手段就是觀察記錄。

1995 年，美國堪薩斯大學的研究者貝蒂・哈特和托德・萊斯利，通過給父母佩戴便攜錄音機，記錄下了他們每天和孩子都説了甚麼話、説了多少話，然後追蹤這些孩子的成長。兩位研究者發現，社會經濟地位更高的專業人士的家庭相比靠社會福利生活的家庭，父母每小時要對孩子多説 1500 個單詞——每年多説 800 萬，四年超過 3000 萬個單詞！

這項研究立刻引爆全美國，引發了大量學術和公眾討論。大家討論的核心當然是：難道親子間的對話就是孩子成長的秘密？實際上直到今天，美國還有一個名為「3000 萬單詞」（Thirty Million Words，TMW）的早期教育計劃，希望通過促進親子對話的方法，幫助下一代，特別是低收入家庭的下一代健康成長。

但是——原諒我又要開始死理性派了——這項研究本質上是在探索相關性（嘮叨的父母和心智成熟的孩子同時出現），而不是因果性（嘮叨的父母造就了優秀的孩子）。

相關性雖然看來確實很強大，但也只能停留在相關性而已，我們仍舊可以提出許多可能的解釋來：

有沒有可能，那些話多的家庭本質上是因為經濟條件較好，爸媽下班後有更多空餘時間陪孩子，以致跟孩子説的話多，同時也導致子女受教育程度更高？反過來，可能有些家庭的父母不得不為了填飽肚子打好幾份工，這樣和子女聊天的機會顯然會減少？在這個解釋裏，家庭經濟條件同時解釋了對話的頻率和子女的心智發育，後兩者沒有因果關係。

有沒有可能，對話多的家庭是因為孩子語言發育較早，所以是孩子而不是父母成為了對話的啟動者和引導者？在這個解釋裏，是孩子的先天差別導致了對話數量的差別和心智發育的差別。對話數量並不是心智發育的原因。

即使這些研究確實有因果性的成分，這種因果關係能不能簡單推廣到其他文化（比如從美國家庭到中國家庭）？能不能直接套用在不同年齡段？

即使爸媽說話多、子女心智發育好這個結論確實具有普適性，那麼對話的內容是不是另一個考量因素？比如，對話多但都是訓斥性語氣的家庭，是不是仍然比對話少但總是語氣積極鼓勵的家庭好？有沒有研究可以支持這個結論？沒有的話，一刀切地在所有家庭推廣多說話是不是會引發更大的問題？

另外還得提醒一句，這裏我們討論的，已經是一個至少接受過大規模科學研究檢驗的結論，卻仍然可能沒有考慮到全部的影響因素。而更多時候，我們看到的都是斷章取義的一個片面結論，可信度更要打好幾個折扣了。

如何對待流行的育兒科普？

更多時候，我們看到的所謂育兒經驗，來源不過是一個有點育兒成功經驗的爸爸、媽媽、老師的分享罷了，其結論的有效性和可信度，需要我們好好考慮。

在遇到下一個類似「爸爸必須要這樣做」「媽媽千萬不能這樣做」這樣的指導時，我建議，你可以反問自己三個問題：

第一，這篇文章分享的是個案還是大規模數據分析？如果是個案的話，作者是不是錯把偶然巧合當成成功的因果關係來介紹了？

第二，這篇文章分享的是相關性還是因果性？如果僅僅是相關性的話，作者有沒有錯把相關性研究拓展到因果關係？背後有沒有隱藏的原因沒有討論？

第三，這篇文章介紹的經驗到底針對多大的孩子、甚麼國家或民族、甚麼家庭情況？能不能拓展到自己的寶寶身上呢？

經過這樣的思考，它傳達的信息是不是可信、是不是值得用到自家孩子身上，你會做出一個基本的判斷。

教育百寶箱
- 機智應對孩子的無心之失 -

小朋友在家經常做一些讓我們大跌眼鏡，甚至是大發雷霆的「實驗」。比如，把牛奶、油和汽水混合在一起，或者拆下手機的零件，裝在別的東西上。實際上，這是孩子探索世界、滿足自己好奇心的一種重要的方式，並不是故意和我們作對。

孩子的世界不像成年人的世界，有那麼多規矩和禁忌。他們的安全和規則意識要在成長中慢慢培養。如果為此責罵孩子，他們很可能會因此害怕，拒絕新的嘗試。當然，如果孩子的操作很危險，也要及時指出這種做法的潛在危害。

面對孩子的無心之失，家長該怎麼做呢？這裏有幾個小建議。

首先，可以客觀描述孩子的做法，詢問他這樣做的目的是甚麼。可以問孩子：「寶貝，我看到你把牛奶和汽水混到了一起，你覺得會發生甚麼啊？」孩子會把他的猜想告訴你，或者說出這樣做的目的：他想做一款「超級飲料」。

然後，針對孩子的回答，給孩子分析這樣做是否可以達到他想要的目的。比如，在前面這個「超級飲料」的例子裏，家長可以讓孩子嘗一嘗，讓他瞭解這種「超級飲料」很難喝。接下來，家長可以幫忙改變配方，或增加其他工具，比如攪拌機，引導孩子做出一杯美味的奶昔。

最後，可以以孩子的嘗試為基礎，進一步設計一個小實驗，驗證一個問題。比如，牛奶中加甚麼會產生沉澱呢？可以給孩子提供醋、醬油、水等常見的材料，一起動手攪拌，看看結果。

這一系列的活動，能夠鼓勵孩子觀察生活，動手嘗試，巧妙地將孩子的「破壞力」，轉化為創造力。

16

分清巧合、相關和因果，不做杞人憂天的父母

我們之前分析了市面上那些容易引起父母焦慮的育兒文章，其實用科學思維稍加分析，就能辨別真假。

一提到科學思維，大家想到的可能都是在實驗室裏做實驗的科學家，設計實驗啊，隨機分組啊，控制變量啊，設置實驗組和對照組啊，聽起來離生活很遙遠，也不大容易理解。其實拆開了講，科學思維是一套思維方法，它幫助我們更清晰地認識世界的本質，不僅科學家需要它，普通人也需要。

讓我們想一下，這樣的場景是不是很熟悉：今天早上出門太慌張忘了戴手錶，結果開車上班的路上居然被連環追尾了。我可是十年不違規、無事故的好司機啊！我的那隻手錶是爸爸送的，一定能辟邪，以後一定得常戴着。

我們來簡單分析一下這件事情的邏輯：發生了一件事 A（忘了戴爸爸送的手錶），同時或者隨後發生了另一件事 B（出了車禍）。於是 A 導致 B，A 是 B 的原因，B 是 A 的結果。

好了，現在我來考考你：上面這種說法，問題出在哪裏？

兩件事同時或者先後出現，和兩件事有因果關係，這裏面的差別

大了。我們先討論討論：如果兩件事 A 和 B 同時或者先後出現，除了因果關係，它們之間還可能有甚麼關係？

1. 巧合

　　一個最直接的可能性當然是，兩者純屬偶然的巧合。比如忘戴手錶和連環追尾，從常理推測可能就是純粹的巧合。每天我們都有一定的犯錯誤概率，比如忘帶東西、開車不小心，一天內出兩個錯誤一點也不奇怪。

2. 相關

　　如果這個倒霉的人之後一個月又出了三次交通事故，每次恰好也都沒有戴爸爸送的手錶呢？當然，我們仍然可以用巧合來解釋；但是它們畢竟是同樣的巧合，連續發生的可能性比較小。這時候我們往往會猜測，兩件事也許確實有關聯，或者説，它們確實是「相關」的。還有一種可能，兩件事總是同時出現確實不是純粹巧合，它們都是另外一件事的結果。比如，這個倒霉的人可能最近一個月加班太多、睡眠不足，早上出門的時候總是昏昏沉沉，因此忘戴手錶也好，開車出事故也好，其實都是加班太多、精神渙散的結果。

3. 因果

　　真正的因果聯繫，是一件事導致了另一件事，缺了它，另一件事就不會發生，也就是説，它導致結果的真正原因。因果在現實生活中總是被過度運用，巧合並不意味着相關，相關也不意味着因果，我們一定要學會區分。

我們為甚麼會被巧合和相關一再欺騙？

1. 相關與學習

你可能會覺得，要識別巧合＝相關、相關＝因果的邏輯把戲似乎也不太難，為甚麼到了現實生活中，看到「別人家孩子」的育兒體驗，看到各種標題黨的文章，我們的焦慮情緒還是會被激發，我們的大腦還是會上當？

説來很有意思，動物的神經系統——當然也包括人類的大腦——本質上都是巧合學習者。換句話説，我們的大腦天生就很容易把巧合理解成相關，把相關理解成因果。

為了説明這個問題，我們先來看兩種經典的學習行為。

一種可以形象地叫作巴甫洛夫的狗。用一條狗做實驗，搖鈴鐺的同時給狗骨頭啃。久而久之，哪怕研究者只搖鈴鐺不給骨頭，狗也會自動流口水。這是因為，在經過訓練的狗狗看來，鈴聲和食物總是一起出現，鈴聲會帶來骨頭。

另一種可以形象地叫作斯金納的鴿子。把一隻鴿子關進一隻封閉的箱子，箱子裏面有一根可以按動的杠杆，按一次就會掉出一塊食物。在箱子裏訓練幾次，鴿子就能學會自己按杠杆找食物吃。同樣，這也是因為鴿子能夠發現按杠杆和掉食物總是一起出現，按杠杆就會帶來食物。

對這兩類學習行為的生物學研究貫穿了整個 20 世紀，並深刻影響了教育學、心理學、經濟學等學科。在人類的學習行為中，這兩種學習都會出現（同時還有第三種，也就是所謂觀察性學習）。

兩種學習當然有着深刻的不同之處：巴甫洛夫的狗是將兩種環境刺激（鈴聲和骨頭）聯繫在一起，斯金納的鴿子是將一種自身的行為（按杠杆）與一個事件的出現（掉食物）聯繫在一起。

你可能已經發現，不管是鈴聲和骨頭，還是按杠杆和掉食物，本質上並沒有甚麼緊密的因果關係在驅動——就算有，也是人類觀察者有意設置的。哪天他不高興了，可以隨時終止這個脆弱的因果性。

2. 相關與大腦

我們人類也是相關性學習者。早在 1949 年，加拿大心理學家唐納德 • 赫布（Donald Olding Hebb）就在他的巨著《行為的組織》裏提出了所謂的赫布定律，試圖在微觀層面解釋學習和記憶的發生。

這個定律的內容很簡單：大腦裏兩個神經細胞同時被激發的話，它們之間的聯繫就會被加強。雖然這背後有很多約束條件，但是我們仍然可以這樣理解赫布定律，它就是微觀層面的「相關性學習」，兩個毫無因果聯繫的事件只要總是成對出現，我們的大腦就會建立起兩者間的聯繫。

而且，在漫長的自然進化歷史上，我們的大腦天然地關注相關性，很可能是對的。

讓我們假設一個場景：

一個原始人正在草原上追逐羚羊，這時候突然聽到了巨大的虎嘯聲。他應該怎麼做？

如果這個原始人是個巧合或者相關性的信徒，他估計會掉頭就跑。在他的邏輯裏，「巨大的虎嘯聲」和「附近出現老虎」這兩件事是會一同出現的，甚至是高度相關的。附近出現老虎是一件要命的事，

因此三十六計走為上策。

但如果這個原始人是一個死理性派，對於真實的因果關係特別在意，他的選擇就應該是不管不顧繼續追羊，或者停下來走向虎嘯的方向，看看究竟有甚麼。

因為如果嚴格探究因果關係的話，虎嘯本身並不一定説明老虎出現，更不意味着會要命。也許天上打雷、地下颳風聽起來像虎嘯呢？也許確實有老虎，但是它正在走開，根本不會來吃人呢？也許這只老虎生了重病，吃不了人反而成了原始人口中的美味呢？

但是我們也很容易想到，在人類數百萬年的進化史上，在地球生物數十億年的進化史上，能夠活下來繁衍後代的是巧合和相關性信徒而不是死理性派——後者很可能在一次次對真相的探究中葬身虎口。

因此，對於能僥倖活在今天的世界上賺錢玩耍帶孩子的我們來説，每個人都長着一顆對巧合和相關性信息異常敏感、對因果關係比較遲鈍的大腦。我們特別需要用這顆歷經億萬年進化打磨出來的相關主義大腦，不情不願地做個死理性派，小心翼翼地用人類獨一無二的理性，來看穿相關性的重重迷霧，看清相關性背後的因果關係。

如何才能發現真正的因果關係？

真正搞清楚因果關係，很難

很多時候我們不得不承認，即使知道了巧合、相關和因果性的區別，要想真的確認兩件事之間有因果性，往往也是很複雜的。仔細想想就會明白，與從巧合中判斷相關相比，從相關中判斷因果的難度要高得多。畢竟前者只需要知道兩件事總是或者很多時候會差不多同時出現就行了，所需要的無非是細緻的觀察和記錄；而因果關係很難直接被「看」到，甚至有時候人們自以為「看」到了因果關係，而它還不一定是真的。

舉個簡單的例子。數千年前，幾大古代文明的先民先後獨立發現了天象和氣候之間的關係，並用天文現象來指導農業生產。

古埃及人在尼羅河兩岸居住耕作，實際上尼羅河兩岸沙漠很多，土地很貧瘠。幸運的是，每年夏季尼羅河氾濫之後都會留下肥沃的河泥，古埃及人就可以在洪水退去後的土地上播種了。因此對於古埃及人來說，準確預測每年尼羅河水甚麼時候氾濫是一件非常重要的事。

早在公元前 4000 年左右，古埃及人發現，在太陽和天狼星同時從地平線上升起那一天之後沒多久（7 月中），尼羅河水就會開始氾濫，農夫們就得開始做好播種、耕作的準備了。顯然，古埃及人並不知道太陽和天狼星一起升起（偕日升）與尼羅河氾濫兩件事之間到底有沒有因果關係、有甚麼因果關係，他們只是單純地觀察到兩件事之間的高度相關性而已。

古埃及人試圖用因果關係來解釋這個現象，提出了千奇百怪的理論。比如，一種流傳甚廣的理論說，太陽是白天最亮的星，而天狼星

是夜晚最亮的星，兩顆最亮的星同時出現就會給世界帶來光、熱和洪水。顯然，在這個理論裏，他們把太陽和天狼星一起出現當作帶來洪水的原因。

到了今天，天文學家告訴我們兩者之間完全沒有甚麼因果關係，說白了，兩者都是地球公轉的結果。「地球公轉」這句話說起來簡單，背後支持它的是人類上千年的科學積累：對春分點和冬至點的測量，對地球形狀的認識，對地心說和日心說、萬有引力、地球公轉的軌道計算……

換句話說，從認識到天狼星偕日升和洪水氾濫之間的相關性，到認識到兩者和地球公轉之間的因果性，經歷了整個人類文明數千年的不懈探索。

搞清楚因果性，有時候就是這麼困難！

搞清因果關係的常用方法：對照實驗

前面講的尼羅河的例子，歷史跨度比較大，對於我們關心的生活中的多數事情而言，搞清楚因果性不會困難到這個地步，因為我們還可以借助一個常用的方法——對照實驗。

舉個簡單的例子。如果我們想知道常吃脂肪含量很高的食物會不會發胖，一個簡單的做法是，養兩群小老鼠，一群天天吃芝士，一群仍然吃平常吃的食物，比如糧食、堅果等。如此這般過上一個月，比比誰更胖。如果前者確實更胖，那麼我們可以比較放心地說，常吃芝士確實會讓小老鼠發胖。在這個簡單的實驗裏，吃常規食物的小老鼠就是對照組，可以作為基準，幫助我們判斷吃芝士會不會影響小老鼠的體重。

對照實驗的精髓在於，除了食物，其他各方面的條件，比如老鼠的年紀、性別、遺傳背景、實驗開始前的體重、飼養環境、溫度、濕度、光照、噪聲等都需要嚴格保持一致，這樣我們才能放心地判斷，如果兩組老鼠的體重真出現了區別，只能是因為在實驗過程中吃到的食物不同。

這一整套對照實驗的邏輯可以用來作為思維實驗，幫助我們判斷生活中很多事情到底有沒有因果關係。

我們來假想一個場景：平常的早晨，你總是出門去路邊攤買兩條油條、一杯豆漿填飽肚子再上班，今天攤主未開店，你買不到了；於是去星巴克買了一杯美式熱咖啡，外加紅豆鬆餅。結果中午的時候，老闆突然跑過來宣佈你下個月加薪 50%。這到底是巧合還是星巴克是你的幸運星？你可以下周再買一杯熱美式加紅豆鬆餅試試看。如果還能加薪 50%，那你也許值得嚴肅對待一下兩者之間的因果性；如果沒有的話，那至少你還能吃上最愛的早餐，也不算虧……

當然了，真正的對照實驗顯然不是用來讓我們開玩笑的。可以毫不誇張地說，我們當中的每一個人，之所以能活到此時此刻讀到這段話，都是拜對照實驗所賜。因為今天市場上所有的藥物，從抗生素、感冒藥到抗癌藥、降糖藥，都需要經過對照實驗的檢驗才允許上市銷售，保護我們每個人對抗無處不在的病痛威脅。

在現實中，對照實驗的操作過程要遠比這幾個例子複雜得多，但無論它有多複雜，至少要做到兩點——隨機和雙盲，以排除其他干擾因素。

（1）隨機

僅僅怎麼把病人分成兩組就是一門學問，首先，一定要保證病人

數量足夠多，分組分得足夠公平才行。假如把病情比較重的都分到不吃藥的一組，病情比較輕的都分到吃藥的一組，那不管藥物本身有沒有用，後面這組可能都能活得長一些。還有，我們知道人類個體之間的差別非常大，種族、年齡、性別、體重等都會影響藥效，家庭經濟情況、教育程度等這些看起來毫不相關的因素也有可能產生影響（比如，家裏比較有錢的，病人的營養條件會好一些）。要想把這些人分組分公平，也挺傷腦筋的。

（2）雙盲

人類特別麻煩的一點是會「自行腦補」——學名叫安慰劑效應。很多人就算其實吃的是澱粉做的假藥，也會自行腦補出很明顯的治療效果來。同樣，如果負責治療和發藥的醫生事先知道誰吃的是真藥、誰吃的是安慰劑，那就很有可能下意識地在語言、行為、態度上表現出差別來。因此在做藥物測試時，很多時候還必須保證，不管是病人還是醫生都不知道吃的究竟是真藥還是假藥——所謂的雙盲實驗。這麼一大套整下來，如果一種藥物仍然能讓病人吃了以後活得更好、活得更長，它才會被允許進入醫院和藥店。「張伯伯吃了 XX，病就好了」、「YY 裏富含 ZZ，吃了肯定好」這樣的經驗，先不管它是不是有事實基礎，都是不能用來指導藥物開發的。

用藥物開發做例子，我希望介紹的是，如何從茫茫的巧合和相關中尋找到確鑿無疑的因果性。在真實世界中，有太多的明顯或隱藏、立竿見影或潛移默化的因素能夠對事件的發生產生影響，當我們看到兩件事同時出現時，千萬不要立刻腦補出它們之間的因果關係，要讓我們愛巧合的大腦做一點找因果的思維練習！

思維小練習

瞭解了這麼多相關關係和因果關係，下面我們一起來做兩個小練習。

第一個小練習：研究表明，按時吃早餐的孩子在學校各種測試中表現更好。我們知道，早餐主要是牛奶、雞蛋、穀物這些東西。那麼，這項研究是否說明，多吃牛奶、雞蛋、穀物會提高孩子的學習能力？為甚麼？

第二個小練習：研究表明，人均 GDP 愈高的國家，癌症發病率和死亡率往往愈高。這是否說明經濟條件的改善更易引發癌症？為甚麼？

這裏我可以給出一個參考答案，而實際上可能會有許多種回答。大家有興趣可以一起試試看。

第一個問題的答案是：不一定。比如一個可能性是，生活較有規律的家庭，孩子會按時吃早餐，而規律的作息時間同時有助於提升孩子的學習成績。在這個可能性裏，規律作息是按時吃早餐以及學習成績好的原因，而吃甚麼早餐與學習成績之間沒有因果關係。

第二個問題的答案是：不一定。比如一個可能性是，人均 GDP 愈高的國家，醫療水平愈高，人均壽命愈長，而年齡愈大的人患癌症的概率也愈大。因此在這個可能性裏，經濟條件的改善不是癌症發病率升高的原因。

有沒有找到點感覺？在巧合和相關背後起作用的，不一定是我們的大腦默認的因果關係，很多時候，只要我們認真想一想，還是可以讓這顆相關主義大腦工作得更理性的。不是每個人都需要做科學家，

但懂一些科學思維，可以幫助我們撥開眼前的層層迷霧，更清晰地看到事物的本質。

教育百寶箱
- 訓練孩子的思維恆常性 -

　　甚麼是思維恆常性呢？舉個例子，當杯子中的水倒出來一部分的時候，大人不會認為是水的量減少了，而是一部分水被轉移到了別處；或者當我們走近一個物體時，物體並沒有變大，而是因為觀察距離縮短了。思維恆常性指的是，當客觀條件，比如大小、顏色、形狀發生改變時，知覺印象還能保持穩定。

　　事實上，學齡前兒童一般只能關注一個維度，比如形狀、大小、數量。怎樣讓孩子建立起多個維度的連接呢？我們向大家介紹一個簡單實用的小教具——黏土。黏土遊戲能讓孩子同時關注多個維度，為推理和抽象思維能力的形成做準備。這裏分享幾個小遊戲。

　　第一個小遊戲：看看形狀與大小。用黏土做一個球，觀察它的形狀和大小，感受它的重量；接着把球拍扁，讓它變矮、變胖。也可以把黏土捏成一個圓柱，再搓成更細更長的圓柱。不妨引導孩子看看，雖然黏土的形狀變化了，重量卻沒有改變，也就是說，黏土沒有增加或者減少。

　　第二個小遊戲：看看數量與大小。孩子們還可以將一個大的黏土球拆分成大小不一的多個黏土球，數一數變化前後的數量。孩子將知道，雖然數量改變了，個體的重量減少了，但總的重量是不變的。

　　生活中，家長不妨和孩子一起包餃子，這是一個訓練思維恆常性的最實用的情景。通過把大麵糰變成小麵糰，再變成餃子皮和餃子的過程，孩子多個維度的感知能力會有所提升。

17

科學家爸爸這樣回答
孩子的「十萬個為甚麼」

我們一起學習了對孩子和大人都非常重要的科學思維，現在再來講一些培養科學思維的具體方法。

凡是帶過孩子的爸媽都知道，孩子到了兩三歲以後，追問「為甚麼」就成了的日常。對甚麼都好奇、都感興趣的寶寶當然是爸媽的心頭好，但是説真心話，能完美處理「為甚麼」的爸爸媽媽可能不會太多。這倒不能怪我們——很多時候，孩子們的「為甚麼」簡直無窮無盡，而且能從我們完全意想不到的角度冒出來！

在我這個科學家爸爸看來，「為甚麼」這個問題非常特別。

「為甚麼」，看起來和很多同樣來自孩子們的問題長得差不多——比如，「這是甚麼？」「我們在哪兒？」「現在幾點了？」「出甚麼事情啦？」以至於新聞學、教育學乃至警察破案的過程中經常會把它們相提並論。比如大家可能聽説過，新聞學理論裏有個著名的新聞五要素，即新聞的 5 個 W（Who, When, Where,What and Why，即誰、何時、何地、何事與為何）。有時還會加上一個 H（How，如何）。

但是仔細想想，「為甚麼」（即為何）這個問題和其他幾個 W 有着非常深刻的區別。

　　一個最顯著的差別可能是，其他四個 W 都是可以通過觀察得到直接回答的──小朋友們在很小的時候就可以告訴爸爸媽媽，「剛才我在公園裏和三個小朋友一起玩捉迷藏了」，或者「昨天下午茜茜老師批評了樂樂」。

　　在這些描述裏，Who（小朋友、老師、樂樂）、What（玩捉迷藏、批評）、Where（公園裏）、When（剛才、昨天下午）都是可以直接觀察到的，而「為甚麼」就不是觀察本身能解決的。

　　說得嚴肅一點，在問出這個問題的一瞬間，我們就知道，我們的寶寶已經在關注世界萬事萬物背後的聯繫和邏輯了。

　　比如上面兩句簡單的陳述，如果非要追問一個「為甚麼」，那麼答案可以是基於個人動機的，比如「我就是喜歡到公園裏玩」；可以是基於事件順序的，比如「我在公園裏碰到了他們，於是我們決定一起做遊戲」；也可以是基於因果關係的，比如「因為樂樂跳舞的時候偷懶了」。其實，這也是與其他的「W」問題相比，「為甚麼」這個問題最讓年輕的爸爸媽媽們覺得印象深刻（不管是高興還是頭疼）的原因。

　　因為這個問題，用時髦的說法，就是一個開放結局、多線程、需要反復動用邏輯判斷和價值判斷的複雜問題。

　　說來有趣，我們整個人類的文明史，其實可以看成是反復追問「為甚麼」的歷史。

　　今天我們已經知道，在生物學範疇裏，人類的遺傳物質與我們的近親黑猩猩、大猩猩相差無幾。經過反復訓練，人類的這些親戚甚至還能掌握人類引以為豪的語言（當然是通過手勢實現的）和文字、使用貨幣、表達抽象概念，以及製作工具。能夠認識到「我」的存在（自

我意識）的動物，除了人還有長長一串：黑猩猩、大猩猩、海豚、鯨魚、大象……如果說具體的智力功能，人工智能在各種棋類項目上已經完勝人類高手，即使在諸如德州撲克和星際爭霸這樣的複雜決策行為中的表現也開始出現爆炸式發展。如果我們堅持要選一個客觀指標，給人類這個萬物之靈一個心理慰藉的話，我會選提出「為甚麼」的能力。

　　這個問題，代表的是人類對現狀的不滿足，代表的是我們對萬事萬物背後隱含邏輯的永久追逐。

「為甚麼」這個問題，都是怎麼回答的？

當孩子問「為甚麼」，該如何回答呢？

讓我們的視線先離開一個個具體的孩子，看看整個人類如何回答「為甚麼」吧！

在整部人類文明史上，我們的祖先們嘗試過用各種各樣的方式來回答「為甚麼」這個問題。為了方便討論，我把這些方式粗略地歸納成四種：不可知式的、宗教式的、道德式的和科學式的。

1. 不可知式的回答

先來說說不可知式的回答。對於一個「為甚麼」問題，答案往往是：「對不起，這個問題超出我的能力範圍。比如，你問太陽為甚麼東升西落」。哦，實際上這超出了全部人類的認知和能力範圍，因此，我不知道。

很明顯，這個回答的內涵是，我們人類作為一群可憐卑微的小生物，就不要妄想認識這個複雜神秘的世界了。接受現實吧。這世界就是這個樣子的。

2. 宗教式的回答

宗教式的回答呢？對於一個「為甚麼」問題的答案也許是：「這一切都是神的旨意。」比如，你問為甚麼人會死，或者為甚麼國王可以住在皇宮裏。這個回答的內涵是，世界上大多數事情都是一種超自然的神秘力量為我們安排好的，我們人類服從就是了。

3. 道德式的回答

道德式的回答也許是：「這個問題不在我們的世界／話語體系裏，你壓根不應該提出這樣的問題。」比如，如果你問為甚麼會有月食，或者為甚麼春天野草會發芽。這個回答的內涵是，一個事情如果超越了我們能夠理解的範圍，你壓根就不該對它產生任何想法。

好奇心是有罪的。

你可能會說，怎麼說着說着變成哲學討論了？

其實不是。現在我們回頭想想，當孩子問「為甚麼」的時候，我們有多少次在試圖用不可知式的、宗教式的、道德式的回答來應付他們？

「為甚麼天冷水會結冰啊？」

「很正常啊，冷了各種東西都會結冰，它從來就是這樣的。」——這是不是一個不可知式的回答？（這裏面即使有規律，按你的智力也不可能理解，放棄吧。）

「為甚麼不刷牙嘴巴裏會長細菌啊？」

「不刷牙嘴巴裏有糖，細菌吃了糖就會長得很快了。」

「為甚麼細菌吃了糖就會長得很快啊？」

「世界上有很多厲害的科學家，這是他們研究發現的。」——這是不是一個宗教式的回答？〔有些神秘力量（科學家）早就把這事兒安排好了，聽他們的沒錯。〕

「為甚麼爸爸和媽媽在一起就會生寶寶啊？」

「小孩子問這麼多幹麼？！」——這是不是一個道德式的回答？
（這個問題先不說答案是甚麼，你壓根就不應該表示出興趣。）

那麼，你說說看，一個不可知式的、宗教式的、道德式的答案，
到底哪裏不好？

認真說起來，這樣的回答沒甚麼不好的。實際上，我們人類的千
萬代祖先，正是靠着這樣的回答帶給他們的精神滿足和感情支持，才
能在危機四伏、充滿神秘的世界上艱苦求存、生息繁衍。一個遠古人
要是隨時都在糾結這一切到底是為甚麼，有甚麼隱藏的規律和邏輯，
大概很快就會餓死或者被野獸吃掉了——而且他還不太可能在死之前
找到自己的另一半。

但是到了今天，這些回答就變得非常有害了。因為這三種回答，
都是在給人類的認知設定邊界，人為地給一個原本結局開放的、多線
程的問題設置了障礙。

一個障礙圈定了我們心智的活動範圍。在這個範圍之外，是人類
無法理解的永恆黑暗，又或者是你壓根不該關心的問題，請趕緊回頭。
另一個障礙則給出了問題的終極答案：這一切都是神或者某種神秘力
量的旨意，作為凡人請不要隨意懷疑和置喙。

4. 科學式的回答

能克服這兩個認知障礙的，是科學式的回答。

如果用一句話概括甚麼叫科學式的回答，我覺得也許是這樣的：

「為甚麼？」

「我不知道。但是我們可以知道，我們必將知道，我們必須知
道。」

當然了，估計沒有爸爸媽媽會真的教條到用這句約等於甚麼都沒說的廢話，來「搪塞」孩子們的「為甚麼」。但是從我這個模板的回答裏，大家也許可以發現，科學式的回答有兩個鮮明的特性，迥異於不可知式的、宗教式的、道德式的回答。

第一，在科學式的追問和回答中，沒有人為設置的活動範圍。

世界上沒有甚麼問題是不能被問的，也沒有甚麼問題是不應該被問的。水為甚麼結冰？天空為甚麼是藍色的？吃糖為甚麼會蛀牙？只要它涉及世界上確實存在的事物，就是一個好問題。問出這個問題的人，值得得到一個有意義的回答。

第二，在科學式的問答中，沒有絕對的權威，沒有無所不能的神（以及他們人間的代言人），準備好了所有問題的現成答案。

面對「為甚麼」的追問，我們的第一反應是「不知道」。而如果有一個人敢說「知道」，他收穫的一般也不是鮮花掌聲，而是懷疑。（「他憑甚麼說他知道？」）只有當一個聲明得到反復的邏輯梳理和實驗檢驗，我們才會開始覺得，哦，看來這個問題確實可以「知道」。

那為甚麼科學式的回答會有這三種傳統方式沒有的力量呢？

有一個流傳甚廣的調侃博士的漫畫，可以很好地回答這個問題。

首先，假設我們已知的知識體系是一個圓。

隨着一個人從小學、中學到大學，他會逐漸掌握圍繞圓心的一小部分知識（大學裏會有一定程度的初步的專業化）。一般而言，這些知識積累足夠讓他安全地生活在這個世界上，找一份穩定的工作，安居樂業。

然後，一小部分有興趣繼續探索人類知識邊界的人選擇了讀博

士，他們選擇了一個異常狹窄的知識領域，在此領域繼續學習，最終在某個時刻到達了邊界。也就是說，在此時此刻，沒有人比他更瞭解某個非常專業的話題。

接下來，革命性的時刻到來了。在長達數年的思考和工作、失敗和反復之後，他朝着邊界外走了一小步。他可以自豪地宣稱，自有人類以來，這是人類心智發展的歷史上，第一次有人把足跡踏上曾經被黑暗籠罩的蠻荒之地。

到了這個時候，一定會有人在暗中嘀咕：這有甚麼了不起？有甚麼用？誰關心啊？沒錯，如果看看全景，我們都知道這一步也許微不足道，很可能無人問津。

但是作者用一個催人淚下的神轉折結束了這個故事。走出這也許微不足道、很可能無人問津的一小步，是唯一一種能夠在未來拯救他的小兒子的方法！

原來，作者的兒子得了一種非常罕見的遺傳疾病。在他創作這組漫畫的時候，我們甚至不知道這是一種怎樣的疾病，是甚麼原因引起的。

「我不知道。但是我們可以知道，我們必將知道，我們必須知道。」

帶着這句回答，在過去的幾百年裏，我們離開了神話和宗教編織的舒適的搖籃，放棄了不可知論和道德感帶給我們的精神滿足，開始過得膽戰心驚，一次又一次地承認自己的渺小和無知。但是，這卻是唯一一種能夠讓我們獲得全新的知識，並且用它去改變自己和世界的辦法。

對於「為甚麼」，一個科學家爸爸的回答

讓我們把視線重新聚焦到孩子身上。面對孩子們喋喋不休的「為甚麼」，科學家爸爸式的回答是怎樣的呢？這裏分享的是我個人的經驗。

1. 承認無知

很多爸爸媽媽在回答寶寶問題的時候，會儘可能給出一個確定性的答案。如果自己不知道，還會在互聯網上、書本裏找，希望能解答寶寶心中的困惑。根據上面的討論我們已經知道，只要不停地追問「為甚麼」，或早或晚，一個好奇寶寶就會觸及人類知識的邊界，而且這個邊界會到來得非常快。

人類目前的知識體系還是相當粗陋狹窄的。就算是太陽為甚麼會發光，我們發燒為甚麼會覺得冷，人類為甚麼會有頭髮，這些看起來每個寶寶都會問的問題，較真起來，我們還真沒有甚麼非常可靠的答案！

但是這沒有甚麼可怕的，承認自己的無知，承認整個人類的無知，正好是探索和發現的原動力。哪怕是真的要從書本或者互聯網上尋找答案，何妨帶着自己的孩子一起呢？這對他們來說，答案並非從天而降，也不是來自某個無所不能的先知，而是跟自己的爸爸媽媽一起，從「不知道」走向「知道」。

2. 提出想法

還有，別輕易給出答案，哪怕這個答案在你看來非常淺易。你一定不希望，在孩子心目中或多或少扮演了一個無所不知、無所不能的

終極權威或者上帝的角色吧？我們說過，科學式的問答本質上是一個「承認不知道→宣稱知道→懷疑和檢驗知道→進一步知道」的過程。和孩子做做這樣的遊戲是件挺有挑戰的事情。有時候不妨反問一句：「你覺得為甚麼呢？」你會聽到許多匪夷所思的回答。

「為甚麼天是藍的啊？」、「因為地球外面套着一個藍色氣球。」

「為甚麼水會結冰啊？」、「人冷了會凍僵的。水也凍僵了。」

⋯⋯

在感受童言無忌的同時，我們是不是也可以想想這些腦洞大開的回答背後是怎樣的思維方式呢？

3. 懷疑和檢驗想法

最後，在合適的場合，也許我們可以帶着孩子一起，對自己的想法進行懷疑和檢驗。當然，這不是建議大家都去裝備一個現代化的實驗室。這項工作完全可以是純思維的。

比如說，「眼睛為甚麼能看到東西？」對於這個問題，如果我們猜測一個答案，「也許是因為眼睛能發光，照亮東西」，那麼一個簡單的推理就可以推翻它：既然如此，那麼在一間窗簾緊閉、沒有燈光的房間裏，我們應該也能看到東西啊？

這項工作當然可以讓爸爸媽媽和孩子們一起着手。比如，如果我們真的想看看，「吃糖為甚麼會長細菌」，就可以和孩子一起做個簡單的小實驗。

最近我和女兒就動手做了這麼個小實驗。我們一起準備了簡易的細菌培養基（其實就是糖水加上瓊脂粉），然後女兒用小舌頭舔了舔

培養基，幾天之後，在有糖水的培養基上果然長出來了小小的細菌菌斑，而沒有糖水的培養基則甚麼都沒有！這就可以説明細菌生長是需要糖的。

當然，不可能每個天真地問着「為甚麼」的孩子，都會親自去探索——沒有必要，也不值得鼓勵。但是別忘了，數百年來我們的科學探索就是沿着這樣的邏輯走過來的。它可能永遠無法戰勝宗教式、道德式的回答和自我安慰，也從未嘗試過取代藝術、取代感情、取代人類的傳統生活方式。但是毫無疑問，是它讓我們更深刻地理解自己和自己所處的世界，讓我們登上月球飛向宇宙，讓我們發明出戰勝疾病的方法。

所以，好好珍惜孩子們每一個天真的「為甚麼」吧，在提問的那一刻，他們代表的是我們整個人類最獨特、最珍貴的精神。

教育百寶箱
- 擁有一個問題記錄本 -

　　伴隨着關注點從自身擴展到其他生命、地球，甚至是宇宙，每個孩子都會經歷「十萬個為甚麼」的階段。有些問題，家長無法回答，後來就被遺忘了。有些問題，孩子一下子無法理解，需要反復學習。這就需要家長準備一個本子，把問題記錄下來。怎樣使用這個本子呢？

　　首先，記錄下孩子的問題、日期以及提出這個問題的情境。比如，孩子在看卡通片的時候想知道，我們為甚麼要吃糖。家長不要急於給出標準答案，可以先詢問孩子對這個問題的解釋或者猜測。

　　然後，日後遇到可以解釋這個問題的情景時，重新提出這個問題。比如，孩子餓的時候，可以建議他吃一顆糖，感受一下前後的變化。孩子就會瞭解，糖可以為我們提供能量，讓我們不再感覺餓。這時，在這個問題的條目下記錄孩子的收穫和日期。

　　這些步驟可以反復進行。比如，孩子在不開心的時候吃一顆糖，可以瞭解糖能使我們感到愉悅；聽繪本故事，孩子可以瞭解蛀牙發生的原因，明白過量吃糖的危害。通過豐富的角度和答案，孩子就可以全面地學習到糖的利與弊了。

　　最後，家長同孩子一起回顧問題，可以清晰地看到孩子對於一個問題，從無知到全面瞭解的探索過程和時間軸。

18

用遊戲打開科學大門，養出講理性、有邏輯的孩子

　　我們講了如何應對孩子的大問題——「為甚麼」，借用「為甚麼」這個思考的契機，打開科學思維的大門，現在我們講講，如何巧用遊戲，養成講理性、有邏輯的孩子。

　　前面我們說過我眼中的科學教育，包括技能、知識、方法論和價值觀。有些爸爸媽媽忍不住叫苦：我們又不是科學家，知道了思考方法，也沒法直接用到孩子身上啊！看書看電視，那裏面又只有孤零零的知識點！難道為了給孩子講點科學知識，讓他學點科學方法論，感受一點科學價值觀，還要上天入地，把家變成實驗室才行嗎？

　　其實，學習科學方法論和價值觀，並非得有高大上的科學設備。很多時候，甚至連具體的科學知識都不需要！只要掌握一些小遊戲，就能在生活中隨時隨地培養孩子的科學思維。

遊戲 1：巧問「為甚麼」

我們已經説過，回答「為甚麼」的不同方式，代表着我們看待未知問題的態度。承認自己的無知，用積極的心態和手段去探索答案，對找到答案有充分的信心，這本身就是科學的一部分。當我們和孩子一起閱讀科學書、看科學視頻、聽科學故事、複習科學課作業的時候，我們也可以自己變成問「為甚麼」的一方。

在我家，由大人發起問「為甚麼」，是很常玩的一個遊戲。

我家有很多關於人體構造的科學書，我和女兒一起看過好多個不同版本的故事，關於皮膚、肌肉、骨骼、消化、循環、神經等各種人體器官和系統的構造，孩子都不陌生。

那如果我們來問個「為甚麼」呢？

為甚麼説心臟是循環系統的一部分，是驅動血液流動的？心臟為甚麼不是思考的器官？（要知道，亞里士多德還相信，心臟是智慧的來源呢。）

為甚麼説食道下面連接着胃？我們沒有裝透視眼鏡，也看不到身體裏面的食道和胃啊？

如果借用這些為甚麼和孩子來一番科學的探討和爭論，是不是非常有意思？也許我們之間的討論和科學史上發生的真實過程相距甚遠，這並不重要。重要的是，在一個個「為甚麼」裏，我們能接觸到科學探索的方法和邏輯。

比如，我們當然沒法親眼看到人體跳動的心臟如何驅動血液，沒法親眼看到活人體內的食道和胃怎麼連接，但是不是有甚麼方法獲知真相呢？

　　科學家和醫生是不是可以通過解剖屍體來進行觀察？如果在已經死去的人的體內，心臟這個器官通過一些小管道和血管相連，食道的末端連接着胃，那是不是可以推測活人體內情況也是類似的？

　　科學家們是不是可以用動物做實驗？例如看看狗啊，豬啊，兔子啊，這些動物體內心臟和食道的位置和結構，來幫助我們推斷人體？如果這樣做的話，科學家首先需要做怎樣的假設呢？

　　除了結構，我們是不是也可以用別的辦法推測心臟的功能？如果心臟確實是泵血的，那麼如果一個動物沒有了心臟，它會怎樣？如果用藥物讓心臟跳動變慢，我們可以觀察到甚麼？

　　很多時候，我都不知道自己的回答和真實世界的科學家的方法是不是一樣，這其實不重要。單單從邏輯上，有時候反而能推出特別有趣的事情來。所以說，真相是甚麼並不重要，重要的是我們在教給孩子怎樣的方法，幫他們一步步地接近真相。而「為甚麼」遊戲，就是打開真相大門的鑰匙。

遊戲 2：分類

説起分類，你也許會説，「分類」有甚麼了不起的？把玩具按照顏色分類，把垃圾按照能不能回收分類，這是孩子早就會的事情啊！

説真的，這個看起來平淡無奇的詞，可以説是所有科學分析的基礎了。

把地球上的生物按照物種分類，再把上百萬的物種按照植物、動物、細菌等分類，是整個生物學研究的基礎。而且這樣的分類還伴隨着生命科學每一次的重大進展：植物和動物的分類幫助我們理解光合作用，理解葉綠體，理解生命如何利用能量；細菌和高等生物（所謂真核生物）的分類幫助我們理解細胞的進化過程，理解複雜的細胞機器是如何形成的⋯⋯

同樣，對物質基本單元的分類是整個物理學的基礎。我們沿着這個路徑知道了構成世界的萬千分子，知道了元素週期表上的上百種獨特的原子，知道了構成原子的質子、中子和電子⋯⋯因此可以説，「分類」本身意味着我們對事物有了某種程度的觀察和總結，這種觀察總結可以非常粗淺，就像玩具的幾種顏色，但是這種思考方式無疑有着巨大的力量。

我經常會和女兒一起做分類的思想實驗。舉一個和女兒玩過的遊戲作為例子。

每週總有幾天，女兒從幼兒園放學後會到我辦公室來玩。這段時光我們倆都很珍惜，總是安排得滿滿的：去樓下草坪跑步捉迷藏、看書講故事、畫畫做遊戲、吃水果點心等。有一天，我建議女兒畫一個表格，總結一下我們倆在一起到底都做了甚麼。女兒就開始豎着手指數我們一起做過的事情。不過我的要求要更高一點，我希望她能總結

出我們做的幾類事情，而不是把每件事情單獨列出來——你看，這是一個很簡單的分類任務。

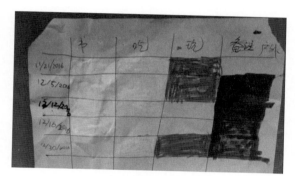

▲ 女兒做的分類表格

女兒做得很不錯，她的第一反應就是「吃東西」（果然是愛吃的孩子），然後她的想法是可以把事情分成在室外做的和在房間裏做的。嗯，按照地點分類當然是個好主意。那麼能不能繼續分呢？女兒又把在房間裏做的事情分成了「看書」和「玩」（果然是不喜歡學習的孩子）。

隨後我們就回頭想，是不是所有的事情都可以放到吃、戶外活動、看書和玩這四大類裏？好像是的。喝水、吃水果、吃蛋糕都可以算吃，捉迷藏、跑步或者在草坪上遙控無人機都可以算戶外活動。

接着我們又商量了一個計劃，用四種顏色分別代表四大類活動，然後記錄一下，看看是不是每次來爸爸這裏，都能把四類事情做一遍。在此後的幾周裏，女兒果然很開心地記錄了她在爸爸辦公室的活動，更有意思的是，如果她在記錄時發現哪一大類活動還沒有做，就會要求趕緊補上！

　　我覺得，這是一個很有意思的科學方法。雖然沒有物種或者粒子分類聽起來那麼「科學」，但是和把玩具按照顏色分類相比，它需要孩子更好地觀察自己周圍的事物，理解哪些事物是相似的，哪些有很大的區別。

遊戲 3：比較

可以看出，分類和比較是兩個相輔相成的科學概念。

分類往往來自比較——比較玩具的顏色，比較物種的形態、地理分佈和生活習性，比較質子和中子的質量和電荷。反過來，有了不同的類別，就能幫助我們看到某些被忽視的差別——比如，知道了熊和大熊貓是不同的物種，我們就可以繼續分析兩者之間的食譜差別是甚麼原因導致的；知道了質量和電荷可以用來為微觀粒子分類，幫助我們找到了更多類型的微觀粒子。

舉兩個例子。

第一個例子，我和女兒一起，給一家四口的食譜分了類，不同的顏色分別代表肉類、蔬菜和主食。這麼一畫，誰吃飯吃得更健康、誰特別挑食，就一目瞭然啦！看了這張圖以後，女兒這樣分析：嗯，爸爸的特點是不吃主食，因為他想減肥；嗯，妹妹之所以每天都是紅色，是因為她還在吃奶，別的東西還不會吃。

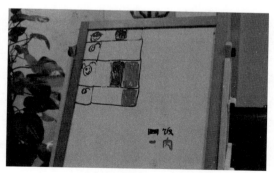

▲ 女兒畫的家庭成員膳食分析圖

　　第二個例子。有一天聊天，我希望女兒把在幼兒園一天的事情從頭到尾講給我聽。於是，她從早上進校門、放書包、下樓跳操、上樓洗手、喝水、吃點心開始，事無巨細地講了一遍（虧她記得住順序）。可是，這麼多事實在看不出甚麼規律啊！於是我們依樣畫葫蘆，把幼兒園的活動按照運動、吃、休息、上課、玩等分了幾類，女兒又按照時間順序畫了一個表格。

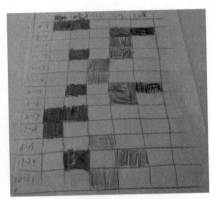

▲ 女兒對幼兒園活動做的分類

　　看到這個表格，你是不是會和我女兒一樣，馬上看到一些區別和比較？比如說，每天在幼兒園花時間最多的事情，是「玩」和「吃」，而「上課」和「睡覺」的時間比較短。這是為甚麼呢？一個簡單的解釋是：孩子們正在長身體，所以補充營養很重要；孩子們正是喜歡玩耍、活潑好動的年紀，所以最適合他們的活動就是玩了。

遊戲 4：聯繫

通過分類，我們知道了世界上存在幾種東西；通過比較，我們知道了它們之間的差別。那麼，我們自然也希望知道這些東西背後有沒有神秘的聯繫。

通過研究熊和大熊貓的基因，我們知道熊和大熊貓其實是「遠房親戚」，牠們有着共同的祖先，是漫長的自然選擇讓牠們適應了不同的棲息地，讓熊貓放棄了吃肉。

理解了這一點，我們才算真正開始理解物種形成的科學道理，理解為甚麼世界上有這麼多物種，理解物種之間的差別是如何形成的。

這樣的例子在生活裏比比皆是。

比如，我們都知道吸煙有害健康，而這一認識的起點是大家發現抽煙的人群肺癌發病率高——換句話說，是吸煙和肺癌之間的聯繫。我們知道燃放煙花爆竹會污染空氣，也是因為我們發現了放鞭炮和空氣質量指數之間的聯繫。

不過，錯誤的聯繫會干擾我們對世界的認識，比如說，每次地震之後都有人振振有詞地說事先看到了青蛙上大街、烏龜軋馬路或者地震雲，這就是他們錯誤地將一些不相干的事情聯繫在一起導致的。

再舉個例子。

2017 年冬天，杭州霧霾一度很嚴重，家裏時不時會討論空氣質量、身體健康之類的話題。有一天，我和女兒開始監測室內空氣 PM2.5 濃度的「課題」。每天，女兒會用手機裏的墨蹟空氣 App 檢測一下每個房間的空氣質量，然後看看我手機 App 上顯示的室外空氣質量，全部記錄下來，這樣一直堅持了兩周。

▲ 女兒完成的「大任務」——監測霧霾

然後，我幫她畫出了這樣一張柱狀圖。

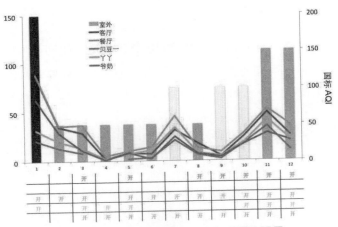

▲ 根據我女兒的記錄結果，我畫出了這張圖。

　　通過這張圖，是不是馬上可以看到許許多多的聯繫？我嘗試着引導了一下，女兒很快就看出了幾種有趣的聯繫。比如，室外空氣質量和室內空氣質量是不是一致，要高就一起高，要低就一起低？再比如，餐廳的空氣質量是不是總是最差，是不是和餐廳沒有空氣清新機有聯繫？我們甚至還發掘出一些更複雜的聯繫。比如，對於同一個房間來說，開不開空氣清新機似乎和空氣質量聯繫不是很大，這是否説明空氣清新機沒有甚麼太大的用處呢？找到這些聯繫之後，是不是可以回過頭來分析分析，室內空氣質量到底受甚麼原因影響？

　　本文介紹的四個遊戲，是我常常在家裏使用的培養孩子科學思維的科學方法，這並不需要掌握高深的技能，更不需要瞭解海量的知識，但是各種各樣的知識和技能，似乎都能放進去。在這些遊戲中，孩子有機會自己觀察周圍的事物，自己提問題，自己去分析，然後自己總結一些小小的「理論」，這不正是我們一直在聊的「科學」嗎？

　　當然了，想要培養講理性、有邏輯的孩子，所用到的科學方法論當然不止我上面提到的。比如説，對數字和數學概念的理解肯定是科學方法論裏很重要的一環。有了數字的概念，孩子才能對自己和爸爸媽媽的差別（體重、身高、年齡）有更直觀的理解，才能明白爸爸學校裏有一萬多個大學生是甚麼意思，才能估計出爸爸媽媽的工資能夠給自己買多少個樂高玩具。

　　再比如，我們前面講過，在聯繫的基礎上，區分相關和因果是特別重要的，不是有聯繫的事物就一定有因果關係，夏天雪糕的銷量很大，游泳淹死的人也很多，但並不是雪糕讓人溺水，也不是淹死的人特別喜歡雪糕！而是因為夏天太熱了，吃雪糕的人和去游泳的人都大量增加，天熱是吃雪糕和去游泳的因，不是游泳淹死人的因。理解甚麼是原因，甚麼是結果，甚麼是毫無因果關係的事情，對於孩子的思

維培養特別重要，對我們日常甄別信息也特別重要。

　　科學思維的養成有賴於日常的觀察、分析和練習，希望這四個小遊戲能為你教育孩子帶來一點啟發，在日常生活中隨時隨地地跟孩子玩起來。

教育百寶箱
- 觀察力養成的思維方法 -

　　科學家觀察事物時，總能發現一些別人注意不到的地方，並能提出有價值的問題。可見，觀察既是科學探索的前提，也是創造力的基礎。對孩子觀察能力的培養是一項長期的、有目標的、系統性的工程。培養觀察力的方法有哪些呢？其實跟我們提到的科學遊戲有點聯繫，是一套系統的思維方法。

　　我們以觀察花為例，給大家提幾條建議。

　　首先是比較：既可以比較同類的事物，比如月季和玫瑰，也可以比較不同類的事物，比如玫瑰和含羞草。比較的目的是發現事物的異同。我們需要注意引導孩子按順序比較。比如，可以先比較兩朵花的形狀、顏色，再深入細節，比較花瓣的形狀、葉片的紋路等。

　　其次是分類：通過比較，孩子對花的各個部分已經有了一定瞭解。我們可以做一個分類活動，讓孩子依據花朵的形狀、開花的季節等標準，對花進行分類；也可以不給孩子提供分類方法，讓孩子先自己做出分類，再詢問他們分類的依據。

　　最後是聯繫：通過分類和比較，有了類別的概念以後，孩子就有了思考事物原理的基礎。此時可以用問題引導孩子，比如，「為甚麼下大雨以後花會落呢？」、「為甚麼花不是黑色的呢？」有了長期觀察的習慣作為基礎，孩子就能夠排除其他因素的干擾，建立事物間正確的聯繫。比如，下雨後花凋落，不是因為水太多。因為平時即使我們澆很多的水，花也沒有凋落。那麼是甚麼原因呢？可以引導孩子說出他的結論。

19

從小帶着孩子做實驗，培養科學探索力

　　小朋友常常喜歡在家裏「搞點破壞」，比如找幾個瓶子來來回回地倒水，將紙片、樹葉等各種物品黏在一起，或者把各種各樣的東西扔得到處都是。這常常讓我們大人覺得頭大，「啊天哪！又要收拾了」。

　　當然，我們要聊的不是如何讓孩子收拾房間的話題。孩子的「小破壞」表面上看起來讓人頭大，而實際上，可能是他正在驗證他對世界的想法，是一次小小的科學探索！

　　那麼我們來講一講，為甚麼孩子要從小做實驗？當孩子躍躍欲試想做實驗的時候，我們怎麼幫他更好地實踐科學思維？雖然不一定能保證你家的整潔，但一定能幫你在孩子「搞破壞」的時候，把壞事變好事。

為甚麼孩子要從小做實驗？

「實驗」這個詞聽起來很高尚，讓你聯想起的可能是白袍、顯微鏡、各種溶液和試管……這些東西，真的跟孩子有關係嗎？

先説説做實驗這件事到底有多重要。

事實上，我們這一代人，即使在高中、大學裏，也沒有做過多少實驗。我們學習物理、化學、生物，就是聽課，然後做很多道題來應付考試。那些看書做題學來的知識，學得快，忘得也快。「紙上學來終覺淺，絕知此事要躬行。」沒有仔細思考，沒有做實驗驗證過的東西，我們沒法理解得很透徹。更讓人哭笑不得的是，學了很多年物理，卻連燈泡也換不好。學了一大堆理論，根本派不上用場。

當知識與實際脱節，就難逃被遺忘的命運了。

更大的問題是，只是通過看書、做題這種單通道的輸入，孩子會特別容易失去學習的興趣。學習最大的動力是求知，想想我們經歷的無數次考前死記硬背的磨煉，以及以後再也不想學那些東西的心情，作為家長，我們當然不希望孩子不僅遺忘了知識，還失去了興趣。

實驗，是從具體到抽象的橋樑，是從假設到驗證的探索，是培養孩子科學思維必不可少的一步，為甚麼這麼説呢？

原因有三點：

1. 做實驗讓孩子更有主見和判斷力，更不容易盲從

你一定知道著名的比薩斜塔拋鐵球的實驗。亞里士多德曾經斷言，兩個球從同一高度落下，重的那個會先落地。學過高中物理的你，肯定知道這是錯誤的，因為重力加速度與物體的重量無關。其實，只要在高處扔下兩個重量不同的鐵球，做一個實驗，就能證明這一點。然而，就是這樣一個簡單的實驗，一千多年來卻沒有人做過。這是為甚麼呢？因為人們盲目地相信亞里士多德這樣的權威人士。如果人人都有實驗思維，不迷信權威，有疑慮的時候自己動手試一試，就不會緊緊抓着錯誤理論不放了。

2. 做實驗能讓孩子更有洞察力

相信大家都看到過小孩子觀察螞蟻，趴在地上，一動不動，似乎天塌下來了也不會影響他的觀察。這是不是説孩子天然地有觀察的能力呢？是的，孩子天然地能注意到很多細節，也對細節充滿了興趣，但純粹出於直覺的觀察是遠遠不夠的。

做實驗的時候，孩子除了要全面地、系統地觀察現象，還要有目的地觀察。比如從簡單的影子裏，發現月食的成因；從生活中不起眼的現象裏，發現宇宙、自然的奧秘。我們常説的「見微知著」，講的就是這個道理。

雖説「孩子是天生的科學家」，但從孩子到科學家，還有一條漫長的路，而帶孩子走過這一條漫漫長路的，正是做實驗。通過做實驗，孩子可以逐步養成像科學家一樣「大膽思考，小心求證」的習慣。

3. 做實驗能幫助孩子理解抽象概念

發展心理學的研究表明，三四歲的孩子還處在觀察和感知這個世界，與周邊事物逐步建立聯繫的階段。他們還不能理解抽象的物理概念，這就需要我們利用小實驗，讓孩子借助視覺、聽覺、觸覺等多個感官，去感知、理解抽象概念。

比如説，「密度」是一個很難解釋的概念，不像重量和體積，能夠直觀地看到。怎麼讓孩子感知密度呢？

我們可以做下面這個實驗。先在一個透明容器裏依次倒入蜂蜜和油，再倒進去水。過一會，三種液體並沒有混合在一起，而是分成了三層。這是因為三種液體的密度不一樣。這樣，「密度」這個概念就變成了容器裏的上下幾層液體。抽象的概念變得具體了。

再比如説，我們看不見的空氣也是有力量的，但怎麼才能讓孩子感覺到呢？我們可以做一個簡單的實驗，把一張紙揉成紙團，另一張紙保持原樣，讓它們同時從同一高度落下。通過引導孩子觀察，我們會發現，紙團比紙張更早落到地上。紙張則在空中飄飄蕩蕩，這種曲曲折折的運動軌跡很好地展現了空氣對它的阻礙，看不見的空氣的力也變得能看見了。

類似的實驗還有很多，大家不妨在生活中留意一下。對於孩子沒法理解的一些概念，我們不必要求他們明白，也不必試圖和他們解釋。做個小實驗，把這些概念變成一個個生動的畫面、聲音，孩子會更容易理解，逐漸建立起抽象思維，理解事物的本質。

該如何培養孩子的實驗思維呢？

學齡前的孩子想要自己動手設計一個實驗，還是有難度的；因為他們的認知發展水平有限，還不太可能完整地自己設計對照組，分析並得出結論。帶孩子做實驗，從來就不是為了按部就班地完成完美的實驗，而是為了通過做實驗，培養孩子的實驗思維。

我們上學的時候都或多或少地做過實驗，大致知道做實驗包括發現問題、提出假設、設計並完成實驗、分析和得出結論等幾步。不過，你可能會問，做實驗與實驗思維有甚麼關係呢？為甚麼實驗能夠培養孩子的實驗思維呢？如何才能培養孩子的實驗思維呢？下面以幾個很簡單的實驗為例，說說這個問題。

1. 提出問題

這可以說是實驗裏最重要的一步。

實際上，我們學習科學，並不是為了記住確定的、前人發現的科學知識。科學的發展已經遠遠超出了我們的理解範圍，甚至兩三百年前的很多理論，對大多數人來說都異常艱澀難懂。我們做實驗，是為了嘗試探索的過程，利用觀察、實驗而不是查閱資料獲得信息。對於孩子而言，一個很好掌握的方法就是問「為甚麼」。

只要在觀察到的現象前面加上一個「為甚麼」，這個現象就被激活了，就變成了一個值得探索的問題。

2. 提出假設

在前面，我們說過，訓練科學思維的一個方法是因素分析，也就是分析影響一件事情的幾個因素，以及每個因素所佔的比重。

在實驗中提出假設這一步就是一個很好的鍛煉機會。比如說，我們從冰箱裏拿出一些冰塊，和孩子一起探索一下冰塊為甚麼會融化。實際上，光的強弱、溫度、壓力，還有冰塊的形狀等這些常見的因素都有可能使冰塊融化。這個時候，我們可以問孩子：「你覺得冰塊的形狀會不會影響冰塊融化呢？你能具體說說甚麼形狀化得快，甚麼形狀化得慢嗎？」通過提問，引導孩子關注影響事件結果的各種因素，這種思考的過程其實就是提出假設。

3. 分析數據

在做完實驗之後分析相關數據，聽起來很難，其實是在鼓勵孩子分析一個現象背後的很多原因。通常，我們會想當然地認為只有溫度會影響冰塊的融化。如果我們通過實驗設計，去研究和對比，嘗試提出問題，還有沒有別的因素也會影響呢？我們會驚奇地發現，大小、形狀、顏色等似乎對冰塊的融化也是有影響的。也就是說，做實驗不是為了驗證已知的事情，而是挑戰我們的成見，不斷地深入瞭解事物。

這種訓練做多了，孩子就會慢慢地形成一種物理直覺，借助物理直覺，孩子能更準確地找到事件背後的諸多因素，還原事件的始末，而不是只靠自己的原始直覺。

4. 幫助孩子實現思維的升級

所謂從原始思維到理性思維，就是實現從定類、定序思維，到定距、定比思維的飛躍。

那麼在實驗中怎麼鍛煉這種能力呢？舉個例子，我們想研究一下，不同環境下，植物的生長狀況有甚麼不同。當然，如果差別足夠明顯，我們用肉眼就很容易看出植物生長的好壞。可是，更具體、更

細節的生長差異怎麼測量呢?這就需要我們自己定義幾個標準。

比如,我們可以嘗試測一測黃葉子增加的數量、葉片的總量、植物的重量、葉片的面積等。當然,有些判別方法可能不那麼精確。不過在嘗試制定標準的過程中,孩子就已經慢慢走出了粗略地比較好壞的階段,向定量化的思維前進了。

帶孩子做實驗，有哪些需要注意的呢？

前面分析了帶孩子做實驗的好處和如何培養實驗思維，你是不是還有點困惑？做實驗這種事我自己都搞不太明白，或者以後上學時，老師會教的吧？其實，重要的不是讓孩子做實驗，而是在鼓搗物品的時候生發出來好奇心和探索力，這是科學的原動力。

其實，我們很難直接教給孩子所有的知識，他們的提問可能很快就觸及我們的知識邊界。甚至，他們正在探索的、思考的問題，可能是一個新鮮的、成年人完全沒有想過的問題。

因此，找出問題的答案並不是最重要的事，我們的角色應該是一個引導者和幫助者，小心呵護孩子的好奇心，鼓勵他們獨自探索這個世界。

所以保護孩子的探索精神，第一點是充分信任孩子，給予他們足夠的時間、空間。

允許他們弄亂屋子，或者做一些拆東西之類的「破壞」活動。在他們專注地玩一個玩具、和小朋友們玩耍，或者做一些在我們看來無法理解的事情時，打斷會破壞他們的注意力。實際上，孩子的注意力不需要培養，因為他們天生就會被有趣的事情吸引，但是常常被打斷，反而會變得注意力不集中。

保護孩子的探索精神，第二點是我們需要時刻引導孩子關注探索的過程，而不是結果。

前面已經提到，帶孩子做實驗並不是為了得到實驗結果，而是在過程中不斷地練習思考。其實，我們並不需要給予他們額外的獎賞，他們就會自覺自願地去探索。因為沉浸在探索的過程本身，就會讓孩

子感受到深深的快樂。

　　保護孩子的探索精神，第三點是允許孩子放棄，教會孩子如何面對失敗。

　　雖然我們說要關注探索的過程而不是結果，但在實驗的過程中，難免會有失敗。我們不需要太在意失敗。當我們試圖用簡單的材料研究複雜的自然現象時，很可能會行不通；當我們用簡單的方式探索複雜的問題時，也很可能會失敗。對於科學家來說，實驗失敗的次數比成功的次數多得多，我們也要允許孩子放棄，也要允許他不成功。或許後退一步，便會豁然開朗。

　　帶孩子巧做實驗的終極目的，是讓孩子在親自動手的過程中，逐步掌握科學思維。而我們大人的寬容，是對孩子探索精神的最大鼓勵。不妨從今天開始，就和孩子一起動手，發現身邊有趣的問題吧！

教育百寶箱
- 完成一份可以獲讚的實驗報告 -

孩子能夠做些小實驗探索問題，對於我們大人而言是件值得分享的樂事。記錄和報告也是實驗探索中的重要步驟。然而，孩子還不能完整地用文字記錄一個實驗，那怎樣才能跟他一起，做出一份可以曬到朋友圈的精美的實驗報告呢？

不妨這麼來做。

首先，動手畫一畫。

如果孩子不反對，甚至實驗材料和實驗器材，都可以跟他們一起動手畫出來，比方畫出大大小小的杯子。不同的實驗材料，能夠幫助孩子更仔細、更全面地觀察它們。

其次，巧用標識。

不同的實驗組和對照組可以用不同顏色、數字來表示。比如，怎樣表示不同的溫度呢？我們既可以用數字，也可以用暖色表示溫度高，冷色表示溫度低，還可以畫幾個大小不一的圈圈表示溫度的相對高低，這樣實驗報告的顏值也比較高。

最後，善用表格。

孩子不一定能自己設計表格，但我們可以鼓勵他們使用表格記錄實驗結果，在表格中填寫信息，這本身就能夠鍛煉孩子對信息的分類能力。

此外，多種記錄方式多管齊下。

大膽地使用多種記錄方法。比如可以把觀察的植物做成標本貼在本子上，或者拍下照片、視頻，記錄下實驗流程，等等。

一份圖文並茂的實驗報告，肯定能在社交網站中獲讚，快快跟孩子一起做一份吧！

當然了，我們的主要目標是幫助孩子通過做實驗報告鍛煉實驗思維，可不是在朋友間炫耀的！

第四章

鍛煉思考力

伊隆．馬斯克的重型獵鷹火箭載着一輛 Tesla 汽車開往火星的畫面，讓大家又一次熱議起這位奇才的「第一性原理」思維方式，也就是回歸事物本質，實現顛覆式創新。愈來愈多人開始明白，面對未知的未來，我們不光要教給孩子知識和學習方法，還要教給他們頂尖高手具備的思維方式。

20

從一份計劃開始，培養孩子的目標感和執行力

　　每年除夕，我們都會準備好滿滿的愛意和祝福，通過壓歲錢一起傳遞給孩子。其實，除了這些，在新春第一天，我們還可以問問孩子：今年，你有甚麼想要達成的願望嗎？

我們天生不擅長制訂和執行計劃

　　在美國，每年辭舊迎新的時候，父母都會跟孩子一起為新年許願。後來，美國的教育學家通過長期的跟蹤調研發現，如果孩子能夠把許下的願望變成具體的目標，再制訂出清晰可執行的步驟，他們就可能比同齡人獲得更大的成就。

　　這點很容易理解，同時具備目標感和執行力的人成就動機更強，取得成功的概率也會更大。所以，讓學生在開學之際制定新學期目標，逐漸成為很多美國家庭和學校的固定儀式。

　　在中國，也有愈來愈多的爸爸媽媽在新年之際，跟孩子一起制訂新年計劃，描繪新的一年美好的藍圖，讓未來一年的時間，變成孩子

前往星辰大海的美好征途。

　　遺憾的是，從心理學的角度來看，我們天生不擅長制訂計劃和執行計劃。因為我們的大腦在出生之際就預裝了「樂觀偏見」、「計劃謬誤」這樣的認知偏差，導致我們總是高估我們執行計劃的能力，低估執行計劃需要投入的時間和精力。還有，我們也容易高估能夠用於執行計劃的意志力。

　　要知道，意志力可是大腦裏面的有限資源，經常被各種難以抵擋的誘惑、意想不到的困難俘獲和耗盡。

　　寫過心理學暢銷書《正能量》的心理學家理查德・威斯曼（Richard Wiseman）一直在研究人類的意志力。2007 年，他跟蹤調查了 3000 個成年人新年計劃的成功率，發現最後只有 12% 的人成功實現了自己的目標。對於這樣的研究結果，想必你和我都非常有共鳴。

如何制訂一份行之有效的計劃

那麼，有甚麼方法可以讓我們跟孩子一起制訂一份更行之有效的計劃呢？

《小王子》的作者安東尼‧迪‧聖-修伯里說：想讓一個人造船，不要讓他尋找木頭，而要讓他嚮往大海。這句話道出了制訂計劃的關鍵所在——發自內心的渴望，是驅動計劃這部車跑起來的最佳燃料。

這就提醒我們，不要用自己希望孩子完成的目標取代孩子真正想做的事情。如果計劃體現的是父母的意志，而不是孩子的渴望，它註定會失敗，並且淪為意志角力的戰場，進而衝擊你與孩子之間的信任感和親密感。

所以，制訂計劃的第一步，是跟孩子聊聊他心底最真實的願望，幫他理清自己的目標。具體要怎麼做呢？

我們可以這樣引導孩子思考。

你為甚麼想做這件事或者想要這個東西？

想像一下，如果你做到了或者得到了，會出現甚麼好的結果？

你覺得這些好的結果為甚麼這麼重要呢？

這三個問題來自耶魯大學心理學家邁克爾‧潘塔隆（Michael Pantalon）提出的「邁克爾六問」，它是一種高效的說服模式，可以幫助人們理清和激發做一件事情的內在動機。這三個問題從動機入手，層層深挖，引導孩子思考動機背後更核心、更底層的渴望是甚麼。

如果思考和回答這些問題，對於孩子來說有一定難度的話，我們可以鼓勵孩子說出任何碎片化的想法，再幫助他組織語言，梳理更完

整的答案。同時，我們可以給孩子做示範，以自己做過的某件事情為例，分享自己對於這三個問題的想法。

最後，我們要幫孩子把想要實現的目標整理成文字，寫目標的時候可以參考目標管理中的 SMART 原則：Specific（明確）、Measurable（可衡量）、Attainable（可達成）、Relevant（相關）、Time-bound（時限）。比如說，我要學會自由泳，而且能連續游 100 米；我要寫 30 篇昆蟲觀察日記。

當孩子的目標梳理清楚以後，你是不是在想，下一步應該是要拆解目標，變成可執行的計劃了吧？

且慢，這時候我們可以多走一步——請孩子跟家人分享自己的目標。為甚麼要這樣做呢？從社會心理學的角度來看，公開承諾的目標，會增加當事人實現目標的責任感。

當然，作為父母的我們不要把自己看作目標的監督者，這種高高在上的角色容易給孩子造成不必要的壓力，破壞他們的內在動機。這時候，我們應該把自己定義為幫助孩子實現目標的夥伴，給孩子營造出全家人都支持和鼓勵他的氛圍，幫助他堅持下去。

作為孩子征途上的夥伴，我們接下來要怎麼幫助他向目標邁進呢？

1. 巧用心理學制訂計劃，提高執行力

心理學家彼得・戈爾維策（Peter Gollwitzer）提出了執行意圖的理論，目的是幫助大家提升執行力，遠離拖延症。這個理論告訴我們，想要提高計劃轉化成行為的概率，在制訂計劃的時候，就需要按照「如果……那麼……」的結構來把目標拆分成日常行為。

「如果」對應的是「在甚麼情況下提醒我」,「那麼」對應的是「提醒我做甚麼」。也就是,如果出現了情況 X,那麼我就做出反應 Y,大家可以把它理解為大腦裏的「提醒類 App」。

舉個例子,我這個月要背 3000 個新單詞,或者說拆分為每天背 100 個單詞。但理想豐富,現實殘酷,最後的結果很可能是,因為各種不可控、計劃外的事情打亂了你的計劃,最後沒有把 3000 個單詞背下來。

如果運用執行意圖的話,我會這樣想:如果早上起來有一個小時的空閒時間,那麼我就去背昨晚劃定的 100 個新單詞。

換句話說,執行意圖就是用一個固定的提示線索,去觸發一個目標行為。這個提示線索可以是一個時間點、一個地點、一個手機提醒、一個人為製造的儀式感等。

在設定提示線索時,最好能夠在腦海裏模擬出具體的執行場景,把自己代入進去,把整個執行過程快速模擬一遍。當你真正進入了這個場景的時候,大腦會更容易啟動「排練過」的行為模式,從而提升執行力。

按照「執行意圖」寫(畫)出來的計劃表,可以張貼在顯眼的位置,作為提示線索提醒孩子堅持行動。

2. 及時且走心的反饋,激發動力

剛才提到要給孩子營造支持和鼓勵的氛圍,落實到行動上,我們可以這麼做。

第一，幫助孩子記錄每一次的行動

記錄的方式可以多花點心思，讓孩子更直觀地看到自己的努力和進步。比如說，把記錄表設計成一座高山，每一次的記錄都是攀登這座高山的一個腳印。這種形象的比喻形式，可以從視覺上更好地激勵孩子堅持下去。

第二，用細緻的描述給孩子更到位的鼓勵

當孩子有進步的時候，儘量避免用「你真棒」這種籠統、空洞的讚美詞彙來鼓勵。嘗試捕捉孩子的進步具體體現在哪裏，帶着欣賞的口吻給孩子分享你的發現。比如說，「我發現你今天寫的這篇蟋蟀觀察日記，把蟋蟀和之前觀察過的螳螂做了對比，比較了牠們的腳不一樣的地方。我喜歡這種對比的方式，很有意思呢！」

第三，創造機會讓孩子展示計劃的成果

學會的新技能、堅持的新習慣等很多計劃，都會沉澱出可見的成果。我們可以給孩子創造一個小小的展示舞台，讓他把階段性的目標成果給家人展示出來。比如說，開一個昆蟲小講堂，請孩子分享他觀察到的最有意思的幾種昆蟲。通過展示成果的方式，讓孩子獲得滿足感和成就感。

以上就是日常計劃的正確打開方式，我期待它變成一顆種子，種在你和孩子的日常計劃裏，長成一棵堅韌的樹。

教育百寶箱

- 讓孩子養成共贏思維 -

下面將介紹一個培養孩子共贏思維的工具，叫第三選擇。提出這個工具的是領導力專家史蒂芬・柯維（Stephen Covey），經典暢銷書《高效能人士的七個習慣》就出自他的筆下。

甚麼是第三選擇呢？面對問題的時候，人們往往本能地做出兩種選擇：支持或者反對、忍耐或者反抗等。這種非此即彼的思維造成了很大的溝通成本，使我們經常陷入衝突和對立的困局。

相反，第三選擇鼓勵雙方拋開對立，共同創造更好的結果，從我贏或者你贏的局面，變成我們雙贏。

為甚麼要培養孩子的共贏思維？因為溝通協調能力將會成為未來世界的核心素養，達沃斯世界經濟論壇評估出 2020 年人類最重要的十項能力，溝通協調能力就位列其中。具備共贏思維的人，在溝通中更容易達成共識和合作關係。

那麼，怎樣用第三選擇培養孩子的共贏思維呢？很簡單，在孩子表達自己的想法以後，不要馬上同意或者拒絕他，而是告訴他，你也有一個想法。請他開動腦筋想一想，有甚麼辦法可以同時滿足你們倆的需求。

比如，逛商場時，孩子突然看中一款玩具，很想買。這時候，我們可以蹲下身跟他說：「你很想買這個玩具，對嗎？爸爸很想聽你講一個自己編的故事，因為爸爸覺得你的故事都好有趣！你能想一個辦法，把你的願望和爸爸的願望都實現嗎？」

這既表達了你對他的需求的理解，同時把你的需求分享出來，放在平等的位置上，激發他去思考更好的第三選擇。

如果孩子一開始沒有太多想法的話，可以給他示範怎樣提出共贏的辦法。比如說，能不能以這個玩具為故事的主角，去改編一個熟悉的繪本故事，講出一個全新的版本？

只要我們在平時有意識地為孩子營造思考第三選擇的機會，他們就會更容易成為解決分歧的小達人。

21

會不會提問，關係着 20 年後人與人的差距

　　説起培養提問的能力，有些人可能覺得摸不着頭腦，因為孩子每天都會提出無數的問題，譬如：這個是甚麼啊？今天吃甚麼啊？可不可以再看一集動畫片？為甚麼天是藍的？提問聽起來似乎不用學，因為這是自然而然就會的事情嘛。

　　確實，孩子每天都在提問，但能提問不代表會提問，更不代表能提出好問題。

　　下面我將帶大家一起來拆解甚麼是「提問」，深入地理解「提問」的內涵和要素，在此基礎上，再來學會如何提問題。

甚麼是提問？

我們先來看看甚麼是提問。提問可以被拆解成兩部分，一個是動詞「提」，一個是名詞「問題」。

先來看這個「提」字，我們可以從三個方面來分析這個行為，分別是：感受、態度和時機。

關鍵要素一：感受

提問時的感受，跟提問的場合和對象都有關。可以代入我們自己來想一想：如果是向家人提問，我們通常是放鬆的；如果是向領導或權威提問，我們可能會緊張，也可能會害怕；如果是在眾人面前向專家提問，感受會更複雜，可能會覺得不自信，也可能會很緊張。這些感受和情緒，可能都會影響我們提問的意願。

所以，我們在鼓勵孩子多提問的時候，除了要關注孩子內心的感受，提高他的自信心，為他營造一個鼓勵提問的安全的成長環境，還要端正自己對於提問的看法。提問並不代表笨，只是代表我們有不知道的事情，通過提問，我們可以獲得新的信息，甚至激發新的靈感。

關鍵要素二：態度

這裏我要強調兩種要避免的態度。一是一味迎合的態度。尤其是在面對權威的時候，每個人都容易出現這種態度，而這種態度讓我們沒有辦法進行真正的思考，會阻礙我們的成長和交往。二是傲慢的態度。有些提問其實並不是在提問，不是想要獲得某些自己不知道的信息，而是借着提問的外衣，發表自己的看法，或者表示反對，或者炫耀自己的高明。

這兩種提問的態度，都會阻礙進一步的交流，不是提問應該有的態度，在教孩子提問的時候要注意。

關鍵要素三：時機

如果被提問的人特別忙，特別不方便，就不適合纏着人家一直問，所以提問時也要考慮時機是否合適，這也是孩子社會能力發展的一個方面。

所以，提問並不是簡單地提一個問題，而是需要注意到感受、態度和時機三個方面。

提出一個好問題，能給我們帶來甚麼？

我有一個很有意思的觀察，在中文裏，代表提問的「問題」和代表存在毛病的「問題」，是同一個詞。所以，我們經常會默認提問這件事隱隱約約有點不太好，它似乎代表了一種我們居然沒搞懂、我們沒搞清楚狀況、我們有甚麼地方出錯的情緒。所以，一旦我們產生一個疑問，第一反應往往是：如何能解決掉這個問題？怎樣才能儘快找到答案？如何擺脫有問題的困境呢？

好問題本身的價值

其實，發現問題、提出問題本身，是非常有價值的一件事。發現一個好問題，能幫助我們找到獲取答案的方向，而一個好問題，不僅能給我們帶來解決方案，還會帶來巨大的經濟收益。讓我們來看一個真實的故事。

大家可能都聽說過現代版的鋼鐵俠，美國企業家伊隆・馬斯克（Elon Musk）。馬斯克製造了 Tesla 電動汽車，他的太空探索技術公司（SpaceX）還成功回收了火箭。

馬斯克就是一個發現和提出好問題的高手。當初馬斯克在試圖降低火箭的製造成本時發現，採購整塊大鋼板的成本非常高，他問工程師：為甚麼不能把小塊鋼板焊接起來使用呢？工程師告訴他：因為焊接的鋼板不牢固，做出來的火箭會有安全問題。

聽到這裏，很多人可能都會接受工程師的解釋了。但是馬斯克沒有接受慣常的解釋，而是繼續不斷地提問：為甚麼？為甚麼會這樣？

問到最後，發現是因為鋼板的分子結構的問題，焊接部分的分子結構排列不一樣，因此不牢固。發現了真正的原因後，他們想辦法改

進了焊接技術，使得焊接部分的分子結構排列比整塊鋼板更牢固，從而大大降低了火箭的製作成本。

同樣，馬斯克在製造 Tesla 電動汽車時，發現電池組的成本非常昂貴，大概是 600 美元 / 千瓦時。

馬斯克問：電池組到底是由甚麼材料組成的？

得到的答案是：碳、鎳、鋁和一些聚合物。

馬斯克接着問：如果我們從倫敦金屬交易所購買這些原材料，然後組合成電池，需要多少錢？得出的答案是：只要 80 美元 / 千瓦時！

好問題讓我們的人生更有意義

發現對的問題，解決對的問題，帶來了巨大的經濟效益，這就是好問題的價值。但好問題的意義不止於此，除了本身有價值，它還能讓我們的人生更加充實和有意義，讓我們為這個世界帶來更多的價值。

為甚麼這麼說呢？

我們身處知識大爆炸的信息化時代，各種信息和資訊每天都在沖刷着我們的大腦，搶佔着我們的碎片時間。我們現在並不缺少隨時可以調用的知識和信息，缺少的是面對浩瀚的學習資源和網絡信息，如何取捨，如何決定自己應該學甚麼，明白自己為甚麼學。這都需要我們能夠找到對自己有意義的問題，並且通過這個有意義的問題來聯繫和構建信息，創造性地去發揮好問題應該產生的影響。

不僅如此，有意義的問題還可以充分調動我們學習的積極性，學習的效果也更好。對孩子來說，有意義的問題可以是圍繞一個感興趣的項目而展開的跨學科學習，可以是以某個故事為主線串聯起的世界

歷史，也可以是能夠深入社會的有趣的調研和實踐。

從對孩子有意義的問題入手，你會發現，孩子會主動付出遠超出我們預期的時間和精力，而這樣學習的深度和最終效果也超出我們的想像。這是我作為一名創新教育老師的親身體會。

好問題引領我們實現思維的升級

提出一個好問題的背後，隱含的是如何表達、如何思考，如何真正地去解決一個問題，而這個好問題，會引領我們實現思維上的升級。

舉個例子，如果我們對大腦提出的問題是，我為甚麼數學總是考不好？我們的大腦找到的答案可能是：我太笨了，就是不明白這個公式；我太懶了，沒有好好複習；我太粗心了⋯⋯

如果我們換一個問題，對自己的大腦提問：我如何能在下次數學考試中提高成績？那麼我們的大腦就會開始幫我們想辦法，找到提高成績的具體方法。

我們要能夠意識到自己的問題裏包含了哪些預設的信念。

譬如，在「我為甚麼數學總是考不好」這個簡單的問題裏，其實包含了三個主要的預設信息：（1）我數學沒考好；（2）我數學經常考不好；（3）「總是」這個詞裏隱含了氣餒和生氣的情緒，表示懷疑自己。那麼沿着包含這樣預設的問題得出的答案，自然是沒有建設性的，是自暴自棄的。

所以我們如何組織表達我們的問題，對於我們發揮大腦的功能也非常重要。正確的問題通常是指向建設性的行動的。

甚麼才算好問題？

所以，好問題本身不僅可以帶來巨大的價值，可以賦予我們人生意義上的價值，還可以引領我們實現思維上的升級。

那甚麼才算一個好問題呢？

在我看來，一個問題如果能穿透事物的表面現象，直擊要害和核心，帶來潛在的解決方案，帶出更多的可能性和想像空間，這樣的問題就是特別好的問題。而這些好問題被發現、被提出的過程，恰恰就是我們利用智慧深入事物的本質，理解事物的規律，打開想像空間，找出解決方案的過程。

怎樣培養提問能力？

必須得説，在人工智能時代，針對愈來愈多的具體的技術性問題，機器可能比我們人類更擅長找到答案。對人類而言，除了保持提問的熱情，我們可能需要持續提高自己提問的水平和能力。利用一個好問題，特別是機器和 AI 註定將無用武之地的問題，能夠讓我們發揮不可思議的潛能，創造性地找到事物間的聯繫和規律，找到解決問題的辦法。

下面我們來聊聊，如何培養提出好問題的能力。我們應該如何幫助孩子學會提問並提出好問題呢？

培養孩子的提問能力不是一朝一夕的事，這需要長期的、持續的練習，簡單地説，可以分三步進行。

1. 明確培養孩子提問能力的兩個原則

第一，鼓勵孩子多提問

我們要重視孩子的每一個問題，花時間用心傾聽，認真思考，同時及時肯定地告訴他：這是一個好問題。如果孩子提問的時候你正在忙，告訴孩子：「這是一個好問題。等我忙完，我們再坐下來討論好嗎？」要讓孩子明白，他們的思考和問題是有價值的，是珍貴的。

我們要有意識地營造一個鼓勵提問和探究的家庭氛圍，告訴孩子：沒有蠢問題，所有的問題都是好的。鼓勵孩子不要怕提問，要敢於去提各種奇怪的問題。這就要求家長要穿越回童年，忘記所有的知識和經驗，以嶄新的眼光看待一切，從生活中、故事裏、電影裏、紀錄片中，和孩子一起提出各種問題。

第二，鼓勵孩子提出假設，並想辦法驗證答案

當孩子提出問題後，不要急着給出答案，要給孩子留出獨立思考的時間和空間，鼓勵孩子提出多種不同的假設，鍛煉孩子從不同的角度去思考，再鼓勵孩子自己想辦法驗證假設。

這要求父母能夠區分「知識」和「思考」。知識是相對客觀、確定的，是可以被驗證或證偽的；而思考是一個主觀的過程，可以是發散的。如果我們直接給出問題的答案，孩子可能無法完全理解一些新的概念和詞匯，也可能會養成思維懶惰、遵從權威的習慣，同時錯過問題帶來的有趣的「尋寶」之旅。

如果大家能夠在堅持這兩個原則的基礎上，讓孩子自由地提問，自主地探索，一段時間之後，你一定會發現孩子的變化。

2. 幫助孩子瞭解問題的分類和功能，鼓勵孩子更有針對性地提問和思考

通常來講，孩子的提問都是發散的，想到甚麼問甚麼。這當然不是錯誤，而是發現問題、提出問題的第一步。但要培養孩子的提問能力，我們可以引導孩子瞭解問題的分類和功能，幫助他們更好地思考。

按照答案的情況，一般的問題可以分為封閉型問題和開放型問題。

封閉型問題可以用「是」或「不是」來回答，經常用來確認事實或達成共識。

開放型問題可以帶來更多的可能性，獲取更多的信息，瞭解他人的想法。

用另一個分類標準，問題還可以分為事實類問題、理解類問題、隱含類問題。

如何區分這些問題呢？給大家提供一種實用的方法。

我們平時會跟孩子一起讀繪本，事實上，這是一個很好的練習時機。在親子閱讀過程中，我們可以依次使用這三種問題。

先提出事實類問題，檢驗孩子對故事情節和事實的掌握；然後提出理解類問題，問問孩子故事人物的感受、心情、行動背後的原因和動機；最後上升到隱含類問題，就是跳出故事本身，思考故事的寓意。這類問題相對抽象概括，譬如故事的寓意是友誼、等待或公平等，可以結合個人生活經歷來討論，以幫助我們更好地瞭解孩子的想法。

3. 幫助孩子瞭解怎樣的問題才算好問題，並不斷練習

首先，幫助孩子瞭解甚麼是好問題。

問題的質量比數量重要，我們可以跟孩子探討科學家、企業家和創業者們提出過哪些好問題，人類共同面對的大問題有哪些，並和孩子一起分析好問題的特點是甚麼。

其次，在家裏，我們可以與孩子一起多多練習。

這裏提供兩種具體的方法：

第一，發起「好問題」比賽

規則是，全家人每人每天都要提出一個好問題，並記錄下來，每個月定期和孩子回顧評比這些問題，分析討論哪些算是好問題。提出好問題最多的人有獎勵，並且可以選出一個好問題一起思考探究。

第二，鼓勵孩子在學校不同課程中提出好問題

當孩子放學回家後，試着不去問：「你今天學了些甚麼？」而是充滿期待地問：「你今天提了甚麼好問題？」和孩子一起制訂「好問題」計劃，列出每門課或者每天要提出多少個好問題。如果孩子能夠在課堂上提出好問題，那麼記憶知識自然不是問題。在這個過程中要和老師保持溝通，達成共識，給孩子支持的環境。

還有一點想提醒家長：提問時要注意孩子的情緒。提出問題的時候，我們會有一定程度的不確定感、恐懼和焦慮，藝術家們在創造新作品時也會有這樣的情緒體驗。這是我們的身體面對好問題時的真實生理反應，是正常的。

所以鼓勵孩子多提問、多練習的同時，我們要幫助孩子理解，一個好問題必定會伴隨某些特定的情緒反應，要鼓勵孩子敢於擁抱這些情緒，讓好問題能夠進行下去，某種程度的不適，恰恰意味着我們開始學習和成長。

教育百寶箱
- 開啟孩子深入思考的習慣 -

　　美國維珍尼亞大學心理學教授威林厄姆在他的著作《為甚麼學生不喜歡上學？》裏，講到了學生或者初學者，在思考過程中與專家的本質區別。初學者只能看到事物與事物之間表面的聯繫，也就是表層結構。比如，蘋果和雪梨都屬水果，電視機和冰箱都是家用電器，這些按照日常生活的認知賦予事物的常規分類，就是表層結構。

　　而專家能夠發現事物和事物之間潛在、深層的聯繫，尤其是功能方面的聯繫。比如，專家可能會把手機和人的手腳、眼睛、嘴巴劃分為一類。因為他們認為，從本質上來看，手機就是人類延伸的器官和感官。所以，專家在看待世界的時候，會比其他人看得更透徹；分析問題的時候，也會比其他人分析得更深入。

　　那怎樣才能讓孩子像專家一樣思考，具有洞察事物本質的能力呢？下面給大家介紹一個提問小工具，這個工具可以概括成一個問題，那就是：「你覺得還有甚麼東西可以達到這樣的效果？」

　　比如說，在孩子畫畫的時候，可以問他：「我們除了可以用筆來畫畫，還可以用甚麼東西來畫畫啊？」

　　這個問題就是引導孩子從畫畫這個功能出發，去發現事物之間潛藏的聯繫。手指可以畫畫，樹葉可以畫畫，石頭可以畫畫，甚至光也可以畫畫。這樣一來，孩子就可以突破用筆來畫畫的表層結構，理解原來有形狀的東西都可以用來畫畫這樣的深層原理。

　　平時，當孩子在做一件事情的時候，我們不妨多問問他，還有甚麼東西可以幫助我們做同樣的事情，或者達到同樣的目的和效果。比如說，除了杯子可以用來裝水，還有甚麼東西可以用來裝水呢？除了手電筒可以發光，還有甚麼東西可以發光？

　　每一次向孩子提出這樣的問題，我們就像幫孩子打了一個洞，讓他沿着這個洞繼續往下挖啊挖，慢慢地把深埋在地下的水源給連通，讓思考如魚得水。

22

正面思維，
真正的高手都具備的
思維方式

　　思維方式，是這幾年經常聽到的一個概念。前段時間，馬斯克的重型獵鷹火箭載着一輛 Tesla 汽車開往火星的畫面，讓大家又一次熱議這位奇才的「第一性原理」思維方式（first principles thinking），也就是深入事物的本質來思考的方式。它不僅僅是在已有的方法上修修補補、改進迭代，而是回歸本質重新定義，真正實現顛覆式的創新。

　　於是，愈來愈多的人開始接受，面對未知的未來，我們不僅要教會孩子知識和學習的方法，還要重視孩子思維方式的培養，教給孩子頂級高手具備的思維方式。

　　思維方式對人的影響，怎麼強調都不過分。當然，良好思維方式的養成，需要天長日久的積累，但從甚麼時候開始出發，也會影響到我們能走多遠。那麼，思維和思維方式到底是甚麼？如何進行思維訓練，尤其是如何培養將直接影響孩子日後幸福感和成就感的正面思維呢？

　　在講思維方式的培養之前，讓我們運用馬斯克的「第一性原理」，深入思考一下有關「思維方式」的本質問題：到底甚麼是思維？甚麼是思維方式？

思維和思維方式的培養

甚麼是思維？

思維可以説是人類特有的能力，我們號稱天生就有思考能力的動物，我們的大腦每天不停地運轉着，充滿了各種想法。思維，就像我們身體裏自然流淌的血液，是自動發生的。但是，我們並不清楚思維從哪裏來，要到哪裏去。

思維有很多種，一般來説，日常比較容易感知的有兩種，一種是思緒，另一種是思維。

思緒，主要指一些散亂無序的想法和情緒。

我們的頭腦裏經常有各種散亂的思緒，譬如一時的感想、過去某些記憶的片段、美妙的白日夢，以及對內心各種感受或情緒的處理。這些思緒，不知不覺花費了我們大量的時間和精力。你是不是會在下班回到家後，仍在大腦裏重演着工作上的一些細節，內心久久不能平復呢？

這些散亂無序的想法，大多來自我們神秘的潛意識（潛意識裏也蘊含着靈感），經過訓練後，可以被輸送到有意識的思維中。而未經訓練的思緒就好像脫韁的野馬，或者上下亂跳的猴子，四處亂跑，只會阻礙真正理性思考的發生。

接下來我們來說說甚麼是思維。

思維教育中所指的思維，是指嚴謹而有序的思維，是建立在有根據的、經過檢驗的信念基礎之上，針對特定的思維目標，遵循嚴謹的步驟和邏輯而展開的思維。

可見，僅有思緒是不夠的，我們還需要教會孩子用一定的方式，真正地進行有意義的思考。

用怎樣的方式思考？

思維方式，簡單說就是我們大腦運作和加工信息的方式。

科學家發現，人類的大腦天生喜歡形成各種套路，建立各種常規思維模式。這些思維模式，有些基於經驗，有些來自權威，有些經過驗證，有些未經過檢驗就被我們接受了。

我們的大腦喜歡建立固定思維模式，因為這樣更有效率，也更節能。套用這些固定的思維模式，我們可以迅速做出選擇，節省大量的時間和精力，用來學習新的知識和進行創造性的工作。

那我們的思維模式到底是怎麼形成的？

我用創新思維之父愛德華・德・波諾（Edward de Bono）的沙灘模型，來幫助大家理解思維模式形成的過程。

他認為人的大腦是通過外界信息來激活的。如果把新生兒的大

腦，比喻為平坦的沙灘，表面沒有任何痕跡，當信息通過感官進入新生兒大腦時，就如同散亂的雨點砸在了沙灘上，每一點信息都會在大腦上留下一個「印記」。（參見愛德華・德・波諾《這才是思維》一書）

第二個雨點落下後，會沿着第一個雨點流淌的方向流動，之後落在同樣位置上的雨點會逐漸加深這道印記，最後地面會形成一道道水溝，雨水會沿這些水溝流入大海。

我們思維模式的形成過程與這很像，受外界輸入信息的刺激而一點點形成，帶有隨機性，最後會變成固定的神經回路，也就是我們的固定思維模式。

而固定思維模式一旦形成，會反過來決定我們如何思考、如何篩選加工信息，還會決定我們思維的走向。

而思維方式訓練，對於成人來說，就是反思那些已經形成的固有信念和思維模式，跳出已有的錯誤觀念，以防我們在錯誤的道路上愈走愈遠。譬如，一個女孩子選擇減肥，其背後的信念是：如果我變瘦，男朋友就不會離開我。那麼即使最後瘦身成功，結果也註定是失敗的，因為這個錯誤的前提和信念，必然會得出錯誤的結論。

對於孩子來說，首先是要敢於獨立思考，對自己的思考有信心，並且勤於思考；其次是鍛鍊思維的靈活性，看到不同的可能性，不要輕易被某種固定思維限制。很重要的是，在孩子開始建立固定思維方式的過程中，要有意識地尋找根據並進行驗證，養成想一想再接受的習慣。

下面我們來看看具體甚麼是思維訓練，如何訓練我們的思維。

如何提升思維方式？

思維訓練具體指甚麼呢？

思維訓練，是指通過有計劃、有目的的教學和訓練活動，來提高思維能力、改善思維品質。

科學家證明，我們有終身提高思維能力的潛力。通過不斷的學習和思維訓練，我們的大腦能夠形成新的神經回路，擺脫固有思維，伴隨我們的成長，不斷地形成新的思維方式。

思維訓練具體包括甚麼內容？

最常見的有兩種：一種是各種學科思維方法的培養，一種是思維工具的學習與運用。

各學科都有優秀的思維方式，比如，科學思維方式有提出假設、取證檢驗、得出結論，批判性思維有蘇格拉底提問法，經濟學有沉沒成本等思考方法，還有故事思維等。

而具體的思維工具的學習和應用，則包括邏輯思維工具、結構化思維工具、思維可視化工具、思維導圖、金字塔原則，以及各種思路模型等。

思維訓練的前提和方法

關於思維訓練的實操內容，我想重點給大家介紹一下思維訓練的前提條件，以及培養孩子正面思維的一種方法。

思維訓練的前提是控制住自己四處亂跑的思緒，學會精神的安寧。

這個聽起來很難，似乎只有高僧和智者才能做到，其實可以通過

一些方法來練習和提高，譬如散步、冥想或畫畫。嘗試各種能夠降低自己內心噪聲的活動，找到對自己來說最有效的方式並經常練習。

在工作學習前，可以嘗試安排一段「靜心」時間，再投入需要集中注意力的工作學習當中。慢慢地，你就能更容易、更快地進入心無旁騖的心流工作狀態了。

我推薦一個我自己使用的練習方法，那就是自省式寫作，這種方法主要是鍛煉我們的元認知覺察能力。具體做法是，每天十分鐘，寫下頭腦中飄過的所有思緒和困惑，目的是把頭腦中無意識的思緒提升到理性有意識的層面。堅持記錄一段時間之後，你一定會對自己有新的發現。

關注影響我們自身思維的兩個因素

每個人的思維方式，都會有一些先天的偏差和傾向，也會受到外界因素的影響和限制。

先天因素主要指人類認知和思維有着先天性的錯誤傾向。譬如，我在法國學習商科時，學習過對比效應。具體案例是説，為了讓一款主推的新產品價格顯得更誘人，同時推出另一款價格特別高的產品作為對比，就可以極大地促進主推產品的銷售額，因為人有通過對比做出選擇的心理傾向。

建議大家瞭解一下人類共有的這些錯誤認知套路，以發現身邊都有哪些套路在影響我們的生活，也可以適當將其介紹給孩子。

這裏我推薦一篇文章，巴菲特的合夥人和老師查理·芒格的演講合集，題目叫《人類誤判心理學》，芒格提出的 25 個心理傾向值得我們警醒。

再來看外界因素，主要是指我們在成長過程中，因為外界的影響而形成的信念和思維方式，包括文化、地域、時代、父母、社群的影響等。

關於這一點，大家可以假設一下，如果你出生在不同的國家、不同的時代、不同的家庭，那麼你的思維方式會有甚麼不同？

譬如，生活在法國沒落貴族家庭的你，跟生活在非洲原始部落的你，或者是生活在中國封建社會的你，思考方式註定是不一樣的。

每種文化都有自己的信念和特點，譬如，亞洲人會儘量避免面對面的衝突，更重視集體的利益；而盎格魯－撒克遜文化更加直接，更提倡個人主義。不同國家的人共事的時候，常會因為思維方式的不同而產生摩擦和誤會。

培養孩子正面思維的方法

下面我們着重講一講，如何培養孩子的正面思維，因為它將直接影響孩子日後的幸福感和成就感。

不少孩子在學齡前就暴露出負面思維的傾向，當這種傾向出現時，家長應該把握機會引導孩子，避免這種負面思維傾向慢慢變成孩子的固定思維模式。

甚麼是負面思維呢？就是指總是看到事情不好的方面。

有負面思維傾向的孩子總能很快注意到一件事情不好的方面，而且覺得無法忍受，不斷抱怨。

舉個例子：週末，孩子和爸爸媽媽一起去遊樂園玩，發現自己喜歡的旋轉木馬壞了，結果就非常生氣，覺得這一天糟透了。

當我們發現孩子出現負面思維的時候，應該如何引導呢？

第一，我們要讓孩子知道，思維方式有正面思維和負面思維兩種，兩種思維方式的想法和心情是不同的。

可以用「半杯水」的例子，請孩子做一個思想實驗，幫助孩子來理解。

首先問問孩子：假設你放學回家想喝水，看到桌子上有半杯水，這時候你的感受是甚麼？你在想甚麼？

再告訴孩子：面對同一件事情，正面思維的人和負面思維的人想法和心情是不同的。負面思維的人會說：我這麼渴，怎麼只有半杯水？根本不夠喝！心裏很不高興。而正面思維的人會說：太好了，我正好口渴，這裏就有半杯水！心裏很高興。

最後問問孩子：你覺得哪一種思維方式更好？讓孩子明白，我們需要更多地運用正面思維方式，這很重要。

第二，我們可以用故事和案例幫孩子練習正面思維，最好利用孩子真實生活中的案例來分析和練習。

我們要敏銳地捕捉孩子生活中出現的負面思維，把握這個難得的教育時機，鼓勵孩子練習運用正面思維方式來面對問題。如果孩子沒有出現負面思維的問題，也可以用故事的形式和孩子討論。

譬如，在上面遊樂園的例子中，我們可以給孩子分別展示兩種思維方式的想法和心情。

負面思維的人會想：我好不容易才來一次遊樂園，本來是很高興的，結果我喜歡的旋轉木馬卻壞了不能玩，真倒霉，真不公平。心情：

不高興。結果可能全家人都不開心。

正面思維的人會這樣想：爸爸媽媽陪我一起來遊樂園玩好開心，雖然我喜歡的旋轉木馬壞了，但是我可以多玩幾次蹦床，還有好多其他好玩的活動呢，一定要開心地玩一整天。心情：仍然很開心。結果，全家人度過了快樂的一天。

告訴孩子，負面思維的人只能看到不滿意的地方，看不到其他好的地方。比如，你的鼻子上有隻螞蟻，這隻螞蟻就是你發現的不好的地方，然後你就緊盯着這隻螞蟻，完全看不到身邊其他的事情和好東西，就好像這隻螞蟻讓你失明了一樣。我們要做的是——趕走「鼻子上的小螞蟻」。

第三，經常進行「減 1 加 3」的練習。

每當孩子調用了負面思維，發現了一件不好的事情時，就做一次「減 1 加 3」的練習，不要想這件不好的事情，而是先找到 3 件好的事情。

譬如，發現遊樂園木馬壞了。

減 1：不要想木馬壞了這件事。

加 3：要找到 3 件好的事情。（1）爸爸媽媽陪我一起出來玩好高興；（2）我喜歡來遊樂園玩；（3）遊樂園有好多好玩的玩具，除了木馬，我還喜歡蹦床！

完成「減 1 加 3」的練習以後，你會發現，你成功趕走了「鼻子上的小螞蟻」，又看到了身邊美好的事情，重新擁有了快樂！

類似的練習還有：你開生日聚會，朋友們都來了，你收到很多禮

物。吃蛋糕的時候，你發現生日蛋糕上的水果不是你喜歡的士多啤梨，是奇異果，而你不喜歡吃奇異果。

爸爸媽媽還可以自己編這樣的故事，幫助孩子練習鞏固。

最後想告訴大家，思維方式的培養就好像腦力的健身，要遵循一定的方法，需要通過不斷的刻意練習逐步提高。

很多時候，孩子是通過父母思考問題和解決問題的方式，來學習好的思維方式的。因此，要培養孩子的思維方式，我們自己先在每一天的生活中開始實行吧。譬如，當你看到孩子考了 95 分時，先不要去看那 5 分錯在哪裏，先找找孩子做得好的地方有哪些，並給予肯定！同孩子交流自己的思維轉變過程，對孩子來說也是很好的思維示範。

教育百寶箱
- 孩子也能用的麥肯錫思考武器 -

　　麥肯錫的一位諮詢師，曾經寫過一本書，叫作《麥肯錫教我的思考武器：從邏輯思考到真正解決問題》，裏面講到了一個叫作「空雨傘」的思維工具。

　　空，就是抬頭看天空，代表的是事實信息。

　　雨，就是看到天空烏雲密佈，推測要下雨。所以「雨」代表的是對事實的分析、解釋，還有預測。

　　傘，就是帶傘出門不會被雨淋濕，也就是在瞭解事實和解釋之後採取的行動，代表的是解決辦法。

　　那怎樣把它變成孩子能用的思維工具呢？我舉個例子。想像一下，你跟孩子回家時，在大廈門口看到了停水通知，這時候，就可以運用「空雨傘」了。

　　你可以試試問孩子：如果家裏停水的話，我們有哪些事情就暫時做不了了？

　　這裏的「空」就是停水這個事實信息。

　　孩子可能回答說：我們不能洗澡了，不能澆花了，不能做一些需要用水的家務了。

　　這裏就是我們前面說的「雨」，再引導孩子根據停水這個事實，去推測還有甚麼事情會發生。

　　接着再追問一句：那如果想要在家裏洗澡的話，我們回家以後要怎麼做？這時候，孩子可能就會想到：嗯，那我們回去以後要馬上把水儲存在水桶裏，這樣就可以洗澡了啊！

　　這個問題主要是引導孩子根據自己剛才的分析，想出相應的解決辦法，也就是前面我們說的「傘」。

　　所以，把「空雨傘」變成孩子的思考工具，其實很簡單，關鍵就在於把它變成一個對話的模板，悄悄地融入親子聊天裏，像閒聊一樣練習。久而久之，孩子就不再只是被動地接收外界的信息，而是積極地觀察和分析這些信息對他來說意味着甚麼，主動思考可以做甚麼，應該做甚麼。

　　這樣一來，孩子就會養成主動觀察、主動思考、積極行動的好習慣。但凡在自己的領域有所成就的人，這三種習慣都是標配，都是終身受益的核心素養。我們不妨從今天開始，用「空雨傘」的對話方式，激發孩子思考的潛能。

23

掌握思考原理，輕鬆實現高質量家庭教育

自從當了父母以後，我也跟隨浩浩蕩蕩的育兒大軍，開始關注各種各樣的育兒話題，學習各種育兒知識，關於親子溝通的、情緒管理的、智力開發的，等等。但是，這些來自四面八方的育兒乾貨就像潮水一樣，很快把我淹沒了。在氾濫的信息裏，我感到愈來愈焦慮。

於是，我開始反思一個問題：如果拋開這些讓人眼花繚亂、良莠不齊的信息，有沒有一些更本質的理念和方法，或者說像內功心法一樣的要訣，可以幫助我化繁為簡、撥開迷霧，在教育孩子的過程當中，做正確的事情。後來，我找到了這樣的內功心法，它叫作大腦的思考原理。

下面我想跟大家分享的話題就是，怎樣通過掌握思考原理，比較輕鬆地實現高質量的家庭教育。

甚麼是大腦的思考原理？

在解釋大腦的思考原理之前，我們需要先瞭解思考是甚麼。在一本叫作《為甚麼孩子不喜歡上學？》的書裏，作者給出了一個定義：「思考，是在你將周邊環境和長期記憶中的信息用新的方法在工作記憶中組合時發生的。」

而大腦的思考原理，簡單地說，就是思考是怎麼發生的。結合上面關於思考的定義，我們可以推測出，大腦的思考原理，至少包括三方面的內容：環境中的信息，記憶中的信息，以及它們之間的相互作用。在這三者的作用之下，思考就發生了。

總之，這裏所說的大腦的思考原理，就是大腦運作的最最基本的規律，適用性非常廣。只要我們的大腦進入思考的狀態，它就開始工作。這對我們養育孩子有甚麼幫助呢？孩子的思維雖然不成熟，但也遵循這一思考原理，時時將它記在心裏，可以幫助我們修煉教育孩子的內功心法。

我將從三個方面來講講這一思考原理在實際生活中的運用。

1. 親子溝通

首先，我們來講講大腦的思考原理在親子溝通方面的運用。

跟很多父母一樣，我也經常面對這樣的問題，那就是當孩子玩得很開心的時候，或者自己的需求沒有被充分滿足的時候，你讓他配合你去做別的事情，他可能會不願意。無論你怎麼曉之以理、動之以情，甚至用上強硬的手段，都不一定管用。這個時候，該怎樣利用大腦的思考原理，同孩子實現高效的溝通呢？

我們還是從思考原理的三個要素入手。

第一點，孩子記憶中的信息。孩子肯定聽過、讀過不少的故事，而且對於一些故事裏的人物、情節的印象會特別深刻。也就是說，這些故事的元素會存放在孩子的長期記憶裏。

第二點，環境中的信息。當衝突發生的時候，我們可以在周圍的環境裏，找一樣能夠跟故事元素沾上邊的東西，作為環境信息。

第三點，二者之間的相互作用。通過一點點的提示，將上面提到的環境中的信息與孩子記憶中的信息裏應外合，激發孩子的思考，進而引導他做出我們想要看到的行為。

舉個我自己的例子。

那天，我女兒第一次玩公園裏的電動船，她負責開船，我和太太當乘客。她一路加速、漂移、追趕湖上的天鵝，玩得非常投入。很快，半個小時過去了，遊船的結束時間也快到了。我太太就跟女兒說要靠岸啦，我們還約了人吃午飯，不要遲到。但是，女兒正玩得興致勃勃，

怎麼肯答應呢？於是，太太就悄悄地給我「下達命令」，讓我想辦法哄女兒把船駛回碼頭。

接到任務的我趕緊想辦法，突然，我留意到碼頭旁邊有一個歐式的拱頂設計。於是，我靈機一動，指着拱頂對女兒說：「你看到那座『城堡』了嗎？原來怪獸剛剛捉了公主，把她關在那裏了！小王子，我們快點去救她吧！」她一聽，馬上來勁了，正氣凜然地說：「好！公主你別怕，我現在就去救你！」一邊說，一邊加速向碼頭開過去。就這樣，我順利完成了太太交給的任務。

那麼，在這個案例裏面，我是怎樣運用思考原理的呢？

歐式拱頂是我在身處的環境裏找到的一樣東西，這樣東西讓我想到了城堡。從城堡這個元素延伸出去，我想到了小王子智鬥怪獸，救出公主這個故事情節，是女兒印象非常深刻的信息。兩者建立聯繫之後，女兒可以享受角色扮演帶來的興奮，我們也很輕鬆地達到了靠岸的目的，一舉兩得。

這個案例給了我一個啟示，那就是印在孩子腦海裏的故事元素，是我們跟孩子進行溝通的法寶。孩子熟悉而且喜歡的情節和語境，能夠幫助我們更有效地溝通。所以，我之後在陪女兒的時候，就養成了一個習慣。女兒聽過的故事、看過的動畫片，裏面每一個打動她的情節、人物、對白，我都會默默記在心裏。

2. 培養孩子的想像力

想像力是人類區別於其他動物的核心思維能力。有了想像力，我們才可以去聯想眼前不存在的東西，去創造世界上本來不存在的科技發明和文學作品。在未來，想像力很有可能是人類相對於人工智能的獨特優勢之一，並在孩子未來的發展中佔有愈來愈重要的地位。如何

利用大腦的思考原理，來培養孩子的想像力呢？

想像力有一個特點，就是需要我們有看山不是山的視角，也就是能夠從看到的事物去聯想眼前不存在的事物，並且這個聯想的背後是基於兩個事物之間的某種共通點。這個特點，是不是跟大腦的思考原理有點接近？我們還可以從那三個要素入手來分析一下。

第一點，孩子記憶中的信息。也就是他已有的經驗，可能是生活經歷，也可能是看到的、聽到的各種信息。

第二點，環境中的信息。這裏指的是想像力發生的環境，比如遊戲進行中的環境。

第三點，二者之間的相互作用。我們可以通過簡單的提醒，在環境信息和長期記憶的信息之間搭起一座橋，把兩個看似不相關的東西連在一起。

具體的做法，就是引導孩子去思考，眼前所看到的東西，更像他記憶當中的哪一個東西，兩個東西之間的聯想跨度愈大，激發想像力的效果就愈好。

再來講兩個我親身實踐的小例子。

有一次，我在家裏吃早餐，吃的是白麵包，女兒坐在我對面。我靈機一動，把嘴邊的一小塊白麵包「翻」到上唇。她看到以後哈哈大笑，我就指着嘴唇上的白麵包問她：你覺得它像甚麼？她想了想，説：像白色的鬍子！接着，她又補了一句：爸爸現在像聖誕老人！説完就笑了起來。

還有一次，我跟她在房間裏玩樂高，看到床上的涼蓆有一個角翹了起來，就順手把那個角掀起來，問她：你覺得涼蓆現在像甚麼啊？她想了一下，搖了搖頭。我決定給她一點提示，把一個樂高小公仔放

在涼蓆最高的位置，她突然很興奮地説：像一個滑梯！她對這個就地取材的滑梯產生了很大的興趣，她馬上把樂高小公仔，還有家裏的玩偶、小汽車逐個放在上面滑下來，覺得這樣的玩法很有趣。

這只是通過很簡單的生活場景來激發孩子的想像力，但想像力本身並不是從場景信息到記憶信息就結束了，它還可以不斷地延伸、擴展，在更多的不可能之間建立聯繫。所以，特別推薦順着孩子的思路，繼續啟發他去想像，這樣的練習，能夠很好地激發他的想像力。

3. 思考原理的擴展運用

孩子是直觀、具體的學習者，對於他們而言，只是在語言層面上將環境信息和記憶信息聯繫起來，是遠遠不夠的。所以接下來，我將引入一個新的元素，也就是可操作的遊戲，幫助孩子更深入地進行思考練習，培養多方面的能力。

從思考原理的角度來看，遊戲裏面的規則、道具，都可以看作給孩子提供的環境信息，而孩子頭腦中的想法，是他的記憶信息，這裏的組織方式變成了遊戲，而我們通過增添道具、創設規則、設計任務等方式引導遊戲的進展，幫助他整合三者，在遊戲的氛圍裏，愉快地鍛煉某種甚至多種能力。

這麼説可能有點抽象，講完我家的水果店遊戲，就很容易明白了。

我女兒很喜歡在家裏玩水果店角色扮演遊戲，她當水果店的老闆，玩偶們扮演顧客。

我的第一個嘗試，是增添道具。

我引入了兒童教學用的仿真紙幣這種新道具，顧客可以根據水果的價格來付錢。在付錢的過程中，我會跟孩子一起數一數，幾張1塊

錢、5 塊錢、10 塊錢加起來，才可以把水果買走。這個數錢和收錢的動作，就是給孩子營造一個場景，去運用自己學過的數字概念。

我的第二個嘗試，是增加規則。

她自己玩的時候，都是一個一個買，一個一個賣，涉及的數字有限。我讓玩偶扮演的顧客從買一個水果，變成買幾個不同的水果，比如，買 2 個蘋果和 3 個西瓜。這就需要她嘗試去做加法的統計，算出顧客一共要買多少個水果。

在這一步，我也增加了道具，引導她用大顆粒的樂高積木去做加法，一個積木代表一個水果，積木的疊加讓她對加法的邏輯有了更直觀的認識。

我的第三個嘗試，是設計任務。

我讓玩偶扮演外國的顧客，使用簡單的英文單詞，比如水果、數量、顏色等，以及最簡單的句式來跟老闆交流，營造出一個英語對話的生活場景，激發女兒把平時學過的單詞、句式用起來。這樣一來，她的英語口頭表達能力也得到了鍛煉。

我鼓勵女兒主動向顧客們推薦自己店的水果，這個推銷的場景，可以很好地激發孩子的思考，讓她把平時學過、聽過的詞組織起來，去描述和介紹水果的特點；比如，形容蘋果的時候，她會說「我的蘋果很脆、很甜，又多汁」。在這個過程中，她對事物特徵的概括能力、表達能力，甚至是溝通說服的能力都有鍛煉和提升。

你一定也發現了，通過一步步的引導，我女兒的水果店遊戲愈來愈複雜，通過這種實際的任務，她一次次地將環境信息和已有的記憶信息聯繫起來，並實現了思維的螺旋式上升，這不僅僅提升了思維能力，還提升了各方面的能力。這就是大腦的思考原理帶給我們的禮物，

思維的升級，必然帶來技能的提升；反過來，技能的提升也會促進思
維的進一步升級，進入一個良性循環。

教育百寶箱
- 為孩子設計的批判性思維工具 -

批判性思維是對自己的思維方式進行評估、監控和優化的思維。簡單來説，就像去思考自己想問題的方式靠不靠譜，有沒有漏洞。具有批判性思維的人，一般都有這麼幾個特徵，包括善於獨立客觀和全面地思考、主動收集證據去驗證或者推翻某一個觀點、善於提問和分析。這麼有用的思維能力，我們要怎樣在日常生活中培養呢？

我給大家總結了一套四個問題的引導方法：

第一個問題是，關於這件事情，你想要表達的看法是甚麼？

這個問題很好理解，就是鼓勵孩子説出自己的觀點。

第二個問題是，為甚麼你會這麼看呢？

這個問題，是讓孩子退後一步，整理自己的思考過程，看看自己到底是從甚麼理由出發，走到個人看法這個終點的。有些孩子可能只能説出比較零碎的片言隻語，這時候我們就要幫助他去組織語言，儘量説出一個完整的理由。

第三個問題是，有甚麼東西可以證明你的看法？

這個問題是讓孩子找到可以印證自己看法的例子和證據。比如説，他覺得同學們喜歡的老師説話都是很溫柔的，不會嚴厲批評學生。這時候，他就要為自己的這種看法，找到真實的例子，來增加説服力。

第四個問題是，有哪些東西可以用來反對你的看法？

這個問題就是讓孩子跳出原有看法的框框，嘗試找到對立的例子來反對自己的看法。比如，就剛才的例子來說，孩子需要去找到說話不是很溫柔，甚至有點凶，平時可能會嚴厲批評學生，但是依然挺受同學們喜歡的老師。

之所以要問這樣一個問題，主要是為了讓孩子學會用嚴謹、客觀、有批判性的眼光去看待自己的想法，更全面地思考自己想問題的角度是不是理性的、完整的。

下一次跟孩子討論某一個話題的時候，不妨把這四個問題拋給孩子，訓練一下他在批判性思維方面的「大腦肌肉」吧！

24

新舊「棉花糖實驗」，關於延遲滿足的進一步思考

　　很多家長都聽過棉花糖實驗，測試的是孩子延遲滿足的能力，具體是指孩子面對誘惑的時候能不能等一等，會不會主動採用各種策略分散自己的注意力，以延遲對某些慾望的滿足。這對於學齡前的幼兒來說，是特別了不起的能力，涉及很多高級認知策略，同未來的學業成就和自控力等也有很高的相關性。

　　延遲滿足當然是一種好能力，於是很多家長會問，甚麼時候開始培養孩子的延遲滿足能力呢？其實，很多人對延遲滿足能力和棉花糖實驗有很多的誤解，網絡上很多相關的「教養方法」也是錯誤的。我們從棉花糖實驗中真正能學到甚麼？下面將一一為你解惑。

棉花糖實驗到底是甚麼？

在 20 世紀六七十年，史丹福大學的心理學家沃爾特・米歇爾（Walter Mischel）在史丹福附屬的保育學校，召集了幾十個 4~6 歲的孩子，把他們一一帶進一個小房間，各給他們一塊棉花糖，讓他們一個人待着。

孩子們被告知，如果等 15 分鐘以後大人回來時再吃，就能得到兩塊棉花糖。如果等不及要吃也可以搖鈴鐺叫大人，不過這時候就只能吃到面前這一塊了。

然後米歇爾發現孩子們的表現差異很大。

有些孩子迫不及待搖鈴叫大人進來；有些孩子甚至根本搖都不搖拿起來就吃；還有些孩子會先在四周搜索一下，確認沒有大人再吃；甚至還有孩子會破壞抽屜，偷更多的糖吃⋯⋯

當然，也有一些孩子選擇靜靜等待：有些蒙住眼睛不看棉花糖，有些轉過身去開始唱歌，有些百無聊賴地踢桌子⋯⋯但他們都可以堅持到 15 分鐘後大人重新回房間，然後滿意地領到兩塊棉花糖。

一塊棉花糖真的能預測孩子的未來嗎？

這個研究本來做完也就完了，但好巧不巧的是，米歇爾在 10 年後偶然發現，能堅持等待的孩子似乎學習成績比其他孩子好。

在更嚴肅的後續分析中，米歇爾發現，能堅持等待的孩子SAT（被稱為美國高考）分數更高、更不容易肥胖、更不容易沾染毒癮等。

簡而言之，給人的感覺就是：四歲的時候晚吃一會兒棉花糖，長大了才能走上人生巔峰？

正是這個發現讓史丹福大學的棉花糖實驗在全世界的爸媽和教育者群體裏廣泛傳播，並被當成教育孩子延遲滿足的依據。

如果仔細推敲，讀者會發現這個實驗結論其實有很多問題。

問題 1：棉花糖實驗真的能考察孩子的延遲滿足能力嗎？

米歇爾本人傾向於認為，這個實驗反映的是延遲滿足的能力。

說通俗點，就是會不會小不忍則亂大謀，能不能為了考慮遠方而放棄眼前的苟且。而通過觀察孩子們的行為，米歇爾本人認為這種能力不是單純地硬挺着不吃，而是來源於所謂的元認知（metacognition）能力，也就是能夠主動認知到自己在思考甚麼問題，然後有意識地控制自己認知過程的能力。

在棉花糖實驗裏能夠長時間等待的那些孩子，往往會想出一些轉移注意力的方法來。

米歇爾認為這正說明，這些孩子實際上意識到了近在眼前的棉花糖對自己強大的誘惑，因此有意識地想出了抵抗這種誘惑的辦法。

但是很明顯，所謂的元認知能力是一種甚麼能力，具體在人腦中是如何實現的，又是受甚麼東西調節的，是很難解釋清楚的。

問題 2：忍住不吃棉花糖，真能走上人生巔峰嗎？

很明顯，能忍住不吃棉花糖，長大以後成績好，這兩件事在米歇爾的實驗裏是存在相關性的。但是這兩件事之間有沒有因果關係？我覺得是有待商榷的。

比如說，沒怎麼吃過棉花糖的孩子與經常吃棉花糖的孩子，對眼前的一塊棉花糖的抵抗力很可能就會不太一樣。

而我們也已經知道，家庭經濟條件和子女受教育的程度是存在相關性的（當然，這裏也並沒有證明是否存在因果性）！

所以，到底是棉花糖實驗的結果決定了未來學習成績，還是經濟條件作為因素決定了棉花糖實驗的結果以及未來的學業成績，還是這三者都是僅有相關性沒有甚麼因果關係，仍然是同樣有效但都還沒有完全得到檢驗的幾種可能性。

問題 3：不給孩子吃棉花糖，就能讓他長久等待了嗎？

能夠長時間等待的那些孩子到底是因為甚麼做到這一點的？是遺傳因素，還是後天的成長環境？

考慮到接受測試的是 4~6 歲的小孩子，也許這種能力——不管它是所謂的延遲滿足能力，還是自控力，抑或是元認知能力——是天生的。

但是，由於棉花糖實驗並沒有用上雙生子研究的策略，我們並不能真的確認這一點。就像上面說的，家庭環境確實有可能對孩子們的表現有很大的影響。

　　要説這些問題本來也無傷大雅，一個社會心理學的研究本來就比較難以非常清楚地區分相關和因果、內因和外因。問題是，棉花糖實驗實在是太容易理解、結果又實在是太驚人（忍受 15 分鐘，多考 200 多分），因此在世界範圍內都難逃被誤讀和誤用的命運。這口鍋真的不知道該誰來背。

　　比如，很多育兒書裏會煞有介事地介紹所謂延遲滿足的理念，讓家長們面對孩子的要求，「等一等」，「看一看」，已經將自控力的教育理念付諸實踐了。

　　比如，著名的美國版衡水中學（以專門招收窮人家孩子、大學錄取率超高為標誌的 KIPP 學校[②]），理念就是自控力決定人生，標誌性的口號更是毫不掩飾——「先別吃棉花糖！」

　　結合上面的分析就能發現，這些思維犯了我們説到的所有錯誤：如果延遲滿足和學業成績僅僅相關而無因果關係，那麼強調人為地實施延遲滿足，就不能提高學業成績；如果延遲滿足的能力取決於遺傳因素，那在所有的孩子身上一視同仁地要求延遲滿足，甚至可能扭曲孩子原本的性格特質。而即使是米歇爾自己，也不認為延遲滿足的表現是因為單純地強調「自控」。

　　既然如此，家長和老師們片面強調自控力，強調令行禁止，又有甚麼意義呢？

　　不可否認，棉花糖實驗裏確實有一些邏輯更嚴密的推論值得我們分析。

[②]　KIPP（the Knowledge Is Power Program），意為知識就是力量，是美國的特許學校集團。——編者注

新版棉花糖實驗帶來的更多啟發

2013 年，美國羅切斯特大學理查德・阿斯林（Richard Aslin）領導的團隊重新做了一次棉花糖實驗。

實驗一開始，和米歇爾一樣，研究者們在交代了要求之後離開了房間。但隨後他們引入了一個全新的操作——在一半的孩子當中，研究者沒有遵守他們的承諾。這些孩子等足 15 分鐘等到研究者返回，也沒拿到兩塊棉花糖。

實驗的結果也很驚人：經過一次「欺騙」，孩子們在後續實驗中的表現會顯著退化，堅持等待的時間還不到同伴的四分之一！

和原始版的棉花糖實驗不一樣的是，羅切斯特版的實驗引入了嚴格的對照操作（同樣表現的孩子，守信用和不守信用的大人）。

因此我們可以比較放心地相信其中的因果性：環境確實會顯著影響延遲滿足的能力。

在一個沒有信任、難以預測的不安環境裏，孩子們會傾向於享受當下。畢竟如果不知道明天的太陽還會不會升起，一鳥在手肯定勝過兩鳥在林。

新版棉花糖實驗的提示也許是：持續的、可預期的回報。

我們可以考慮一個極端簡化的情形：智商代表天生的學習、分析、解決問題的能力，學業成績代表一個人如何在具體的學習和測試過程中持續運用前面這種能力。

新版棉花糖實驗的結果告訴我們：不管孩子們在接受測試前的能力如何，也不管這種能力是來自遺傳還是後天環境，是否運用這種能力很大程度上取決於他們接受的反饋。

孩子們接受的信息是：這種能力很好，你會得到回報；這種能力沒有作用，回不回報看實驗者心情。這兩種截然不同的反饋信息，會導致非常顯著的行為差異。

對於延遲滿足是這樣，對於自覺地運用邏輯思維能力是不是也是這樣？對於堅持規律作息，對於遠離毒品困擾，對於堅持道德底線，是不是也是這樣呢？

在我看來，這種回報系統也許就是一座橋樑，連接起深受遺傳因素影響的生理、心理特質和可塑性更強、變化更多的人生經歷與成就。這座橋樑其實就是一種習慣。

作為家長，我們有沒有做到對孩子信守每一句承諾，有沒有讓孩子覺得我們是理性的、可以對話的、不會時不時神經錯亂的爸媽？

作為成年人，我們有沒有太過輕易地制定目標——從減肥、存錢到讀書、交友——然後太過輕易地食言？

我們的習慣，我們和孩子相處的習慣，我們鼓勵和允許的孩子們的習慣，也許正是這些因素最終在漫長的人生裏把先天特質「變現」成具體的人生經歷和成就。這也許是棉花糖實驗的一點點提示。

教育百寶箱

- 保護孩子的心智帶寬 -

有一個對家庭教育很重要但很少有人知道的概念，叫心智帶寬。它是哈佛大學行為經濟學家塞德希爾 • 穆來納森（Sendhil Mullainathan）在著作《稀缺》裏提出的概念。心智帶寬是指我們大腦工作的內存和容量，包括我們處理事情、思考問題用到的認知能力與執行控制能力，可以簡單理解為腦力資源。

穆來納森在書中指出，心智帶寬是非常有限的。長期的貧窮或者忙碌狀態，都會給心智帶寬帶來負擔，造成腦力資源的稀缺和不足，讓人們無法清醒思考，做出明智的決定和行動。

我們不妨從心智帶寬的角度出發，去反思一下：日常的親子溝通中，我們給孩子傳遞的信息有沒有在不經意間給他們的心智帶寬造成負擔？

假設一個場景，你跟孩子在餐廳喝東西的時候，他不小心把果汁打翻了。他有點害怕，愣在那裏。這時候，你會怎麼處理？

可能不少父母會責怪孩子，如果這種責備成為習慣的話，孩子將來在遇到同類或者更大的突發事件時，腦海裏第一時間想到的，可能不是該怎樣處理眼前的問題，而是小時候言猶在耳的責備、抱怨，小時候的羞愧、內疚、挫敗。它們已經佔據了他的心智帶寬，使他難以專注地解決眼前的問題。

如果父母用平和的語氣，給孩子描述剛剛發生的事情，再請服務員清理現場，讓孩子重新點一杯果汁，就可以幫孩子緩解恐懼，讓他從做錯事的孩子這個角色裏抽離出來。孩子不會因為這次小意外，造成「你總是那麼不小心」的心理負擔，這樣的言傳身教是對孩子心智帶寬的保護。

從這個例子我們可以得到一個啟示：當孩子不小心犯錯的時候，提醒自己不要因為一時的情緒影響孩子的心智帶寬，要把自己和孩子的注意力放在問題的解決和補救上。

25

兒童哲思啟蒙的重要性，
可能從來沒人告訴過你

回想我和孩子們最溫馨的親子時光，是我懷抱着她們，一起打開一本書，共同進入一個神奇的世界；講完故事合上書後，我們有時會有片刻的沉思，會重讀，然後我會提出問題，和她們一起思考、討論。這個時候，孩子精神世界的大門對我徐徐打開，我看到她們幼小美麗的心靈、她們的困擾，以及她們的奇思妙想……在笑聲、思考和平等的對話中，我們的心緊緊聯結在一起。

從 1 歲到 5 歲，在持續的親子伴讀時光裏，我家兩個小姑娘都愛上了閱讀，會自己捧着一大本書看到睡着；她們的表達能力有了很大提高，姐姐豐富的用詞常讓幼兒園老師吃驚，她愛上了編故事，充滿了不受限制的想像，最近居然無師自通地獲得了把道理編成故事來教育妹妹的新技能！而且姐姐的邏輯推理能力和理解力都有了不錯的發展。

這樣的親子伴讀魔法時光、自然有趣的提問探究，是父母在家裏就可以給孩子的優質啟蒙，是組成孩子「原生家庭」的重要點滴。

　　很多媽媽有這樣的疑問：我也希望堅持親子伴讀，但是講完故事後我不知道可以再做些甚麼，我可以問孩子甚麼問題呢？我如何和孩子展開討論呢？

　　不用焦慮，能夠堅持親子伴讀，已經成功了一半。愛上聽故事是愛上閱讀的第一步。

　　我們首先需要瞭解在不同發展階段，孩子心中都會有哪些類似的疑問，以及孩子期望從故事中獲得甚麼。從孩子的疑問和需求切入，滿足孩子好奇心和求知慾的討論對孩子的成長幫助最大。

孩子理解世界的三種方式

孩子對這個世界充滿驚奇，他們想知道世界萬物背後是怎麼回事，想知道宇宙和星星的秘密，想知道自己如何和別人相處，也想要瞭解自己是誰。

幫助孩子理解世界，需要知道孩子理解神奇世界的三種方式：獲得科學解釋、通過童話或故事做出象徵性的解釋，以及以問題的形式從哲學上來說明問題。

1. 尋求科學解釋

孩子對現象背後的科學解釋有強烈的好奇心，但是生澀嚴謹的知識概念、局部的科學解釋，不易於孩子理解，也不能解決孩子真正的思索和困惑。譬如，當孩子問「為甚麼水面上有各種各樣的顏色」，給出「因為水面上有一層油」的答案並不能讓孩子滿足，因為孩子還是不明白有油和五顏六色有甚麼關係，為甚麼有油就會產生顏色。

所以學齡前科學啟蒙的原則之一，是從孩子有限的生活經驗出發，以孩子能聽懂的方式，全面闡明現象或事物背後本質的原因及聯繫。

2. 需要故事性解釋

孩子天馬行空不受約束的想像是寶貴的財富，他們不僅愛聽故事，也喜歡自己編童話和神話故事。孩子們需要並相信科學的解釋，但仍然對象徵性的解釋充滿興趣。在編故事的過程中，孩子可以盡情發揮自己的創造力、想像力和理解力，在問題的引導下學會自己去完善邏輯。編故事，是孩子邁出創作的第一步。

3. 提出哲思上的討論

除了科學性解釋、故事性解釋外，孩子還會提出哲思類問題，需要具有哲理性的回答。孩子經常提出的哲思問題，一般是形而上學、邏輯或者倫理方面的問題。

這些問題可能有：甚麼是空間？甚麼是數？甚麼是人？甚麼是事物？甚麼是個性？萬物都有開始嗎？甚麼是死？為甚麼要上學？甚麼是生活？甚麼是意義？甚麼叫好？甚麼是正確？甚麼是公平？

這些問題非常難回答。譬如，時間是甚麼？給孩子解釋愛因斯坦的理論，顯然不太現實。這類問題或者涉及的概念範圍太廣泛，或者沒有絕對正確的答案。

但是這些問題非常重要，而且孩子追求的是整體和全面的理解。他們雖然缺乏知識，卻想追根究底，或者乾脆不再詢問。這也是我們強調兒童哲思啟蒙的原因。

兒童哲思啟蒙到底是甚麼？

從法國到德國，從英國到芬蘭，孩子們從小就開始進行哲學對話。法國幼兒園有定期的哲思討論課。美國不少小學，從二年級開始開設有專門的哲學課，通過課堂討論和辯論等形式，幫助孩子深入思考和探究自我，思考他人和社會等一系列哲學問題。

兒童哲思啟蒙並不神秘艱澀，不是死板的學問，不是文字遊戲，不是沒有意義的糾結，而是從孩子的生活和困惑出發展開的思考。

兒童哲思啟蒙以問答對話的形式展開。語言是思維的載體，對話是表達認知自己的工具。

首先，兒童哲思啟蒙有助於孩子解答自己的哲思類元問題，鍛煉孩子的表達和傾聽能力。

其次，兒童哲思啟蒙有助於孩子思維能力的提高。在對話問答中，孩子開始進行有目的、有強度的思考活動，開始慢慢習得他人的思維表達方式，開始明白自己和他人的不同。

最後，兒童哲思啟蒙可以提高孩子的批判性思維能力、創造性思維能力、合作思維能力和關懷思維能力。

家長可以怎麼做？

1. 從孩子的興趣入手

家長在使用哲思類問題列表時，可以從孩子的興趣入手，先各自分享故事中自己覺得好玩和精彩的部分。

如果孩子暫時沒有興趣討論問題，那就不用急着完成討論任務，等待尋找其他合適的時機和環境，在孩子比較安靜的時候，再提出問題，和孩子平等地討論，耐心地傾聽孩子的生活經歷和想法。能夠做到這一步，就已經是高質量的伴讀，可以建立和孩子的精神聯結了。

2. 教孩子讀懂隱含意義和嘗試推理

李開複老師講過，機械人無法聽懂我們語言之外的含義，這是人類思維的優勢。

而故事裏有很多鍛煉孩子讀懂言外之意和進行推理的機會，譬如，對下一頁劇情的推理和猜想，猜猜故事中人物的表情和動作的含義，想想他們語言背後隱含的含義，再試着補全故事前後的邏輯線。這些是家長和孩子在重讀故事時可以一起思考的。

3. 從生活出發，和孩子一起思考哲學問題

針對哲思類問題，家長不用追求孩子能夠全面深入地想明白，先鼓勵孩子敢於去想，能夠提出不同的假設，培養孩子對自己思考能力的信心和興趣。接下來，如果能從孩子的困惑和生活出發，和孩子一起思考、討論這些大問題，能夠幫助孩子從不同的視角、不同的立場來思考，就是好的家庭哲思啟蒙的開始。

　　我相信孩子如果擁有了「哲思」這層保護罩，無論將來他們生活在哪裏，無論外部的世界如何混亂，他們都不會被輕易入侵，可以在心中拉開安全的距離，擁有堅定寧靜的內心。

教育百寶箱
- 突破定勢的高效思考方式 -

這裏給你介紹一種高效的思維方式，叫主動思維。

一說到主動，我們很容易聯想起「做事積極主動」、「上課主動記筆記」等。這些關於主動的第一印象，固然都是一些值得我們肯定的優秀品質。但這種「強勢」的第一印象，也讓我們忽略了主動的另一層意義──主動定義眼前的場景，選擇更有價值的行為，也就是主動思維。

我們不妨想像一個面試的場景，當所有面試者都循規蹈矩地按照面試的流程做自我介紹，與面試官進行問答互動的時候，具備主動思維的面試者會選擇打破面試的「套路」，在徵得面試官同意後，拿出事先準備好的建議方案，向面試官有理有據地陳述，自己對公司產品的詳細建議與執行計劃。就這樣，把面試的場景，重新定義為方案提報的場景，從而獲得面試官的刮目相看。

一旦孩子具備這種主動思維，在處理問題和應對挑戰時，就更容易繞開默認選項，不被低效的常規想法、做法所束縛，跳出條條框框，從根本目的出發，想出更有效的解決思路和方案。

那麼，怎樣培養孩子的主動思維呢？我們可以有意識地給孩子講幽默故事。為甚麼要講幽默故事？因為幽默有一個核心特點，就是對場景的回應不落俗套。這種不落俗套的背後，就是主動思維在起作用。

作家王蒙曾經說過：幽默，是一種對生活的主動。一味被動順應的人只能在場景面前，服從默認選項，做出本能反應。只有對生活具備主動思維的人，才可以跳出思維定式，反客為主，駕馭場景。

講幽默故事的時候，先把故事的背景講給孩子聽，然後請他代入故事的主角，想想如果自己是主角的話，會怎樣反應，再對比故事主角的做法，引導孩子思考和說出兩種做法的差別。

第五章

塑造軟實力

假如你的孩子在家人面前表現得很活潑，在外卻很內向、羞怯、不自信；情緒化，喜歡以自己為中心；不願接受批評、害怕失敗、害怕被人拒絕；持久性和意志力比較差，做事容易半途而廢，自我管理能力不足——那麼或多或少，他都已經開始有軟實力不足的問題了。

26

一個人的職業成就
80% 由軟實力決定

　　我身邊的大多數人，包括我自己，從小都是按照一套「外部評價系統」培養起來的。甚麼是外部評價系統呢？它包括父母和家庭的期望、學校的評估和老師的要求，以及有沒有做到這些要求。外界的反饋如何，往往會影響我們對自己的評價和認知。當收到負面反饋和評價時，我們就會懷疑自己。我們就這樣按照外部評價系統要求着自己，以大家期望的方式成長、擇業，壓抑忽略了自己內在的真正需求。

　　我不知道你是不是也有這樣的經歷：突然有一天我開始意識到，為甚麼即使我滿足了這些外部的評價，自己的內心仍沒有價值感？反而感覺到很多無奈和迫不得已的妥協，看不到真正的意義？這時候，我開始思考：我想要的到底是甚麼？我到底是誰？我生命的價值和使命到底是甚麼？我之前被壓抑的自我需求開始顯現，我開始想要成為我自己。於是我開始跟從法國的哲學大師奧斯卡・柏尼菲（Oscar Brenifier）教授學習應用哲學和兒童哲學，開始了尋找自我和意義的旅程。

　　那麼這些與軟實力有甚麼關係呢？

　　簡單地說，軟實力就是向內探索自我價值，向外實現人際交流合作，是我們如何同自己、同他人、同世界和諧相處的能力。那麼，孩

子的軟實力啟蒙，第一步就是幫助孩子構建內部評價系統，培養他接納自我、實現自我的能力。

該怎麼培養孩子接納自我的能力

目前大家普遍焦慮一件事：科技發展得這麼快，未來超過半數的工作可能都會被人工智能替代，那我們的孩子將來怎麼辦？我的答案是，從現在開始，培養孩子無法被人工智能所替代的能力、人類獨有的能力，包括好奇心、創造力和自主探索的精神，同時幫助孩子向內接納構建自我，向外理解他人、培養與人合作共贏的能力。這些正是我們要講的軟實力啟蒙。

為甚麼我覺得培養孩子的軟實力要從小開始呢？舉一個我個人的例子。

我的大女兒現在唸幼兒園高班，老師最近開始對他們進行紀律訓練，要求他們把小手放在身後，身體坐直，一動不動地堅持很久。中間不提供任何需要孩子們集中注意力的事情，純粹是紀律自控力訓練。最後堅持不住的孩子會被貼上「自我管理和紀律性差」的標籤，被罰不能在課間出去玩。

女兒回來告訴我說，她今天表現不好，沒有達到老師的要求，所以沒有出去玩。她的自我感受很不好，已經開始對自己產生了羞恥感。

作為媽媽，我心裏很難受。我跟她的主班老師、一個很有經驗的老師聊了很久。我發現，其實老師知道這不人道，但還是認為有必要訓練孩子提前適應我們應試教育的大環境，提前練習各種技能，學會控制自己，這樣才可能考出好成績。而考出好成績，某種程度上已經被默認為等同於「成功和幸福人生」。

現在的應試教育體系仍然以學科成績為評估和選拔的主要標準，我很無奈，也能理解，可是，我不希望自己的孩子們被這些單一的評價體系所困，從而慢慢地忘了自己本來的樣子。

我女兒的經歷不是特例。我一直在給幼兒園和小學階段的小朋友開哲思啟蒙課，旨在培養孩子的思辨能力。在上課的時候，我注意到，有不少很小的孩子，最小的在上幼兒園中班，都已經或多或少開始有一些軟實力的問題了，譬如：在家人面前表現得很活潑，在外卻很內向、羞怯、不自信；情緒化，喜歡以自己為中心；不願接受批評、害怕失敗、害怕被人拒絕；持久性和意志力比較差，做事容易半途而廢，自我管理能力不足。

孩子的個體差異很大，當然不能簡單地說，這就是我們的教育方式造成了孩子的自我懷疑和退縮，但當評價標準只有學習成績，尤其是只有數學和語言能力兩個方面的成績時，孩子的其他六種智能和天賦就可能被扼殺。而軟實力，正是幫孩子應對外部壓力的重要力量，幫助孩子更好地接納和構建自我，塑造冰山在水面下的堅實的基礎。

回想我們小時候的學習經歷，對比現在學校裏孩子們的狀態，我不知道你的心情，我自己真的不忍心讓我的兩個孩子重蹈覆轍，我希望幫助她們從小就走在探索和實現自我價值的路上。

獲得成功不代表孩子必須身心分離，疲於奔命，以獲得外部定義的成功，孩子同樣需要在情感上認同自己，認同學習的價值。當孩子開始尋找自己的興趣、技能、能力、身份和價值時，父母應該和他們站在一邊，支持他們。

我們應該以更長遠的目光，面向孩子十年、二十年後的生活來思考：我們應該創造一個怎樣的教育環境？我們應該怎樣幫助他們發現、維持、激發、點燃自己內心深處的興趣，讓它和學習真正地結合在一

起？我們怎樣才能幫助他們發揮潛能，提高他們為社會做貢獻的能力，幫他們找到生活的意義，讓他們成長為最真實的自己？這是我們應該思考和解決的問題。

怎麼培養孩子理解他人的能力

軟實力這個概念，現在主要應用在職場中。它是哈佛大學的約瑟夫·奈爾（Joseph Samuel Nye, Jr.）在 20 世紀 80 年代提出的，最早用在國家層面上，指一個國家的文化、價值觀念、社會制度等影響自身發展潛力和感召力的因素。後來，這個概念被用在企業中，指一個企業的品牌戰略、價值文化、創新能力等。

那麼，在外部評價系統中，職場很在意的個人軟實力到底是有哪些呢？

講一個我以前工作時的故事，一個關於「天線」的故事。那時候我在法國核電集團工作，那是法國的一個國企。同事們經常在喝咖啡的時候，聚在一起開玩笑。法國人其實也很八卦，我發現有一個同事經常被大家開玩笑。

開玩笑的人告訴我說，這個人沒有「天線」。我當時心想：天線是甚麼鬼？難道法國人工智能的發展已經可以做到人機結合了嗎？

後來聽他們開玩笑說，這個人又做了甚麼蠢事，說了甚麼蠢話。我心想，原來沒有天線是說一個人蠢。可是，我聽過這個同事做報告，講解業務知識挺專業的，而且做報告的能力很好，智商沒有問題。

後來我才明白，「天線」不是指智商或硬技能方面的問題，而是指軟實力。沒有「天線」，是比喻一個人不能準確敏銳地接收周圍的信號，以至於判斷失誤。

那到底是甚麼信號呢？是一些不是通過語言來傳遞的信號，可能是一個眼神、一種語氣等。沒有天線的人，經常接收不到這些信號，不知道其他人是怎麼想的，總是搞不清楚狀況和局勢，導致言行決策失誤，於是就像我那個同事一樣被經常諷刺。

用「天線」形容軟實力的這個方式很有意思。我們一起來拆解一下，看看「天線」代表哪些軟實力：第一，代表觀察、感知的能力。指一個人要能夠觀察感知到生活和周圍環境中的各種信息，包括非語言信息。第二，同理換位的能力。要能夠從別人的角度思考，能夠根據觀察感知到的信息推理出別人的想法。第三，好的判斷能力。能夠判斷出在甚麼情況下應該採取甚麼行為、怎樣表達更好，能夠判斷出事情未來的走向。面對未知的未來，一個人判斷能力的強弱非常重要。準確的判斷能力能夠幫助我們更好地做出選擇和決策。

可見，作為「天線」的這三種軟實力真的很重要。簡單來說，它是指觀察感知能力、換位思考和同理心，以及好的判斷能力。這些軟實力，在孩子走入社會、同人相處的時候非常重要，也是我們人有別於人工智能的非常重要的能力。

一個能適應未來的孩子該具備哪些軟實力？

瞭解了對內的接納和職場上的三種基本的軟實力，我們詳細說說軟實力都有甚麼。簡單來分，軟實力包括內部軟實力和外部軟實力。

內部軟實力主要指性格、思維方式、價值觀，以及心態等方面的實力，具體包括情緒管理能力、應對壓力的能力、面對批評的能力等。

外部軟實力主要涉及我們與周圍人群互動的能力，包括管理和解決衝突的能力、表達溝通的能力、與人合作共贏的能力等。

哈佛大學一項研究特別指出，一個人的職業成就 80% 是由軟實力決定的，只有 20% 由硬技能決定。所以，軟實力的培養對孩子的職業發展和一生的成就至關重要。

對孩子的未來至關重要的軟實力都有哪些？

世界教育創新峰會 WISE 與北京師範大學中國教育創新研究院聯合發佈了《21 世紀核心素養教育的全球經驗》，分析了全球各國際組織重視的人才未來核心能力，最受重視的 7 個能力分別是：

（1）溝通與合作能力
（2）創造性與問題解決能力
（3）信息素養
（4）自我認識與自我調控能力
（5）批判性思維能力
（6）學會學習與終身學習能力
（7）公民責任與社會參與

　　我們知道，硬實力，也就是知識和技能，可以通過集中學習來掌握，軟實力的培養卻需要很長時間，需要大量地練習，而且年齡愈大愈難培養，尤其是內部軟實力。而這未來人才應該具備的 7 個核心能力，都不是具體的、可量化的、可突擊的技能，而是需要慢慢培養、長期練習的軟實力。

軟實力在家庭環境中該如何培養？

先給大家講一個故事，聊聊教育的目的到底是甚麼。

95 年前，近代大思想家梁啟超先生在蘇州的講演中，問過家長這個問題：「為甚麼上學？」

大多數人回答說：「為的是求學問。」

梁啟超先生再問：「為甚麼求學問？」結果很多人就回答不出來了。

梁啟超先生是這麼回答的，他說：「諸君啊！為的是學做人。」

而這個學做人，正是培養孩子的軟實力。

100 年前的教育改革者們就已經知道培養孩子軟實力的重要性，然而在我們現實的生活中，還是有着太多的無奈。現有的教育體制仍需要孩子背誦大量的知識，仍然需要孩子在應試教育中給出正確答案，學業的壓力，孩子和父母都感受得到，似乎可以先解決考試的問題，以後再考慮軟實力培養的問題。

在外部評價標準如此單一的情況下，我們必須考慮，有甚麼力量能保護孩子依然走在自我潛力開發和自我價值探索的路上？如何在家庭語境下，幫助他構建內部評價體系，在技能培養之外，賦予他更多的軟實力，讓他從自我、從他人那裏，汲取更多的力量？

教育改革最大的阻力其實不是體制，而是來源於我們自己的認知。所以最最重要的，是要改變我們的認知，學業成績固然重要，但孩子的軟實力，會關係到他一生的價值和幸福感，是值得從現在開始培養的非常重要的能力。

　　父母需要選擇和勇氣。選擇在於我們自己如何看待成功，勇氣是指如何頂住壓力而做出改變。

　　我們也許無法很快改變教育體制，但我們可以做的是，發揮家庭教育對孩子成長的重大作用，先做好身為父母的功課。

　　我們可以做甚麼呢？

　　首先，我們需要不斷反省自身，努力從自己原生家庭和時代烙印帶來的影響中解脫出來。

　　其次，我們要給孩子營造穩定、安全、快樂的家庭氛圍，給孩子的成長提供強大的支持。

　　最後，我們要和孩子建立好的依戀關係。因為原生家庭關係會直接影響孩子尚未成型的性格，對孩子大腦的發育和心智模式的形成都至關重要，會影響孩子的一生。這些都是孩子未來情感智力、自尊心、認知能力和社交技巧等核心素養形成的重要基礎。

　　這些建議只是從大的原則方向來講的軟實力啟蒙。具體來說，我認為，學齡前孩子軟實力主題主要有三個：第一，情感智力，認識和管理情緒；第二，滿足好奇心和創造力的多種體驗；第三，開始構建健康的內在自我和認知。小學階段需關注的軟實力主要也是三個：如何結交朋友，如何適應外部評價體系，以及如何保持好奇心和學習的熱情。

教育百寶箱
- 創造力培養小工具 -

我們來介紹一個培養孩子創造力的小工具，叫「如果……會怎樣」。它可以幫助孩子打破思維定式，激發想像力，讓思維更靈活。

具體怎麼做呢？

首先，在跟孩子聊天的時候，可以給他們設計「如果……會怎樣」的假設性問題。

設計這類問題時，可以把孩子熟悉的一個事物放在一種不尋常，甚至異想天開的狀態裏。比如，如果世界上所有人都變成螞蟻那麼小，會怎樣？

我們要參與討論，激發他們更多的想法，不要否定他們的任何奇思妙想。可以問問他們，如果我們都變成螞蟻那麼小，我們一頓要吃多少東西啊？

其次，針對一個具體事物的不同特徵，分別提出「如果……會怎樣」的問題。

跟孩子聊火車，可以先一起列出火車的特徵，比如是由一節一節車廂組成的，是在路軌上跑的，是有時刻表的，等等。然後，針對每一個特徵提出一個假設性問題，比如，「如果火車不是一節一節車廂組成的，而是由一條很長、很粗的軟管組成，會怎樣？」

之後，跟孩子一起盡情想像新的可能性。不要擔心想法很荒謬，因為荒謬本身隱含了對和錯的判斷，而創造力要求我們暫時拋開對和錯的標準，打破常規，去尋找新的可能性。

微軟亞洲研究院院長洪小文老師曾經說過，雖然人工智能可以做很多工作，但人類的創造力人工智能目前還無法獲得和替代。所以，創造力是孩子面向未來的關鍵能力，而作為培養創造力的思維工具，「如果……會怎樣」曾經孵化出很多創新產品。比如，民宿行業的鼻祖 Airbnb，就是從「如果我去旅遊的時候就住在當地人的家裏會怎樣」演變出來的。所以，從今天開始，就把這個工具用起來，幫助孩子打開想像和創造力的新天地吧！

27

正確的自我認知，
給孩子一副「幸福」的
眼鏡

　　當我們被問到對孩子未來的期望是甚麼的時候，最常回答的是：
我希望孩子能夠快樂、健康、擁有幸福的人生。相信大多數父母和我
一樣，都非常認同這個期望。

　　可是幸福是甚麼？每個人的答案不太一樣。一些父母可能會認
為，想要幸福首先就要取得好的成績，因為成績好就能進入好大學，
就能找到好工作，就可能獲得成功和財富，從而可以擁有幸福。

　　不過，成功等於幸福的假設其實是不成立的。不可否認，成功更
容易讓人享受生活；但是，外部衡量成功的標準通常是金錢、地位、
名氣等。擁有了這些的成功人士不一定就能獲得幸福感，而既成功又
幸福的人肯定不僅僅因為獲得了金錢、地位和名氣。

　　奧斯卡・柏尼菲講過一個真實的案例，一位女士曾去他巴黎的工
作室找他做諮詢，這位女士不到 40 歲，已經是一家公司的總裁。她從
小到大都很成功，總是在各種考試和競爭中脫穎而出，最後贏得了地
位和財富。但是她來諮詢是因為她生活得不快樂，因為她已經習慣了
競爭，總是不自覺地把周圍的人當作競爭對手。在長年的實踐中，如

何競爭並勝出已經變成了她的固有思維模式，影響着她與合作夥伴、同事和朋友的關係，讓她沒辦法建立有意義的長期關係。她不幸福。

再給大家講一個真實的故事，我一位朋友去非洲的肯尼亞採訪了一位黑人老師，這位老師生活在世界上最大的貧民窟，遍佈暴力和危險的病毒，他卻在那裏默默地教了十年的芭蕾。一間黑黑的殘破小屋子，成為無數貧民窟孩子夢想的教室，在這裏，孩子們可以忘記他們的出身，成為任何人，他們在舞蹈中自信、靈動、表達着美。這位老師給孩子們插上了夢想的翅膀。他是幸福的。

從這兩個真實的故事中，我們可以看到，幸福，只關乎我們每個人的內心，每個人感受到的、所尋找的幸福可能都不一樣，而外在獲得的成功，和幸福的關係其實並不大。

哈佛大學的研究結果也證明了這一點，數據顯示，成功其實只能影響我們幸福感的 10%，剩下的 50% 是基因決定的，另外 40% 是我們的心理決定的。

我們需要做的就是培養孩子那 40% 的幸福感，而啟蒙的第一步是幫助孩子構建正確的自我認知和積極心態，給孩子一副「幸福」的眼鏡。

怎樣才能培養孩子積極的自我認知

自我認知到底指甚麼？

古希臘的神殿上刻有一句話：「認識你自己。」簡單地説，自我認知就是瞭解和認識自我的過程，包括對自己情緒和感受的認識與調節，自我評價、自我規劃的能力，認識自己的長處與缺點，意識並調整自己的情緒、意向、動機、脾氣和慾望，並對自己的行為進行反省和自律。

人的一生都在動態變化中不斷地進行自我認知和調節。我是誰？甚麼能夠讓我跨越時間和變化而保持不變？身份問題是哲學經典問題，我給學齡前和高中的孩子們都講過，這個問題貫穿我們一生。我在回國後就有兩次重新反思「我是誰？」的經歷，因為每一次和不同人群、文化的碰撞，都能幫助我們更深地認識自我。

孩子的自我認知是怎麼發展起來的呢？

對孩子來説，孩子 1 歲前還沒有自我的概念；大約在 18 個月，孩子開始形成自我意識；2~3 歲時，孩子的自我意識和認知進一步發展，更複雜的情緒開始出現，這時候我們就可以開始幫助孩子更好地認識自己的身體和情緒。

3 歲開始，孩子的自我意識快速提升，開始從生理層面進入社會層面，這時我們就要幫助孩子正確認識自己的能力並開始理解自己的情緒。

從 5 歲開始一直到小學階段，孩子的自我認知和構建愈來愈受到外界反饋的影響，孩子會從外貌、性格、人際交往等多方面來認識和

評價自己，父母的評價對孩子影響仍然非常大，是孩子構建自我時的「鏡子」。之後，同伴帶來的影響會愈來愈大，孩子開始在同伴關係中進一步構建、認識自我。

作為家長，
我們有哪些方法可以幫孩子構建積極的自我認知？

那麼，父母如何幫助孩子構建健康的內在自我和認知呢？如何幫助孩子構建自己的內在評價體系？

我們知道，上學後，孩子就會開始不自覺地用外部評價體系來要求自己。軟實力啟蒙的重任主要落在父母身上，我給大家的錦囊是：兩個心、一個思。

兩個心，是指培養孩子的自信心和責任心。

一個思，主要是指培養孩子的成長性思維。

接下來，我們具體來看如何培養孩子的「兩心一思」。

1. 自信心

我們都知道培養孩子自信心的重要性，這也是很常用的一個詞。我們通常理解的自信心是「相信我能做到」，其實自信心有着更豐富的內涵，包括一個人對自己能力的正確評估，這個正確評估是基於對自己過去的表現和能力的自我評價。

關於如何定義自己的內涵以及由此出發家長如何幫助孩子培養自信心，我將在後文中詳細展開。

2. 責任心

培養孩子的責任心，首先要做到的是放棄自己控制孩子的慾望。如果你關注的是孩子聽不聽話，做得夠不夠好，那麼你很可能會錯失很多培養孩子責任心的機會，推遲孩子內心的成長。

具體來看，培養孩子的責任心，包括下面 7 個方面的品質：

(1) 成為一個可靠的人，讓別人覺得可以信賴你
(2) 遵守自己的諾言
(3) 說到做到，履行自己的承諾
(4) 盡全力做事，不輕易放棄
(5) 對自己的行為負責
(6) 做得好的時候接受表揚，做得不好的時候承認錯誤
(7) 集體意識，你是家庭和集體的一員，要做出自己的貢獻

我們可以先從培養孩子的生活自理能力開始，幫助孩子養成對自己負責的習慣。譬如，自己穿衣服，自己收拾玩具衣物，自己洗手帕，出門前自己準備書包、校服，自己設定鬧鐘等，多給孩子自己嘗試和在錯誤中學習的機會。

孩子大一些可以鼓勵他參與家務活動，一開始可以只是擺筷子，擦掉自己打翻的果汁，再到幫忙收拾打掃房間等，不要嫌棄孩子一開始做不好而代勞，要給孩子多多動手和練習的機會。

培養孩子責任心的溝通秘訣是：多描述自己的期許，期待孩子做到的樣子，儘量不要說教和直接命令。譬如，媽媽好期望你能自己提前收拾好書包，早上鬧鐘一響就能自己起床穿好衣服，能提醒媽媽時間，保證我們可以提前出門，如果這樣媽媽就太開心了。如果孩子做到了，要及時給予積極反饋。

3. 成長性思維方式

成長性思維是史丹福教授卡蘿 • 德威克教授（Carol S. Dweck）提出的理論，她因此獲得了有教育界諾貝爾獎之稱的「一丹獎」。

　　具體來說，如果我們認為所有的事情都離不開個人努力，這個世界上充滿了幫助我們學習、成長的有趣挑戰，我們擁有的就是成長性思維模式。

　　當孩子擁有成長性思維，他將樂於接受挑戰，並會積極地擴展自己的能力。而且當他每一次突破自己的舒適區去迎接新挑戰，大腦中的神經細胞就會形成新的、強有力的連接，長久下去，他就會變得愈來愈聰明。

　　固定思維的孩子，規避挑戰，痛恨變化，總關注限制，認為無法改變現狀，不接受批評，喜歡待在舒適區，有時覺得努力無用，畢業後無須過多學習。

　　成長性思維的孩子歡迎挑戰，擁抱變化，總是尋找機會，認為凡事皆有可能，珍視反饋，主動學習，喜歡探索新事物，覺得每次失敗都是一堂課，認為學習是終身的事業。

　　德威克教授還做了一個著名的實驗，研究一句稱讚的話對孩子的思維方式是否能產生巨大的影響。實驗得出的結論是，不要輕易讚揚孩子的聰明，而要讚美他的認真、勤奮、堅持和努力。

　　下面送給大家 15 個讚揚孩子的方法。

（1）努力：你很努力啊。

（2）堅毅：儘管很難，但你一直沒有放棄。

（3）態度：你做事情的態度非常好，很積極。

（4）細節：你游泳時手部的姿勢更標準了，在 ×× 方面進步了很多。

（5）創意：這個解決問題的方法真的很有創意。

（6）合作：你和夥伴們合作得真好。

(7) 領導力：這件事你負責得很好。

(8) 勇氣：你不怕困難和挑戰，我很喜歡這一點。

(9) 熱心：你幫助她完成了任務，做得真不錯，很熱心。

(10) 責任心／條理性：你的房間／書桌整理得很好，你很有責任心／條理。

(11) 信用：我相信你，因為前幾次你都說話算數，很講信用。

(12) 參與：你今天參加活動時表現得很好。

(13) 虛心：你很重視別人的意見，你真的很虛心。

(14) 選擇：你做出這樣的選擇我很驕傲。

(15) 細心：你記得帶傘，考慮得真周全。

總之，對孩子的表揚一定要具體明確，要讚揚過程，而不是結果，可以讚揚你希望孩子具備的品格。目的是，鼓勵孩子坦然接受挫折，願意不斷進行自我挑戰，培養他們的成長性思維。

教育百寶箱

- 積極心理學的幸福小工具 -

有一個讓孩子變得更樂觀的小工具，叫樂觀的解釋風格。心理學研究發現，決定心態樂觀還是悲觀的關鍵，在於我們怎麼理解事情發生的原因，積極心理學家馬丁・塞利格曼（Martin Seligman）把它叫作解釋風格。

甚麼叫作樂觀的解釋風格呢？就是把好事發生的原因，歸功於可控的因素，比如考試成績好，是因為自己的努力；把壞事發生的原因，歸因於偶然的因素，比如爸爸無緣無故批評他了，那一定是爸爸今天早上心情不好。將成功歸因於可控的因素，把失敗歸因為偶然，他會更願意努力，也更不容易陷入情緒的泥潭。

那麼，怎樣培養孩子樂觀的解釋風格呢？

第一，成功的時候，幫助孩子總結穩定的特點和原因。

比如說，「雖然你剛開始騎自行車的時候摔了好幾次，但是你沒有放棄，慢慢掌握了平衡的技巧，成功騎了幾十米。這種堅持真的很棒！」堅持這個特點，就是從行為裏面提煉出來的。

第二，失敗的時候，同他一起分析原因，找到他有能力改善的點。

當孩子遇到不好的結果或做錯事的時候，千萬不要去批評他的性格或者否定他的能力。比如說，你為甚麼總是喜歡搞破壞，你就是一個不會收拾的人。「總是」、「就是」、「從來」這些帶有絕對意味的評價，容易讓孩子形成悲觀的解釋風格。我們要跟他一起分析，那些暫時出現的、他有能力改變或者改善的原因。比如說，我猜，你這次是因為考試前準備還不夠充分，所以有點緊張，沒關係，下次可以提前複習。

第三，跟孩子一起回顧他過去在同類事情上做得好的例子，這些成功案例可以讓孩子更加確信，挫折只是暫時的，自己有能力在以後做得更好。

給孩子換一副樂觀的濾鏡來看世界，幸福的種子就開始在他的心中慢慢發芽，長成一棵笑對人生的大樹。

28

真正決定成功的關鍵
不是智商，是情商

說起孩子的情緒，最常遇到的問題是，我家孩子一不如意就崩潰大哭，怎麼哄都哄不好，怎麼教會他做情緒管理呢？確實，小孩子的情緒變化無常，用媽媽群裏大家最愛用的吐槽話說就是可怕的兩歲、恐怖的三歲、忍無可忍的四歲⋯⋯所有這些，都指向孩子不穩定的情緒。

但這並不是壞事。在討論如何教孩子做情緒管理之前，我們先花一點時間，感受一下我們自己的情緒。

讓我們一起想像一個情景：想像你正在高速公路上開車，一輛汽車突然超車朝你衝過來。你緊急踩刹車、轉方向盤躲避，結果還是撞到了對方車尾側面；而前面的車居然沒有停下來，歪歪斜斜地開走了。你驚魂未定，又害怕又生氣，後面的車還沖你大聲按喇叭。這時候，你會怎麼做呢？

這個簡單的情境，可以帶我們理解情緒發生的過程。

首先，情緒是一種下意識的反應。

出現危險情況時，恐懼情緒會觸發原始神經回路，直接對大腦下達命令，於是我們瞬間做出本能的反應，感覺還沒有來得及細想，我們就已經踩下了刹車，轉了方向盤，躲避開了危險。

其實，情緒是人類進化的遺產，可以不經過我們的理性大腦，也就是前額葉大腦皮質，就能快速對情境做出本能反應，保護我們免受傷害。

其次，情緒持續的時間通常很短，一個情緒往往會帶來更多的衍生情緒。

恐懼情緒很快就會退去，然後我們開始因為別人駕駛失誤和剛才的危險情況而感到生氣。生氣的情緒，就像火一樣，是可以被「餵養」且愈燃燒愈猛烈的。所以當後面的司機沖我們按喇叭時，在平時這可能沒甚麼，但在今天這個情境下，生氣的能量就會被疊加，我們就會愈發生氣。

這個時候，有些人可能就會對後面的司機大發脾氣，甚至可能被憤怒沖昏頭腦，造成不好的後果；有些人雖然也會生氣，但是能夠控制住自己的情緒，冷靜下來思考，做出正確的判斷和舉動，比如把車安全駛入應急車道，下車檢查汽車受損的情況。

我們當然希望孩子做後一種人，在充分感知自己的情緒之外，還能夠冷靜下來思考，做出正確的判斷和舉動，而這些，就涉及孩子情感智力的啟蒙。

情感智力是甚麼？

情感智力（EI）這個詞你可能不太熟悉，有個更接地氣一些的詞——情商，即情感智力商數，也就是我們常説的 EQ，是衡量情感智力的指標。當我們衡量一個人的情感智力發展水平的時候，會説情商高或情商低。

情感智力這個概念是 1990 年，耶魯大學的彼得・沙洛維（Peter Salovey）和約翰・梅爾（John Mayer）正式提出的，指的是個體監控自己及他人的情緒和情感，並識別、運用這些信息指導自己的思想和行為的能力。

這個定義聽起來有點抽象，換句話説，情感智力是識別和理解自己或者他人的情緒狀態，並利用識別出來的信息做判斷、做決策，並調節自己的行為，是一種綜合處理情感信息並行動的能力。

這種能力在近幾年得到了高度的重視，哈佛大學心理學教授丹尼爾・高爾曼（Danial Goleman）在他的著作《情商》一書中寫道：「真正決定一個人成功與否的關鍵是情商而非智商。」這一觀點也愈來愈受到普遍認可。

那麼所謂的高情商到底是甚麼意思呢？是不是人們常説的不發脾氣、會説好聽的話、懂得左右逢源呢？其實，這只是對情感智力的片面解讀。

情感智力高的人不代表要一直「做好人」，反而在關鍵時刻，要能夠演「黑臉」。

情感智力高的人不代表擅長壓抑情緒，反而是能夠坦誠有效地表達真實情緒。

　　情感智力高的人也不代表懂得發洩情緒，而是懂得管理情緒的方法，能夠很快擺脫負面情緒的影響。

情感智力的五個維度

　　事實上，戈爾曼教授提出了關於情感智力的五個維度，幫助我們全面理解這一能力，這五個維度分別是甚麼呢？

　　第一，瞭解自己的情緒：能夠察覺某種情緒的出現，觀察和審視自己的內心體驗，監視情緒的變化，這是情感智力的核心。它要求我們有自我覺察能力、正確評估自我的能力和自信心。

　　第二，管理自己的情緒：能夠調控自己的情緒，使之適時適度地表現出來。需要的能力有自製力、誠信感、謹慎、適應力、成就驅動力和主動性。

　　第三，自我激勵：能夠依據活動的某種目標，調動、指揮自己情緒的能力。高情商的人更懂得自我激勵。

　　第四，認知他人情緒：能夠通過細微的社交信號，敏銳地感受到他人的需求和慾望，並做出適度的反應。它包括我們以前提過的「天線」軟實力。

　　第五，妥善處理人際關係的能力：能夠管理他人的情緒和反應的能力。

　　要給孩子做情感智力的啟蒙，意味着以上提到的五個維度，我們都要關注。

情感智力啟蒙的三個階段

我們知道，考試成績好不一定預示着成功和幸福的人生，但是情感智力高的人，也就是能很好地瞭解、感受並管理自身情緒的人，能理解、懂得並能對他人的感受做出恰當反應的人，更容易在未來人生的各個領域取得優勢。無論是組建親密的家庭，還是與他人建立良性的合作，都需要我們有着良好的情感智力。

培養孩子情感智力的重要性毋庸置疑，那我們從甚麼時候開始呢？簡單地說，從現在開始。具體來講，在孩子生命的不同階段，有着不同的情感發展任務。

1~2 歲，幫助孩子感受和識別情緒

孩子一出生就有基本情緒，譬如快樂、悲傷、生氣、驚奇、厭惡等，然後會發展出害怕陌生人的情緒。18 個月以後，隨着孩子自我意識的出現，孩子開始發展出高階的複合情緒，譬如驕傲、內疚等。情緒體驗從孩子出生以後就有了，所以在生命的最初時刻，我們就可以在孩子有情緒發生的時候，溫和地描述他的情緒體驗，帶着他感受和識別自己的情緒了。

3~6 歲引導孩子嘗試表達自己的情緒

如果我們在第一個階段時幫助孩子感受和識別自己的情緒，等他大一些，能夠比較流利地用語言表達的時候，他就會知道，原來情緒體驗人人都有，而且是可以表達和交流的。

3~6 歲是孩子情感智力的塑造期。孩子要首先學會識別自己的情緒，其次能夠準確地表達自己的情緒，能夠明白自己和他人情緒背後

內心的感受，解釋情緒出現的原因，以及情緒如何引發行為。在這個階段，好的家庭啟蒙非常重要。

7~12 歲幫助孩子反思自己的情緒

7~12 歲是孩子情感智力的鞏固期。孩子進一步提高自我認知，明白情緒產生的原因和動機，能夠管理自己情緒表達的方式，瞭解自己情緒表達的行為可能帶來的結果，提高換位思考能力以及交朋友的能力，這些都需要孩子有比較好的反思能力。

剛開始，可能需要我們幫他代入，引導他思考事件中的其他人是怎麼想的，他自己的行為可能會帶來甚麼後果。如果孩子經常進行這樣的思考練習，他們會更關注他人的感受和需要，也能更好地融入學校的社交環境，在和他人的交往互動中進一步發展自己的情感社交能力。

以上三個階段的任務並不是絕對分開的。在嬰幼兒期，我們在幫助孩子感受自己情緒的同時，可以簡單講講情緒產生的原因，比如「媽媽不同意，所以你有點生氣」。在幼兒期，小朋友之間起衝突的時候，我們也可以試着引導他跳出自我中心的角度，想一想其他孩子會有怎樣的情緒，還可以通過角色扮演、玩偶遊戲等，幫助他更完整地理解事件，引導他去反思。

總而言之，情感智力的提高是可以持續一生的；所以需要不斷地學習和練習，而我們終其一生，都在不斷提高自己的情感智力。

在家如何開展情感智力啟蒙呢？

前面已經說過，基本情緒是我們與生俱來的本能，情緒雖然短暫，但一旦發生，就不是我們能阻止得了的。所以情感智力啟蒙的第一步，是樹立一個態度，接納各種情緒，無論是正面的還是負面的。情緒本身並沒有好壞，各種情緒都有其進化而來的功能。

具體到提高孩子情緒管理的能力，主要是指對以下兩個方面的情緒管理。

首先，在情緒沒來之前，能夠識別情緒，主動控制情緒的誘因，包括自身內部的信念和思維方式，以及外部環境的誘因。

其次，當情緒發生之後，能夠主動控制自己不被情緒長久淹沒，用合適的方式和渠道表達出來，積極調整行為。

我要教給你一個方法，叫作「1+6+2」：1 是給孩子的一個秘訣，6 是給父母的六條原則，2 是兩個實用錦囊。

一個秘訣

一個給孩子的秘訣很簡單，告訴他：「情緒人人有，一會兒就過去。」可以在孩子有情緒的時候使用，並鼓勵他不斷重複。簡單的一句話，代表着我們的理解和接納，也給了孩子空間去感受和體驗自己的情緒，之後，就是父母的功課了。

六條原則

給父母的 6 條原則是：

（1）我們大人要妥善處理自己的情緒。

（2）關注並跟蹤孩子的情緒。

（3）能夠說出自己的情緒。

（4）能夠坦然直面自己的情緒。

（5）與孩子展開無盡的共情，理解和感受他的情緒。

（6）在家庭中營造高要求但是溫暖人心的家庭氛圍和教育風格。

這些原則雖然看起來很簡單，但真正實施起來並不容易，因為我們每個人都不可避免地帶有很多對情緒的原始看法，這個看法可能來自我們的長輩，可能來自我們的生活經歷，可能已經根植於我們內心深處，不容易被覺察。譬如，老人一般不太接受負面情緒，會想辦法阻止孩子哭泣和難過。

所以給孩子做情感智力啟蒙的第一步，是提升我們自己反思的能力，客觀地看待孩子的情緒，並給他溫暖的支持，這也是我強調家庭氛圍的原因。

兩個情感智力啟蒙方法

接下來，再推薦兩個實用的情感智力啟蒙方法。

1. 利用家裏的冷靜角

利用冷靜角是一個很好的幫助孩子處理負面情緒的方法。這裏需要提醒一點，冷靜角不是把孩子丟給負面情緒任其被吞沒，而是留給孩子一個空間，教給他一些方法，讓他可以在恰當的地方進行恰當的表達，畢竟孩子的情緒也需要發洩。

我們可以跟孩子一起建立冷靜角的使用規則：

（1）冷靜角不是懲罰，而是當覺得自己有負面情緒了，需要
　　　冷靜的時候，可以自動進入冷靜角冷靜一會兒。全家人
　　　都可以使用，父母可以先使用做示範。

（2）如果家人覺得你的言行需要去冷靜角，可以要求你去冷
　　　靜角，請採納他們的要求。

（3）冷靜下來後可以離開，不要忘了先和家人聊聊剛才的情況。

冷靜角裏可以準備一些幫助冷靜的工具，譬如鏡子、沙漏、萬花
筒、音樂盒、玩偶等。

還可以和孩子一起寫出冷靜角的使用步驟，一家人一起練習。

譬如，進入冷靜角後，首先要用腹部深呼吸法深呼吸 5 次；其次，
拿起冷靜角的玩具玩一會兒，建議列出玩具使用順序，譬如：（1）玩
偶；（2）鏡子；（3）沙漏；（4）音樂盒；（5）萬花筒。

最後，你也可以鼓勵孩子提出能幫助自己冷靜下來的方法，引導
孩子用更積極正面的心態去看待問題。

2. 情緒溫度計

我們可以在家裏自製一個情緒溫度計，標明各種主要情緒，快樂、
興奮、驕傲、平靜、生氣、憤怒、悲傷、難過、擔心、害羞等，然後
每天和孩子進行情緒記錄，互相説説自己當下的情緒是甚麼，產生的
原因是甚麼，可以怎麼辦，還可以嘗試畫出來每天情緒波動的曲線。
這個方法鼓勵全家一起參與。

這是一個簡單但非常有效的啟蒙方法，可以幫助孩子清晰地識別
自己和他人的情緒，正確命名情緒，明白情緒背後的原因和思考方式，
提高自我意識。我們也可以自然地分享自己的情緒和情緒管理方法，
包括由孩子造成的情緒，這既是生動的啟蒙，也是高質量的交流。

教育百寶箱
-終身受用的情緒管理訓練法-

同理心這個詞，你可能聽說過。它是指設身處地理解別人的想法和感受。而有想像力的同理心，是在理解孩子想法和感受的基礎上，沿着這些想法繼續想像出更多的畫面，讓孩子的注意力從情緒的旋渦裏跳出來，進入想像的場景，逐漸平復心情，控制情緒。

舉個很常見的例子。孩子在外面哭着喊着想買玩具，大人說，家裏已經有很多啦，不要再買啦！但孩子仍不依不饒、大哭大鬧，搞得在場的每一個人都很尷尬。

這時候，有想像力的同理心就可以派上用場了。

我們可以先肯定訴求，跟孩子說：「你現在希望馬上能買這個毛絨玩具，把它抱在懷裏，對嗎？」

等孩子點頭認同後，可以幫助他描述一下，當這個訴求滿足不了的時候，他有甚麼情緒。可以說：「所以，如果爸爸不肯買，你特別傷心，也特別生氣，是嗎？」

等孩子再次表示認同後，我們就可以帶着他展開想像了：「如果你買了這個毛絨玩具，會不會給它起一個名字呢？」

這個問題，把孩子的注意力從「我得不到想要的玩具」，轉移到「我得到了以後可以怎樣」。而這種想像本身是需要孩子主動思考的，本來投在情緒上的精力會被抽出來，轉而用於完成想像這項新任務。而且，在想像「我可以怎樣」的時候，孩子感覺到自己重新掌握了主動權，不再是被大人一票否決的小可憐。我們還可以給孩子連續提出幾個這種想像的問題，讓他盡情地想像，放下原本的情緒。等他逐漸平靜下來，恢復理智，我們再提醒孩子想想，還有甚麼事情他現在特別想去做，或者希望我們陪他一起做。

從肯定訴求，到描述情緒，再到想像，這三部曲就像太極一樣，以柔克剛，把孩子的情緒轉化成想像力。下次遇到孩子發脾氣的時候，建議你嘗試一下。

29

四個關鍵，
培養自信而不自負的孩子

有家長問我們：如何提高孩子的自信心？

我們在課堂上發現，不少孩子表現出內向、羞怯、不願意當眾表達，或者表達時會緊張、不自信。

我們都知道培養孩子自信心的重要性，但是如何有效地幫助孩子提升呢？現實生活中，很多父母不知道該如何做；因為很多事情都是孩子第一次嘗試，他們還在學習成長，一開始可能不能很快就完成，會有失敗和很多需要幫助的地方。

因此，家長們就產生了很多問題：

（1）我們應該放手讓孩子自己嘗試，給他機會在一次次失敗中自己成長嗎？

（2）有時候，孩子自己嘗試很久還是做不到，就會氣餒或放棄，那麼我們應該在甚麼時候主動介入，幫助孩子體驗到成功，保護他的學習動力呢？

（3）當孩子完成一件事情時，我們很容易先看到不足和孩子需要提高的地方，在幫助孩子進一步提高和改進的過程中，怎麼保護他的自信心呢？

這些問題都非常好。我們通常理解的自信心是「相信我能做到」，

似乎只要信任孩子，鼓勵孩子就夠了。其實孩子在學習成長過程中肯定會面對很多次失敗和挫折，只是放手鼓勵是不夠的。

我們先一起來看看自信心的內涵和要素，之後我會給大家一些具體的建議。

自信心有很豐富的內涵，不是盲目的自信，而是一個人對自己能力的正確評估，這個正確評估是基於對自己過去的表現和能力的自我評價。

舉個例子，一個人可能不擅長做一些事情，但是做不好某件事情可能並不影響這個人對自己的自信，而這正是因為他對自己的能力有正確的認識和評估。他知道自己做不好的原因，可能是不感興趣或者初次學習，他知道只要努力就可以提高能力，能夠從錯誤和失敗中學習，不在意外人的評價或嘲笑。

簡單地說，自信是指一個人對自己能力的預期，以及對自己先前的表現和能力的自我評價。心理學在線詞典將自信定義為個人對自己的能力、潛力和判斷的信任，或者相信自己可以成功面對日常挑戰和要求。

自信可以帶來幸福感，當我們對自己的能力充滿信心時，我們就會因為成功而感到高興；當我們對自己的能力感覺更好的時候，我們

就會更有活力和動力去採取行動，實現自己的目標。我們都有過這種體驗。

　　孩子天生自信心就不足，因為他們的能力真的有限，也沒有很多過去的成功經驗來支撐。

　　我們的培養有時會使孩子對自己產生盲目自信，但是沒有對自己能力的客觀評估來支持所形成的盲目自信其實是自負，是脆弱的，更容易帶來失敗感。

培養孩子的自信心，
父母需要從下面四個關鍵方面入手：

1. 幫助孩子客觀瞭解自己的能力

有家長可能會問：小孩子的能力本來就很有限，具體而言，該如何幫助孩子客觀地瞭解自己的能力呢？

這裏有三點建議：

（1）調整衡量孩子能力的標準

父母要調整衡量孩子能力的標準。不要和別的孩子比較，更不要以自己心中完美的形象作為尺子來衡量孩子，而要基於孩子本來的樣子，基於孩子昨天或去年的表現，在此基礎上來衡量孩子能力的進步，並及時給予孩子積極的反饋。

（2）幫助孩子認識天生的能力

不要忽略孩子天生的能力。生命本身就是奇蹟。孩子一出生就會吃奶，慢慢地能抓取，具備超強的感知和學習能力，不要忘了從這些能力開始肯定孩子；等孩子再大一些，就可以幫助孩子瞭解自己身體各部位的能力，譬如手的能力、腳的能力，以及身體其他各部位，甚至器官的能力。人類天生的這些強大能力很容易被忽略，幫助孩子認識身體的能力，不僅可以激發孩子的好奇心，還可以給孩子信心。

（3）幫助孩子接納自己獨特的外形和外貌

孩子小時候容易因為別人一句對自己外表的負面評價而影響自信心，父母要幫助孩子從小就逐漸認識到每個人都是獨一無二的，無論

是大眼睛小眼睛、黑皮膚白皮膚、鼻子嘴巴的形狀如何，都有自己的特點，每個人喜歡的可能不一樣，但是不可以隨意評價、嘲笑他人。

2. 培養孩子的優勢能力

幫助孩子發掘興趣和天賦，培養優勢能力。父母要觀察和發掘孩子的興趣和天賦，鼓勵並幫助孩子重點在這些領域提升個人能力。在這個過程中，父母一定要多關注、讚揚孩子的每一個具體的進步，注意使用正面的溝通方式和鼓勵成長性思維的讚揚方法。

3. 幫助孩子理解科學的學習過程

幫助孩子理解科學的學習過程，調整孩子對自己表現的預期。

很多時候，我們和孩子都以為學習過程應該是直線上升的，如果實際情況不是這樣，就會懷疑自己，覺得自己能力不夠。

但是，其實學習過程中註定要產生很多次感覺掉在坑裏出不來的挫敗感。就如下面這張圖中詮釋的一樣。

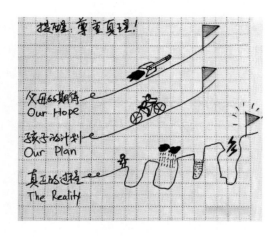

　　父母和孩子都需要對學習的過程和孩子的表現有正確的瞭解和預期。在孩子掉進坑裏時給他們鼓勵和支持，調整任務的難度，讓孩子能夠體會到在自己不斷的努力和嘗試後，克服困難、終於達到目標的成就感。這樣的體驗可以在孩子內心留下深刻的印象，也是孩子自信心的來源。

4. 給孩子無條件的愛和接納

　　給孩子無條件的愛和接納，是孩子自信的基礎。我們要接納孩子本來的樣子，體諒孩子，尊重孩子。每天給孩子充滿愛的擁抱和鼓勵。這樣的孩子才更有勇氣踏出自己的舒適圈，不斷擴大自己的探索領域，將來也能走得更遠更好。

　　相信在家長的愛以及幫助下，每一個孩子都能夠成長為一個自信卻不自負的人。

教育百寶箱
- 孩子成長需要你的「深描」-

這裏給你介紹一個鼓勵孩子的有效方法，叫深描。簡單來說，深描就是有豐富細節的深度描述。描述的對象是孩子在探索新事物、學習新技能的過程中，付出的努力、嘗試的方法，以及所體現的毅力等。

平時，我們鼓勵孩子時，可能會衝口而出說：「啊！你真棒！寶貝你太棒了！做得很好！」細想一下，這樣的讚美和表揚空洞而籠統，毫無信息量可言。也許這能讓孩子有一時半刻的愉悅感，卻讓他錯過了一次又一次學習的機會。因為這些抽象的表達無法讓孩子理解他到底做對了甚麼而獲得了你的肯定。

深描就可以解決這樣的問題。因為，深描就像給孩子一面清晰的鏡子，用豐富的語言信息，幫助他在大腦裏建立起清晰的「經驗文檔」，使他能夠明確地知道，自己為甚麼能成功，做對了甚麼事情獲得了進步。

那麼，怎樣進行深描呢？舉個例子，孩子在嘗試用湯匙吃蔬菜粒的時候，你可以觀察他的每一個動作細節，跟他說：「剛開始，你怎樣也吃不到碗裏的蔬菜粒。後來，我注意到你試着把碗翹起來，蔬菜粒就像滑滑梯一樣掉進湯匙裏去了，這真是一個好辦法！」

也許孩子在嘗試新辦法的時候是無心插柳，但經過你的深描，無意識的探索行為就會被細緻的語言勾勒出清晰的輪廓，在腦海裏刻下清晰的印記。對經驗的整理加工愈精細，孩子的進步效率就愈高，就能在同樣的經歷裏，比別人吸收得更多，成長得更快。

30

幫助「弱勢」的孩子，提升問題解決能力

曾有朋友傾訴了一件很困擾她的事。

家裏的小朋友跟其他孩子一起玩的時候，總是處於弱勢地位，不是被搶玩具，就是吵架吵不過大哭，或者被推了一把一臉呆呆的，不知道他是甚麼感受或有沒有受到傷害。

孩子在衝突中處於弱勢，每個爸媽都擔心會不會給孩子造成甚麼長期的影響。同齡孩子之間的衝突非常常見，這也是他們社會發展的一部分。在同其他人的相處中，他們會逐步地學會解決問題。

但有一些孩子總是讓人格外心疼，他們無論是在遊戲場所還是在幼兒園，都常常處於弱勢。怎樣才能幫助這些看起來處於弱勢的孩子，提升解決問題的能力呢？

如何幫助看起來處於弱勢的孩子？

1. 向孩子表示我們的支持

解決問題的第一步，是鼓勵孩子說出自己的想法，而孩子在感到安全和支持的時候，才最願意表達。有些敏感、慢熱的孩子需要更多的時間來確認大環境是否安全，某些孩子比較不適應在眾人面前講話，他們小小的心裏有着自己的顧慮，需要反復確認成人會給他支持。

有一個小小的技巧可以在調解衝突的時候使用，那就是準備一個小玩偶，拿到玩偶的孩子才能說話，幫助孩子實現輪流發言。每個孩子都要去表達，也都要學會傾聽，在這一過程中，每個人都會試着去理解其他人的想法，有助於發展孩子的同理心。

向孩子表示我們是支持他的，他說甚麼都是安全的，這是最有利於表達的支持性氛圍。

2. 幫助孩子正確表達自己

在衝突發生的時候，孩子處於情緒激動的狀態，常常不能清晰地表達，說出來的句子也是斷斷續續、詞不達意的，需要我們不斷地複述和詢問，幫助他整理思路，給出正確的表達。

在孩子輪流澄清問題的時候，常常會說出很多攻擊性的語言，比如，「他是個笨蛋」，「我再也不和他做朋友了」，這是孩子在用具體的語言表達他們當下的情緒，而不是真的在對同伴發起攻擊。這個時候，我們幫助他們去除過多的情緒表達，將這些語言轉變為沒有攻擊性的客觀陳述，有助於衝突雙方理解對方的意思。

在平時沒有衝突的時候，可以選擇一些關於同伴衝突的繪本，比

如《我愛幼兒園》系列，就有很多小朋友吵架、打架的衝突，繪本或者故事可以讓孩子站在第三方的角度，更客觀地看待衝突是怎樣發生和解決的。這也是一種學習。

3. 及時做出肯定

不管是在家裏還是在幼兒園，大家的養育或教育風格總不會那麼一致，有些會強勢一些，強調孩子要聽話，要順從；有些會柔和一些，希望能更多地尊重孩子的意見。

改變成人是非常困難的，但支持孩子去表達自己，則會相對容易一些。

衝突解決是一步一步完成的，先是語言上的，從最開始的用身體攻擊表達自己的意願，過渡到用語言攻擊（大聲哭泣、罵人等），再後來慢慢地試着用語言表達自己的意願，試着跟人協商，最後自己做出讓步。

如果孩子剛開始只是哭，後來能詞不達意地開口表達，即使結果仍然是處於弱勢，我們也應該及時肯定他的努力。至少，他在尋找更高階的表達方式，未來一定會愈來愈熟練。

4. 體驗不同的相處模式

有時候孩子在衝突中總是處於弱勢，可能是抗爭總不成功，後來也就放棄反抗了。如果孩子的同伴總是比較固定，而一下子在固有的相處模式中超越對方是很困難的，可以給孩子引入更多的實力相差不懸殊的小夥伴，讓他從之前被全面碾壓的模式中走出來，喘口氣，體驗一下不同的相處模式。

　　幼兒階段還是以自我為中心，發生衝突的時候，孩子看到的都是自己的要求沒有得到滿足，很少能看到別人，而讓孩子們坐下來一起解決問題，通過語言表達和信息交換，孩子慢慢地就能走出自我中心的思考方式，能在考慮自己需要的同時，關注到他人的需要。

　　多樣化的小夥伴傳遞了一個很重要的信息，除了我之外，除了「欺負」我的人之外，這個世上有各種各樣的其他人，每個人的想法都不一樣，但有了問題，我們可以坐下來一起協商解決。

孩子在練習解決衝突時，仍需要我們的幫助

以上方法旨在提高孩子的問題解決能力，但只是把這些方法教給他們，是遠遠不夠的。因為實際的衝突可能會很複雜，只是單純掌握了方法的孩子並不一定能很好地解決問題。

在孩子們發生衝突的時候，我們需要讓處在衝突中的每一個孩子都瞭解以下原則，這是讓孩子自己解決問題的前提，也是我們成人給孩子營造的練習解決問題能力的安全環境。

原則一：絕對不允許傷害

在幫助孩子學習解決問題之前，我們要先設定原則，也就是孩子之間衝突的底線，傷害是絕對不被允許的，無論是身體傷害還是情感傷害。

一旦有傷害發生，必須馬上介入，制止衝突。我們當然要鼓勵孩子解決自己的問題，但必須在對自己、對別人都沒有傷害的前提下，這是底線。

原則二：解決問題的目標是衝突的雙方都滿意

這裏所説的衝突的雙方是指孩子，衝突是他們的，解決的問題也是他們的，只要雙方協商一致，都表示了滿意，這個問題就解決了。

有時候孩子會商量出一個看起來奇怪，也不是很公平的方案，但兩個人都滿意，成人就不需要過多介入，不要用大人所謂的公平要求孩子。

在衝突中顯得弱勢，可能是孩子發展中的正常現象

雖然大部分的幼兒園都是分齡的，但即使同一年出生的孩子，最大的和最小的也相差了快一歲，孩子之間相差幾個月，力量和表達的差異就很懸殊。所以有些語言能力相對弱的孩子，在同伴衝突中容易處於劣勢地位。

孩子之間的個性差異很大，有些天生外向開朗，去哪兒都能很好地融入；有些則敏感、慢熱，到了新環境要適應好久才會主動開口。這是先天的差異，着急也沒甚麼用，只能在家裏多多練習，鼓勵他勇敢地説出自己的想法，學會保護自己。

如果家裏的養育者比較強勢，總是忽視孩子的意見，不給孩子自由選擇的空間，孩子得到自由表達的機會就比較少。同樣，孩子看到自己的意見被執行的機會比較少，得到的正向反饋就更少，也可能不會堅持和抗爭。

這些都是孩子發展中的正常現象，很有可能隨着成長慢慢改善，所以請大家不要擔心，即使孩子在衝突中總是處於弱勢，只要孩子不覺得受到了傷害，就不是太大的問題。衝突不是一個需要馬上制止的錯誤，而是一個可以學習的機會。

解決孩子之間的衝突，最重要的不是結果，而是過程中孩子收穫的表達和思考。在解決衝突的時候，孩子們學會表達，認識自己，理解他人，嘗試協商，談判妥協，發展了自身的語言和社會能力，這也是成長。

教育百寶箱
- 良好的社交從發現別人優點開始 -

這裏給你介紹一個培養孩子社交能力的方法——主動發現別人的優點。

小朋友在一起玩的時候，難免會有衝突，作為家長，一定常常聽到孩子哭訴：「媽媽/爸爸，某某搶我的書，他太壞了。」其實，小朋友在起衝突的時候，會習慣放大別人的缺點，覺得這個人太壞了，再也不要跟他玩了。這很有可能成為一種刻板印象。那我們該怎麼引導孩子客觀地認識別人，發現別人的優點呢？

第一，調整思維模式。

小孩子特別容易做出非黑即白的判斷，如果一個人是好人，那麼他就不會做壞事；如果一個人有缺點，那麼他就是壞人。這是因為，他們看待事情的維度還比較單一，還不能接受同一個人有不同的特質和屬性。引導孩子發現別人優點的第一步，是幫助他建立一個基本的認知，即每個人都有優點和缺點。

第二，循序漸進地觀察。

我們可以先帶小朋友觀察繪本故事裏的人物，比如引導他去觀察，故事中的人有甚麼優點？他有甚麼好的行為？帶來了甚麼好的結果？對別人有甚麼影響？通過這樣的引導和提問，幫助小朋友系統地瞭解甚麼是優點，為甚麼某一個特質是優點。然後，我們就可以引導小朋友觀察生活中認識的人，提高小朋友的觀察敏銳度。

第三，記錄下來。

我們可以和小朋友一起，將觀察到的優點和小朋友的名字分別記下來，做成卡片，放到一個小盒子裏。然後，可以同孩子一起玩一個遊戲：說說他有甚麼優點？選一個小朋友，一起想一想他有甚麼優點，為甚麼他有這樣的優點，他還有沒有別的優點。引導小朋友發現其他人更多好的特質。

孩子從小養成關注別人閃光點的習慣，有助於他通過別人的眼睛看自己，更加全面地認識自己。而且，發現別人的優點主動說出來，這種正向的反饋也有助於提升孩子的交際能力。

作者
郝景芳　王立銘　童行學院教研團隊

編輯
林可欣

美術設計
吳廣德

排版
劉葉青

出版者
萬里機構出版有限公司
香港鰂魚涌英皇道1065號東達中心1305室
電話：2564 7511
傳真：2565 5539
電郵：info@wanlibk.com
網址：http://www.wanlibk.com
　　　http://www.facebook.com/wanlibk

發行者
香港聯合書刊物流有限公司
香港新界大埔汀麗路 36 號
中華商務印刷大廈 3 字樓
電話：2150 2100
傳真：2407 3062
電郵：info@suplogistics.com.hk

承印者
中華商務彩色印刷有限公司
香港新界大埔汀麗路 36 號

出版日期
二零一九年十一月第一次印刷

@ 童行學院 2019
本書中文繁體版由北京童行星球教育科技有限公司通過中信出版集團股份有限
公司授權萬里機構出版有限公司在香港、澳門、台灣地區獨家出版發行。